Eiflia illustrata

Band 3

Der Kreis Prüm

Historische Beschreibung mit Sagen
und Bildern aus der Geschichte seiner
Ortschaften und Höfe

Unter Mitarbeit von

Franz Josef Faas

Herausgegeben von

Friedrich Gehendges

Otto Zeller Verlag · Osnabrück 1984

CIP-Kurztitelaufnahme der Deutschen Bibliothek

Eiflia illustrata / [von Johann Friedrich Schannat. Aus d. lat. Ms.
übers. u. mit Anm. u. Zusätzen bereichert von Georg Bärsch]. Hrsg.
von Friedrich Gehendges. — Erw. Sonderausg. — Osnabrück: Zeller
  Frühere Ausg. u.d.T.: Schannat, Johann Friedrich:
  Eiflia illustrata oder geographische und historische Beschreibung der
  Eifel
  ISBN 3-535-02454-4

NE: Bärsch, Georg [Begr.]; Gehendges, Friedrich [Hrsg.]

  Bd. 3. Der Kreis Prüm. — Erw. Sonderausg. — 1984

Der Kreis Prüm: histor. Beschreibung mit Sagen u. Bildern aus d. Ge-
schichte seiner Ortschaften u. Höfe / unter Mitarb. von Franz Josef
Faas. Hrsg. von Friedrich Gehendges. — Erw. Sonderausg. —
Osnabrück: Zeller, 1984.
  (Eiflia illustrata; Bd. 3)
  ISBN 3-535-02462-5
  ISBN 3-535-02454-4 (Gesamtw.)

NE: Faas, Franz Josef [Mitverf.]; Gehendges, Friedrich [Hrsg.]

Copyright by Otto Zeller Verlag, Osnabrück
Printed in W-Germany
by Günter Runge, Cloppenburg

Inhalt

Landrat Fritz Gasper

Geleitwort
von Landrat Fritz Gasper

Liebe Bewohner und Freunde
des Kreises Bitburg-Prüm!

Die Verwaltungsreform Ende der 60er Jahre hat die Menschen zweier Grenzkreise zu einer umfassenden Verwaltungseinheit zusammengeführt. Inzwischen hat sich glücklicherweise ein Zusammengehörigkeitsgefühl eingestellt, das unserem neuen Landkreis auch in Zukunft einen bedeutsamen Platz im politischen, kulturellen und wirtschaftlichen Leben im Herzen Europas sichert.

Es wäre aber sicherlich unverzeihlich, wollte man über den gemeinsamen Aufgaben, die Gegenwart und Zukunft uns stellen, die historischen Grundlagen der vordem selbständigen Kreise Prüm und Bitburg bewußt oder unbewußt leugnen. Bereits sehr früh in der Geschichte entwickelte sich diese Region zu einem Kernland der europäischen Kultur, deren Zeugnisse uns heute noch allenthalben begegnen.

Besondere Verdienste im Bemühen um die Erfassung der historischen Grundlagen der gesamten Eifel und damit auch unserer beiden Altkreise erwarb sich Georg Bärsch, der als erster die Amtsbezeichnung „Landrat des Kreises Prüm" führte. Weit über seine segensreiche Tätigkeit in Prüm von 1819–1834 hinaus trug er, der gebürtige Berliner, in unermüdlicher Arbeit und aus tiefster Zuneigung zu dieser Landschaft und ihren Menschen alle ihm damals zugänglichen Fakten zur Geschichte der Eifel und ihrer Ortschaften zusammen. So entstanden die heute unersetzlichen Kreisbeschreibungen innerhalb der „Eiflia illustrata", die zum Standardwerk Eifeler Geschichtsschreibung geworden ist.

Es freut mich daher verständlicherweise sehr, daß dieses wertvolle Kulturgut Ihnen in einer neuen Form wieder zugänglich gemacht wird. So findet es den Weg aus verstaubten Büchereiregalen zurück zu jenen Menschen, denen Georg Bärsch es sicher vor eineinhalb Jahrhunderten gewidmet wissen wollte. Dem Altkreis Prüm sei dabei als dem ehemaligen Wirkungskreis des Verfassers dankbar der Vorrang vor dem Altkreis Bitburg eingeräumt. Ich wünsche diesem Buch ebenso wie den vorangegangenen und den nachfolgenden Bänden eine herzliche Aufnahme in den Herzen der Kreisbevölkerung, auf daß es beitrage zu einem bewußteren Erleben der Heimat.

Bitburg, Dezember 1984

Landrat

Geleitwort
von dem Vorsitzenden des Eifelvereins K. Schubach

Die Eifel ist geographisch gesehen keine Randzone und kein Grenzgebiet, auch wenn es etliche Jahrzehnte so aussah. Sie lag immer im Schnittpunkt europäischer Geschichte und sie ist heute erst recht ein Herzstück Europas. Die Viereckbastionen Köln, Aachen, Trier und Koblenz sind Städte, die Geschichte gemacht haben. Ihre Kräfte haben natürlicherweise auch geschichtsgestaltend in die Eifel hineingewirkt. Ihre Strahlungskraft hat von jeher dem Eifeler das Gefühl gegeben, in einem geschichtsträchtigen Raum zu leben. So können wir mit Recht von der Eifel als einer Kulturlandschaft ältester Prägung sprechen.

Es bleibt das unvergängliche Verdienst von Georg Bärsch, das erste umfassende Geschichtswerk der Eifel verfaßt zu haben. Georg Bärsch, ein geborener Berliner, hatte schon in jungen Jahren eine Vorliebe für Geschichte und Geographie. Überall, wo er längere Zeit verweilte, so in Königsberg, Köln, Koblenz und Aachen, beschäftigte er sich mit der Geschichte dieser Städte. Noch größer war sein Interesse an der Geschichte und dem Schicksal der Landschaft, der er die besten Jahre seines Lebens als Landrat in Prüm gewidmet hat. Bei seinen heimatkundlichen Forschungen stieß er auf das Manuskript eines Werkes, das Dr. Johann Friedrich Schannat, angeregt durch den aus der Eifel stammenden Prager Erzbischof Grasen von Manderscheid mehr als 100 Jahre vor ihm verfaßt hatte. Georg Bärsch übersetzte dieses in lateinischer Sprache verfaßte aber unvollständig gebliebene Geschichtswerk und übernahm dessen Fortsetzung. 1824 erschien der erste und 1855 der letzte Band der Eiflia illustrata.

Ein Denkmal, das der Eifelverein am 15. September 1929 in Prüm feierlich einweihte, erinnert an das Wirken dieses großen und unvergeßlichen Mannes für die Eifel.

Dem Lebenswerk von Georg Bärsch zu einer weiten Verbreitung zu verhelfen, soll Sinn und Zweck dieser Sonderausgabe in einzelnen Bänden sein. Lassen wir uns — jeder in seinem Heimatkreis und in seinem Heimatort — von dieser Neuausgabe zu den Wurzeln unserer Gegenwart begleiten.

Im November 1984

Konrad Schubach
Staatssekretär a. D.
Vorsitzender des Eifelvereins

Staatssekretär a. D. Konrad Schubach

Vorwort
des Herausgebers

„Früchte bringet das Leben dem Mann; doch hangen sie selten
rot und lustig am Zweig, wie uns ein Apfel begrüßt.
Selbst erfinden ist schön; doch glücklich von andern Gefundenes
fröhlich erkannt und geschätzt — nennst du das weniger dein?"

Goethe

Ganz sicher war es nicht nur nüchternes Interesse an historischen Gegebenheiten, was vor mehr als 125 Jahren den damaligen Prümer Landrat und späteren Regierungsrat Georg Bärsch dazu brachte, der Eifel ihr Standardwerk regionaler Geschichte zu schenken. Es bedurfte eines tieferen Anreizes, einen geborenen Berliner dazu zu bewegen, sich nicht nur mit dem Verstand, sondern auch mit vollem Herzen der Vergangenheit dieser Landschaft zu verschreiben. Nur derjenige, der Land und Leute im äußersten Westen des Vaterlandes und deren Wohlergehen zur Richtschnur seines Handelns erwählt hatte, konnte sich der Erforschung geschichtlicher Begebenheiten dieses „vergessenen" Landstrichs verschreiben.

In unserer Zeit, da hochentwickelte Technik Archivierung und Weitergabe jedweder Information auf einfachste Weise ermöglicht, muß rückblickend ein tiefes Gefühl der Dankbarkeit jeden Freund der Eifel überkommen, wenn er sich die unvorstellbaren Schwierigkeiten vergegenwärtigt, die Georg Bärsch bei seinen Arbeiten an der „Eiflia illustrata" zu überwinden hatte. Hierdurch sollte auch entschuldbar sein, daß seine Angaben verschiedentlich nicht immer den heutigen Erkenntnissen entsprechen. Dennoch hat ansonsten bislang niemand die Energie aufzubringen vermocht, ein ähnlich umfangreiches und vor allem jedes kleine

Eifeldorf oder jede Mühle erwähnendes Geschichtswerk von gleicher Bedeutung und nach neuesten For-
schungsergebnissen zu verfassen.

Für absehbare Zeit und möglicherweise sogar für
immer wird somit der an der Geschichte der Eifel in-
teressierte Mensch zu der inzwischen fast eineinhalb
Jahrhunderte alten Ausgabe Georg Bärschs greifen
und von dort aus auf eigenen Wegen weiterforschen.
Aber auch der Kreis der Geschichtsinteressierten hat
seit jenen Jahren eine bedeutsame Wandlung erfahren.
Es sind nicht nur mehr einige wenige Professoren, Ge-
lehrte oder andere „Studierte", die Rückblick in vergangene Zeiten halten. Zu ihnen hat sich eine unüber-
sehbare Schar einfacher Leute gesellt, die nicht berufs-
mäßig, sondern aus Liebe zum engsten Heimatbereich
und in recht unterschiedlicher Intensität und Absicht
einen Zugang zur eigenen Geschichte suchen.

Ihnen allen ist die „Eiflia illustrata" ein unerschöpfli-
cher Quell — reich an Namen, Zahlen, sagenhaften
und tatsächlichen Begebenheiten. Mit zunehmendem
zeitlichem Abstand vom Zeitpunkt der Erstausgabe
aber droht dieser Quell mehr und mehr zu versiegen.
Abgegriffene Bibliotheksexemplare sind zu Kostbar-
keiten geworden und für den eigentlich Betroffenen
nicht erreichbar. Eine vollständige Neuausgabe aus
dem Jahre 1966 kann diese schmerzliche Lücke auf-
grund der relativ hohen Entstehungskosten nur in wenigen Fällen schließen. Zudem dürfte sich das Interesse
des „einfachen" Eifelers in erster Linie auf jenen Teil
des Gesamtwerkes beschränken, der sich seiner unmit-
telbaren Umgebung widmet. Sollte das aber bedeuten,
das gesamte Werk erwerben zu müssen? Resignierend
wird man davon Abstand nehmen und nimmt damit
gleichzeitig in Kauf, auf ein inneres Erleben von besonderer Art verzichten zu müssen.

Es war daher naheliegend, eine Reihe von Sonderausgaben der „Eiflia illustrata" zu veröffentlichen, deren dritter Band hiermit vorgestellt wird. Jeder einzelne Band hat einen der damaligen Eifelkreise zum Inhalt und gibt die jeweilige Kreisbeschreibung Georg Bärschs im Faksimiledruck wieder. Im Interesse der Originalität wurden weder das Schriftbild, noch inhaltliche und orthographische Einzelheiten abgeändert. Man wird zugeben, daß auch diese formalen Dinge einen gewissen kulturellen Eigenwert besitzen, den man in unsere Zeit hinüberretten sollte.

In unsere von sachlicher Nüchternheit weithin geprägte Zeit hinübergerettet werden sollten aber auch zumindest einige der vielen Sagen und Legenden, die sich um besondere Punkte des jeweiligen Kreisgebietes ranken und weitgehend bereits dem Vergessenwerden ausgeliefert sind.

Jeder der Sonderbände erfährt zudem eine Bereicherung durch zahlreiche Illustrationen. Lebensbilder aus Städten und kleinen Dörfern geben Einblick in vergangene Zeiten und können vor allem das Augenmerk der jüngeren Generation auf Geschichte und Traditionen ihres Heimatortes lenken. Ein Ehrenplatz ist − soweit möglich − den Bildern sämtlicher Landräte des vorgestellten Kreises seit den Jahren seiner Gründung zu Beginn des 19. Jahrhunderts zugewiesen. In engstem Bezug zur Kreisbeschreibung Bärschs steht jeweils eine Kreiskarte, die nach alten Unterlagen neu angefertigt wurde.

Der Herausgeber dieser Sonderreihe fühlt sich zu besonderem Dank denen gegenüber verpflichtet, die ihn bei der Zusammenstellung der Kreisbände tatkräftig und fachkundig unterstützen. Nach den Bänden „Kreis Wittlich" und Kreis Daun" gilt dies auch für den vorliegenden Band, für den Franz Josef Faas als zutiefst heimatverbundener und sachverständiger Mitarbeiter gewonnen werden konnte.

Den Kreis Prüm in den hier vorgestellten Grenzen gibt es heute nicht mehr. So manches aber, was sich heute im Landkreis Bitburg-Prüm auf allen Ebenen des privaten und öffentlichen Lebens zuträgt, wird für den Bewohner und Freund dieser Landschaft in ein erhellendes Licht gerückt, wenn er einige Seiten in der Geschichte zurückblättert. Vor allem die Jugend könnte so einen sicheren Halt finden, der in der Vergangenheit wurzelt und die Verbundenheit mit diesem Kernland Europas festigt.

Wittlich, Herbst 1984

Friedrich Gehendges

EIFLIA ILLUSTRATA,

oder

geographische und historische Beschreibung der Eifel.

Von

Johann Friedrich Schannat.

Aus dem lateinischen Manuscripte übersetzt und mit Anmerkungen und Zusätzen bereichert

von

Georg Bärsch,

Königl. Preußisch. Geheimen Regierungsrathe und Rittmeister und Hanseatischem Major a. D., Ritter des rothen Adler-Ordens 4. Klasse und des Kaiserl. Russischen Wladimir-Ordens 4. Klasse mit der Schleife, Mitgliede der Königlichen Deutschen Gesellschaft in Königsberg, der kurländischen Gesellschaft für Literatur und Kunst in Mitau, des Vereins der Alterthumsfreunde im Rheinlande in Bonn, der Gesellschaft zur Erforschung und Erhaltung geschichtlicher Denkmale in Luxemburg, und des naturhistorischen Vereins der Preußischen Rheinlande und Westphalens, Ehrenmitgliede der Gesellschaft nützlicher Forschungen zu Trier und des Vereins für Nassauische Alterthumskunde und Geschichtsforschung zu Wiesbaden.

Eiflia doctorum genitrix præclaru virorum.

Neudruck der Ausgabe 1854

Die Seitenzählung der Originalausgabe (Eiflia illustrata, Band 3, Abt. 2, Abschnitt 1, S. 166 ff.) wurde beibehalten.

4. Kreis Prüm.

Da ich diesem Kreise fünfzehn Jahre lang, von Ende 1819 bis Ende 1834, als Landrath vorgestanden habe, so ist es mir möglich, besonders über diesen Kreis ausführliche Nachrichten mitzutheilen. Mit Vergnügen theile ich dem Leser die Ergebnisse meiner Erfahrungen und Forschungen, in so weit sich solche für den Zweck dieses Werkes eignen, mit.

Der Kreis Prüm grenzt gegen Norden an den Kreis Schleiden, im Regierungsbezirke Aachen, gegen Osten an den Kreis Daun, gegen Süden an die Kreise Wittlich und Bitburg und gegen Westen an das Großherzogthum Luxemburg und an den Kreis Malmedy, im Regierungsbezirke Aachen. Der Flächeninhalt des Kreises beträgt 16,⁷² geographische Quadratmeilen. Nach der Angabe des Katasterbüreaus im Jahre 1847 war der Kreis Prüm Behufs der Katastrirung in vier Verbände, Bleialf, Prüm, Stadtkyll und Wachsweiler getheilt worden. In dem Verbande Wachsweiler war die Ortschaft Hausmannsdell in der Bürgermeisterei Weidingen, im Kreise Bitburg, mit der Bürgermeisterei Ringhuscheid vermessen worden. Dagegen gehörten die Bürgermeistereien Burbach und Mürlenbach, mit Ausnahme der Gemeinde Densborn, zum Katastralverbande

Kyllburg, im Kreife Bitburg. Die Gemeinde Densborn
war im Verbande Bitburg kataſtrirt worden. Die vier
Verbände des Kreiſes Prüm enthielten an ſteuerpflichtigem
Grundeigenthum 37,688 Morgen Acker= und Baumland,
133,600 Morgen Schiffel= und Wildland, 28,979 Morgen
Wieſen, 7544 Morgen Viehweiden und Huden, 31871 Mor=
gen Heiden, Oeden und Geſtrüppe, 64,522 Morgen Hol=
zungen, 1582 Morgen Gärten und Baumgärten, 535 Mor=
gen Gebäudefläche und 165 Morgen ſonſtige Kulturen.
Das ſteuerfreie Grundeigenthum betrug 227 Morgen Acker=
land, Wieſen und Gebäudefläche und 3251 Morgen König=
liche Waldungen. Der Flächeninhalt der Wege und des
Waſſers wurde zu 6543 Morgen angegeben. An Gebäu=
den und Wohnhäuſern waren vorhanden 690 ſteuerpflichtige
gewerbliche Gebäude. Die Zahl der Parzellen betrug 138,229.
Nach einer ſpäteren amtlichen Angabe betrug die Geſammt=
fläche des Kreiſes 359,317 Morgen und zwar an Waldungen
93,663 Morgen, Wieſen 33,326 Morgen, Ackerland 54,821
Morgen, Oed= und Wildland 167,636 Morgen, Gebäude
und Gärten 2621 Morgen, Wege und Bäche 7250 Morgen.
Hierunter ſind die 800 Morgen begriffen, welche vom Re=
gierungsbezirke Aachen, zwiſchen Cronenburg und Kerſchen=
bach, dem Kreiſe Prüm zugetheilt worden ſind. [1] Im Jahre
1852 waren 5300 Wohnhäuſer (worunter etwa 50 mit
Schieferdächern) und 6089 Wirthſchaftsgebäude vorhanden.
Das Verſicherungs=Kapital betrug bei der Provinzial=Feuer=
verſicherungs=Anſtalt 1,600,000 Thaler. Viele Gebäude
waren aber auch bei anderen Verſicherungs=Geſellſchaften
verſichert.

---

[1] Vor einigen Jahren waren nach einer amtlichen Angabe im Kreiſe
Prüm noch 43,256 Morgen an Haiden, Oeden und Brüchen vor=
handen, von welchen 6591 Morgen den Gemeinden und 36,665
Morgen Privaten gehörten.

Der ganze Kreis gehört zur Eifel. Ein schmaler Gebirgsrücken, der sich von Brandscheid, in der Bürgermeisterei Bleialf, fast zwei Stunden lang, in nördlicher Richtung nach Ormont, in der Bürgermeisterei Hallschlag, hinzieht, wird die Schnee=Eifel, vom Volke Schneifel, genannt. Dieser Bergrücken besteht aus Quadersandstein, ist mit Gestrüpp, Torfsümpfen (Vennen genannt), mit Moos und Haide bedeckt und ist die unfruchtbarste Gegend des Kreises. Zu den fruchtbareren Strichen gehören dagegen die Theile des Gebirges, wo der bunte Sandstein und der jüngere Flötzkalk das Schiefergebirge bedecken, bei Gondelsheim, Weinsheim, Ober=Lauch, bei Schönecken und Wettelndorf, im Nimsthale, bei Nieder=Hersdorf und bei Birresborn an der Kyll. Die Höhen im Kreise, so weit solche vermessen sind, werde ich bei den betreffenden einzelnen Ortschaften angeben. Ich werde mich dabei vorzugsweise noch den Angaben des Herrn Berghauptmanns von Dechen in den Verhandlungen des naturhistorischen Vereins der Preußischen Rheinlande und Westphalens, VII. Jahrgang, 3. Heft, 1850, richten. Dabei wiederhole ich, daß die sämmtlichen Angaben in Pariser Fuß gemacht sind und sich auf den Nullpunkt des Pegels zu Amsterdam beziehen.

Fünf kleine Flüsse durchströmen den Kreis Prüm, die Kyll, die Prüm, die Nims, die Enz oder Inz und die Our. Keiner dieser Flüsse ist schiffbar. 1. Die Kyll, die Gelbis des Ausonius, entspringt bei Losheim, in der Bürgermeisterei Manderfeld, nicht weit von Schönberg (s. Nro. 10.) Sie fließt auf Cronenburg, tritt oberhalb Stadtkyll in den Kreis Prüm, verläßt denselben aber sogleich bei Junkerrath, wo sie in den Kreis Daun tritt. In diesem fließt sie längst Ober= und Nieder=Bettingen, Bewingen, den Trümmern der Casselburg, Pelm, Gerolstein, Lissingen. Unterhalb des letzteren Ortes berührt die Kyll wieder den Kreis Prüm

bei Birresborn, Mürlebach, Densborn, Zendscheid, von wo
sie auf Usch im Kreise Bitburg fließt, auf St. Thomas,
Kyllburgweiler, Kyllburg, Erdorf, Metterich, Hüttingen,
Pfalzkyll, Auw, Kyll, im Landkreise Trier, Dausenbach,
Cordel, vor den Trümmern der Burg Ramstein vorbei und
dann auf Ehrang, wo sie nach einem Laufe von 25 Stun=
den, in das linke Ufer der Mosel mündet. Von Kyllburg
an ist sie flößbar. In früheren Zeiten hat man sogar
ihre Schiffbarmachung zur Sprache gebracht. [1]) Die Kyll
ist wegen ihrer vorzüglichen Hechte bekannt. 2. Die Prüm,
welche Ausonius Pronaea nennt, entspringt am Dreiborner
Veen, nicht weit von den Trümmern der Burg Neuenstein
bei Ormont in der Bürgermeisterei Hallschlag. Sie läuft längst
Neuendorf, Olzheim, Wilwerath, Hermespand, Prüm, Nieder=
Prüm, Watzerath, Pittenbach, Pronsfeld, Lünebach, Merl=
scheid, Wachsweiler, Mauel, Merkeshausen, tritt bei Veifels
in den Kreis Bitburg, wo sie längst Echterhausen, Hamm,
Wismannsdorf, Brecht, Oberweis, Bettingen, Wettlingen,
Pfeffingen, Holstum und Irrel fließt. Hier vereinigt sie
sich mit der Nims, tritt bei Menningen in den Landkreis
Trier und fällt bei Münden in das linke Ufer der Sauer.
Die Länge ihres Laufes beträgt 15 Stunden. 3. Die
Nims, welche bei Ausonius unter dem Namen Nemesa
vorkommt, entspringt aus einem Brunnen im Dorfe Weins=
heim, in der Bürgermeisterei Rommersheim, fließt auf Rom=
mersheim, Giesdorf, Schönecken, Wetteldorf, Reuland, Lasel,
tritt bei Seffern in den Kreis Bitburg, wo sie noch Bicken=
dorf, Rittersdorf, Stahl, Birtlingen, Messerich, Dockendorf,
Wolsdorf, Alsdorf und Niederweis bespült und bei Irrel,

---

[1]) Gavarelle, Abhandlung über die Schiffbarmachung der Lahn, Nahe,
Mosel, Saar ꝛc. Koblenz 1806, in der Lassaulxschen Buchdruckerei.
gr. 8. S. 29. Siehe auch meine Beschreibung des Regierungsbe=
zirks Trier. S. 5.

nach einem Laufe von 11 Stunden, in die Prüm fällt. Die Forellen aus der Nims werden vorzüglich geschätzt. 4. Die Enz oder Inz entspringt auf dem Inzenvenn, zwischen Lichtenborn und Arzfeld, tritt oberhalb Zweifelscheid in den Kreis Bitburg, durchfließt Neuerburg, wo sie einen 14 Fuß hohen Wasserfall bildet, läuft auf Sinspelt, Mettendorf, Enzen, Schankweiler und wird, nach einem Laufe von 8 Stunden, bei Holstum von der Prüm aufgenommen. Bedeutender ist 5. die Dur oder Ur, welche im Walde Buchholz, einem Theile des Dreiherren=Waldes, oberhalb Hülscheid, in der Bürgermeisterei Manderfeld, im Kreise Malmedy, nicht weit von den Quellen der Kyll, der Roer und der Warg (s. Nro. 10 bei Schönberg, S. 46) entspringt. Oberhalb Verschneid, in der Bürgermeisterei Auw, berührt die Dur den Kreis Prüm, um gleich wieder in dem Regierungsbezirk Aachen weiter zu fließen. Erst oberhalb Urb, in der Bürgermeisterei Winterscheid, tritt die Dur wieder in den Kreis Prüm, bildet von da bis Hemmeres die Grenze zwischen den Regierungsbezirken Trier und Aachen, fließt abermals unterhalb Hemmeres in den Regierungsbezirk Aachen, tritt bei Stuppach nochmals in den Kreis Prüm, wo sie wieder die Grenze der beiden Regierungsbezirke bis Welchenhausen bildet. Von der Gegend bei Harspelt bis unterhalb Dasburg bildet die Dur auch die Grenze zwischen Preußen und dem Großherzogthume Luxemburg, so auch bis Wallendorf, im Kreise Bitburg, wo sie in die Sauer fällt (s. Nro. 226, S. 580 in der 2. Abtheilung.) Ihr Lauf beträgt die Länge von 20 Stunden. Auf einer Strecke von 6¾ Meilen macht sie die Landesgrenze zwischen Preußen und Luxemburg. Sie ist flößbar und kann bei hohem Wasser auch mit Nachen befahren werden.

Seen sind im Kreise nicht mehr vorhanden, seitdem der Duppacher Weiher, von welchem noch weiter unten (bei

Büdesheim Nro. 243) die Rede sein wird, vor mehreren Jahren ausgetrocknet und in Wiesen verwandelt worden ist. Desto reicher ist der Kreis Prüm, wie überhaupt die Eifel, an Mineralquellen, und man zählt deren 18 im Kreise. Die bedeutenste dieser Quellen ist die bei Birresborn, über welche bei Mürlenbach Nro. 255 nähere Nachrichten mitgetheilt werden sollen.

Salzquellen befinden sich bei Balesfeld, Lasel, Püttenbach und Wavern. Sie sind aber nur von geringem Gehalte. Sehr groß ist die Zahl der Bäche im Kreise und ich werde hin und wieder bei den Ortschaften Gelegenheit haben, einiger dieser Bäche zu erwähnen. Ein großer Theil dieser Bäche ist reich an Fischen, besonders Forellen. Die Zahl der Einwohner des Kreises Prüm wurde im Jahre 1817 zu 19,491 angegeben. Damals wurden jedoch die Bürgermeistereien Stadtkyll mit 583 Seelen, Steffeln mit 351 Seelen und Hallschlag mit 601 Seelen noch zum Kreise Daun gerechnet. Im Jahre 1819 waren diese Bürgermeistereien aber schon dem Kreise Prüm zugetheilt. Im Jahre 1843 war die Bevölkerung des Kreises schon auf 30,226 gestiegen, im Jahre 1852 zählte man 33,048 Seelen.[1] Im Jahre 1852 wurden im Kreise Prüm 1184 Kinder, worunter 23 uneheliche, geboren. Getrauet wurden 240 Paare. Es starben 796 Menschen.

---

[1] Eine andere amtliche Angabe zählt 33,159 Seelen, also 111 Seelen mehr. Nach derselben Angabe wanderten aus: im Jahre 1846 305 Personen, 1847 64, 1848 50, 1849 29, 1850 70, 1851 25, 1852 277. Die Auswanderungen hatten fast durchgängig ihren Grund nur in der Verführung durch Auswanderungs=Agenten, welche den Bethörten goldene Berge vorspiegelten. Im Jahre 1852 betrug die Zahl der Ersatzpflichtigen 784 und wurden davon 157 zur Einstellung im Heere tauglich befunden.

Der Kreis besteht aus einer Stadt (Prüm), vier Flecken (Dasburg, Schönecken, Stadtkyll und Wachsweiler) und überhaupt 146 Gemeinden mit 240 Ortschaften. Diese sind in 29 Bürgermeistereien eingetheilt, welche im Folgenden einzeln aufgeführt werden sollen. Im Jahre 1831 betrugen in sämmtlichen Gemeinden des Kreises

die Einnahmen der Gemeinden 39,900 Thlr.,
die Ausgaben   „   „   37,990   „
Im Jahre 1816 betrugen die Gemeindeschulden
an Kapital................. 31,147 Thlr.,
an rückständigen Zinsen...... 10,472   „
Zusammen... 41,619 Thlr.,

welche im Jahre 1832 gänzlich abgetragen waren. Nur wenige Gemeinden besitzen Güter, von deren Ertrage die Gemeindebedürfnisse bestritten werden könnten, diese müssen größtentheils durch Umlagen aufgebracht werden. Im Jahre 1842 wurde das Grundeigenthum sämmtlicher Gemeinden des Kreises Prüm zu 24,723 Morgen Holzungen, 15,176 Morgen Schiffel-, Wild- und Oedland und Huden, 491 Morgen Ackerland, Wiesen, Gärten und sonstige Kulturen, einschließlich der Gebäudeflächen zu einem Reinertrage von 11,447 Thlr. angegeben. Friedensgerichte sind zu Prüm und Wachsweiler. Beide gehören zum Bezirke des Landgerichts zu Trier. Die 41 katholische Pfarreien des Kreises, welche zur Diözese Trier gehören, sind jetzt (1852) in fünf Definitionen eingetheilt, deren jeder ein Pfarrer als Definitor, vorsteht. Einer dieser Definitoren ist Dechant für den Kreis. Unter den Pfarreien sind zwei, zu Gondelsheim und Wallersheim, bischöfliche Pfarreien, deren Pfarrer kein Staatsgehalt beziehen. Drei Pfarreien des Kreises (Hallschlag, Ormont und Steffeln) gehören zum Dekanate Blankenheim in der Diözese Köln. Die Evangelischen im

Kreise Prüm, deren Zahl zu Ende des Jahres 1852 zu
102 Seelen angegeben wurde, sind eben sowie die 106
evangelischen Glaubensgenossen des Kreises Bitburg zur
evangelischen Kirche zu Prüm eingepfarrt. Die die Kirchen
des Kreises Prüm betreffenden Nachrichten sollen bei den
einzelnen Kirchen mitgetheilt werden. Im Jahre 1853 bestanden im Kreise Prüm 54 Elementarschulen, welche in
sechs Inspektionsbezirke getheilt waren. Jedem Inspektionsbezirke stand ein katholischer Pfarrer vor. Zu Birresborn,
Schönecken und Wachsweiler waren außer den Elementarschulen für Knaben noch besondere Mädchenschulen, zu Prüm
eine Klasse für die älteren Knaben, zwei Klassen für die
Mädchen und eine Klasse für die kleinen Knaben und Mädchen. Da die Ortschaften im Kreise weit auseinander liegen
und im Winter der hohe Schnee häufig die Kommunikation
hindert, so werden während des Winters in den kleineren
Ortschaften, aus welchen die Kinder im Sommer nach der
Pfarrschule gehen, Winterschulen eingerichtet. Wegen Mangel
an gehörig ausgebildeten Schulaspiranten ist man genöthigt,
an diesen Schulen, um den Unterricht nicht ganz zu unter-
brechen, Knaben von 15 Jahren und darüber, als Lehrer
anzustellen. Zu meiner Zeit wurden diese Knaben auf den
Konferenzen, welche ich regelmäßig zweimal im Jahre mit
sämmtlichen Schulinspektoren und Schullehrern abhielt, ge-
prüft, erhielten Ernennungs-Urkunden und ertheilten nun
den Unterricht unter Aufsicht der Lehrer der Hauptschulen
und nach deren Anleitung. Die Gemeinden beschafften die
Schullokale, brachten die Kosten für die Remuneration des
Unterlehrers auf und gaben ihm in der Regel den Wandel-
tisch, wo möglich aber eine besondere Remuneration für die
Beköstigung. Bevor ich die Verwaltung des Kreises übernahm, waren die Unterlehrer, ohne alle Prüfung, von den
Gemeinden selbst gedungen worden, was denn zu vielen

Mißbräuchen und Mißgriffen Veranlassung gab. Im Jahre
1846 zählte man im Kreise Prüm bei einer Bevölkerung
von 30,916 Seelen, 15,506 männlichen, 15,410 weiblichen
Geschlechts, 6065 schulpflichtige Kinder, 3013 Knaben und
3052 Mädchen von 5 bis 14 Jahren. Von diesen waren
772, 360 Knaben, 442 Mädchen, vom Schulunterrichte dis=
pensirt oder schon entlassen und 5293, 2653 Knaben, 2640
Mädchen, noch zum Schulbesuch verpflichtet; 4923 Kinder
besuchten die Schulen regelmäßig, 367 unregelmäßig und 3
gar nicht. Sehr nachtheilig für den Schulunterricht ist es,
daß derselbe nicht nur, wie es sich von selbst versteht, an
den Sonntagen und gebotenen katholischen Festtagen aus=
gesetzt wird, sondern auch an den nicht gebotenen katholi=
schen Festtagen, deren im Kreise Prüm jährlich zweihun=
dert und vier und vierzig gefeiert werden. Eine
andere Ursache der Schulversäumnisse ist die auch in anderer
Hinsicht sehr schädliche Einzelnhut des Viehes durch schul=
pflichtige Kinder. Durch Beseitigung dieser Mißstände würde
nicht nur dem Kreise Prüm, sondern der Eifel überhaupt
besser und gründlicher geholfen werden, als durch Baar=
unterstützungen, welche man vor einiger Zeit mit großem
Aufwande von Beredsamkeit beantragt hat. Ueberhaupt ist
eine Verbesserung des Schulwesens in jeder Hinsicht sehr
wünschenswerth. Sehr förderlich für diesen Zweck würde
es sein, wenn der Plan zur Errichtung eines Schullehrer-
Seminariums zu Prüm für die Regierungsbezirke Aachen
und Trier zur Ausführung käme. Auch wäre nicht nur im
Interesse der Stadt Prüm und des Kreises, sondern der
ganzen Umgegend sehr zu wünschen, daß die kürzlich nach
vielen Kämpfen und Schwierigkeiten zu Stande gekommene
Wiedererrichtung eines Progymnasiums zu Prüm von Be=
stand sein möge. Der größte Theil der Einwohner des
Kreises Prüm beschäftigt sich mit dem Ackerbaue, welcher

aber noch auf einer sehr niedrigen Stufe steht. Dies liegt aber keineswegs überall an der Beschaffenheit des Bodens, der in einigen Theilen des Kreises gar nicht unergiebig ist. Der Boden der Höhen und Bergflächen besteht nach der Nordseite in Thon, Lehm und schiefrige Erde, gegen Osten ist der Boden zähe, steinig, kieselartig; gegen Süden sind die Bestandtheile des Bodens Thon, Kalk und lehmiger Sand, gegen Westen Schiefer, Kiesel und Thon. Wegen Mangel an Abzug sind die Gründe und Bergplatten mehrentheils moorig. Der Untergrund besteht aus Sandkalkstein, Basalt, Schiefer, aus mehrere Spatharten und vulkanischem Sande. Die seichte Ackerkrume, die sich schnell sättigt, läßt im Winter das Schneewasser nicht durch, hebt bei Frost die Getreidepflanzen aus der Erde und diese erfrieren, wenn der Schnee sie nicht deckt. Mergel kommt nicht häufig vor. Von den 29 Bürgermeistereien des Kreises Prüm liegen nur fünf, die Bürgermeistereien Büdesheim, Dingdorf, Rommersheim, Schönecken und Wallersheim im Kalksteinboden. In diesem können Weizen, Roggen, Spelz, Gerste, Hafer, Bohnen und alle Arten von Getreide und Gemüse gezogen werden, wenn das Land gehörig dazu vorbereitet wird. Weizen wird nur wenig gebaut und man zieht den Spelz vor, weil dieser, wegen seiner dickeren Hülle, die rauhe Gebirgsluft eher verträgt als jener. Gewöhnlich wird der Spelz mit Roggen vermischt ausgesäet und giebt die sogenannte Mischelfrucht. Die übrigen 24 Bürgermeistereien des Kreises haben theils Lehmboden, theils Schieferfelsboden, letzteren häufig mit Hasselsteinen, Wacken, Steinsand und Schwarzsand verbunden. Der Boden ist hier größtentheils faul, das Gebirge ist mit tiefen Thälern durchzogen, die steilen Berge sind mit Haide, Ginster und Gestrüpp bewachsen. Hier zieht man meistentheils nur Roggen, Hafer und Buchweizen. Letzteren nennt man hier „heidnisch Korn,"

eine Benennung, welche eben sowie die Französische „Sarra-
sin" an die Morgenländische Heimath dieses Gewächses erinnert, welches die Kreuzfahrer aus Palästina hieher ver-
pflanzten. Häufig leidet der Buchweizen durch Frost, und
man kann den häufigen Anbau dieser selten gerathenden
Frucht nur durch die Vorliebe der Eifler für das Alther-
gebrachte erklären und weil sie das Material zu dem
Pfannkuchen, dieser Lieblingspeise der Eifler, liefert. Ehemals war Hafermehl das Hauptnarungsmittel der Eifler
und wurde zu allen Tageszeiten genossen. Jetzt hat den
selbstgewonnenen Hafer, besonders bei dem Frühstücke, der
theuere Kaffee verdrängt. Zu Balesfeld in der Bürgermeisterei Burbach wird eine vorzügliche Art von Hafer gebaut. Auch der Hafer von Kesfeld, in der Bürgermeisterei
Leidenborn, wird häufig zur Saat gesucht. Kartoffeln werden häufig gebaut und gedeihen gut, auch Flachs und Hanf.
Weniger ist dies der Fall mit dem Raps, der häufig durch
den Frost leidet. In mehreren Gemeinden des Kreises hat
sich die sehr schädliche Wucherblume (chrysanthemum segetum)
auch Feiderblume (vielleicht St. Veither) und Moosblume
genannt, sehr ausgebreitet. Zur Bienenzucht eignen sich viele
Gegenden des Kreises wegen des überall wachsenden Haide-
krauts (erica) ganz vorzüglich und sie könnte in größerem Umfange betrieben werden, als es bisher geschehen ist. Die ge-
wöhnliche Fruchtfolge ist im ersten Jahre Roggen, im zweiten
Kartoffeln, im dritten Hafer, im vierten Brache; oder auch
1. Roggen, 2. Hafer, 3. Buchweizen, 4. Brache. Zum
Kleebau ist der Boden nicht überall geeignet, besonders gedeiht derselbe nicht, wo in einer Tiefe von fünf Zoll, Lehm,
Tuff oder Felsen vorhanden sind. Esparsette gedeiht im
Kalkboden, besonders wenn solcher mit Asche gedüngt werden kann. Luzerne kömmt in Bergkesseln fort, die Rüben
werden in den Brachfeldern gebaut. Die Quecken sind dem

Kleebau sehr schädlich. Runkelrüben können nicht gebaut
werden, weil sie zu viel Dünger erfordern. Daran fehlt es
aber bei dem geringen Viehstande sehr. Deshalb kann auch
das Wildland nicht anhaltend bebaut werden und der Eifler
muß, wegen Mangel an Händen und Dünger, zum Schiffeln
seine Zuflucht nehmen. Ist der Boden durch das Verbrennen
von Gestrüpp, besonders von Ginster, zubereitet, so wird erst
Roggen, dann zwei bis drei Mal Hafer oder auch Hafer
dann Buchweizen gesäet, worauf das Schiffelland 10 oder
12, 15, 20, 30, ja wohl gar 50 Jahre ruht, weil der Boden
durch zu schnell aufeinander folgendes Schiffeln verschlechtert
werden würde. Die Haubergwirthschaft, wie sie im Siegen-
schen mit so gutem Erfolge betrieben wird, ist in der Eifel
nicht anwendbar, weil es hier an Holz fehlt. Die Gemeinden besitzen im Kreise Prüm nur 12,210 Morgen Oed- und
Wildland, den Privaten gehören aber 155,426 Morgen.
Der Viehstand besteht in den größeren Wirthschaften aus
2 bis 4 Pferden, 2 bis 4 Ochsen, 8 bis 12 Stück Hornvieh,
150 Schaafen, 6 Schweinen; in den kleineren aus 1 bis 2
Ochsen, 2 bis 4 Stück Hornvieh, 6 Schaafen, 1 bis 2 Schweinen.
Mit Kühen pflügen nur sehr arme Leute. Eine Kuh oder
Jungvieh wiegt in der Regel im Durchschnitt gegen 250 Pfund,
ein Ochse gegen 400 Pfund, ein Kalb 30 Pfund, eine Ziege
oder ein Schaaf 30 Pfund und ein Schwein 110 Pfund. Der
besseren Betreibung des Ackerbaues ist besonders das, schon
bei der Beschreibung des Kreises Daun erwähnte, Stockrecht,
welches der Eifler mit unerschütterlichem Eigensinn festhält,
hinderlich, sodann auch die Faulheit und Nachlässigkeit des
Gesindes. Besonders klagt man über die Schäfer, durch deren
Schuld, aus Nachlässigkeit und Unwissenheit, oft großer Nach-
theil entsteht. Im Jahre 1846 bestand der Viehstand im Kreise
Prüm aus 425 Füllen, 542 Pferden von 4 bis 10 Jahren und
524 Pferden über 10 Jahr, 2 Eseln, 128 Stieren, 4171 Ochsen,

III. 2. Abth.

9117 Kühen, 7590 Stück Jungvieh, 40,177 unveredelten Landschaafen, 1793 Ziegenböcken und Ziegen und 4249 Schweinen. Die Viehzucht läßt noch Manches zu wünschen übrig, obgleich es die Verwaltung an Aufmunterung und Unterstützung zur Verbesserung nicht hat fehlen lassen. Die Gemeinden wurden aufgefordert Zielstiere aus dem Westerwalde und von andern guten Racen kommen zu lassen, Prämien für die besten Zielstiere wurden ausgesetzt, eine Köhr-Ordnung wurde erlassen. Jährlich wurden Hengste aus dem Königlichen Gestüte im Kreise Prüm aufgestellt.

Auch die Lokal-Abtheilung des Vereins für gemeinnützige Bemühungen zur Beförderung der Landwirthschaft, des Gewerbfleißes, der Intelligenz und Sittlichkeit in den Eifelgegenden, welche auf meine Aufforderung am 20. Juni 1833 zu Prüm sich konstituirte, war bemüht, die Zwecke dieses Vereins zu befördern. Die Verhandlungen dieser Lokal-Abtheilung in den Sitzungen vom 20. Juni 1833, vom 12. September 1833 und vom 17. April 1834, sowie die Statuten, welche nach dem Beschlusse der Deputirten, auf der Konferenz zu Hillesheim, am 13 Mai 1834 waren entworfen worden, sind im Druck erschienen. (Bei J. F. L. Söchting in Schleiden.) Für gleichen Zweck gab ich auch in den Jahren 1821, 1822, 1823 und 1824 die Prümer gemeinnützigen Blätter für die Eifel heraus. Diese Blätter haben mir manchen Verdruß und Unannehmlichkeiten, bei bedeutenden Kosten verursacht, aber doch auch manches Gute gewirkt und befördert. So wie die ganze Rheinprovinz, hat sich auch der Kreis Prüm, seit der Preußischen Verwaltung, in jeder Hinsicht sehr aufgenommen.

In den Jahren 1816 bis 1832 sind im Kreise Prüm 99 landwirthschaftliche und 97 gewerbschaftliche Anstalten neu entstanden, 514 Wohnhäuser sind in dieser Periode neu erbaut worden und im Jahre 1843 waren im Kreise Prüm an Gebäuden 45 Kirchen (inclusive Schwirtzheim, welches mit Gondelsheim vereinigt ist), 56 Kapellen, 57 Schulhäuser, 4727 Wohnhäuser vorhanden. Man zählte im Kreise 86 Wassermühlen (darunter freilich manche sogenannte Donnermühle, die nur Wasser durch Regengüsse bei Donnerwettern erhält) mit 111 Mahlgängen, 28 Schälgängen, 11 Oelpressen und 12 Schneidemühlen, jede mit 1 Säge. Die Oelpressen waren mit Ausnahme von 4 Oelmühlen, mit Mahlgängen verbunden. Dies war auch der Fall bei den Sägemühlen, mit Ausnahme von 6 Schneidemühlen.

In der Periode von 1816 bis 1832 wurden von Haiden und Oedland 116 Morgen in Weiden, 207 Morgen in Wiesen, 942 Morgen in Ackerland und 432 Morgen in Wald verwandelt. Von Privatwaldungen wurden 4 Morgen in Wiesen, 10 Morgen in Ackerland verwandelt.

Die herrschaftlichen Waldungen im Kreise Prüm gehören mehrentheils zur Oberförsterei Balesfeld, im Bezirke der Forst-Inspektion Wittlich. Der Umfang der zur Oberförsterei gehörigen Waldungen beträgt 14,760 Morgen, welche unter einem Oberförster von acht Förstern und ein Waldwärter beaufsichtigt werden. Eine Forstkasse ist zu Schönecken. Die herrschenden Holzarten sind die Buche, besonders in den Gebirgslagen und die Eiche; die Kultur der letzteren als Niederwaldung wird durch die Nähe der bedeutenden Gerbereien sehr befördert. In neueren Zeiten hat man auch Versuche mit Nadelholz, besonders mit der Lärche (pinus larix) gemacht. Die Tanne gedeiht nicht leicht in der Eifel, weil der in großen Massen fallende Schnee die Zweige knickt. Während der Französischen Verwaltung wurde das Forstwesen sehr vernachläßigt und man stellte bei demselben Fremdlinge an, welche keinen Begriff von der Forstwirthschaft hatten, oft Haidekraut nicht von Buchenpflänzlingen unterscheiden konnten, nicht das Klima kannten und sich nicht

in der Landessprache auszudrücken im Stande waren. Die
seit der Preußischen Besitznahme eingetretene zweckmäßige
pflegliche Behandlung und sorgfältigere Kultur hat den Zustand der herrschaftlichen Waldungen sehr verbessert. Dies
kann man noch nicht von den Gemeindewaldungen sagen,
deren Umfang im Kreise Prüm 24,723 Morgen beträgt.
Im Jahre 1832 gab man deren Umfang zu 28,000 Morgen
an, die in 9400 Morgen Hochwald, 1700 Morgen Mittel-
wald und 16,900 Morgen Niederwald bestanden. Im Jahre
1832 wurde aus den Gemeindewaldungen an Bau- und
Nutzkohlen und Reiserholz und Lohe zum Werthe von 7100
Thalern verkauft und abgegeben. Der ganze Ertrag wurde
zu 8300 Thalern jährlich angegeben. Die Gemeindewaldungen mußten, als das einzige den Gemeinden gebliebene
Eigenthum die Mittel zur Tilgung der bedeutenden Kriegs-
schulden hergeben. Auch wurden sie für die früher sehr ver-
nachläßigten nothwendigen Gemeindebauten, besonders Schulhäuser in Anspruch genommen. Noch mehr aber wurden die
Gemeindewaldungen auf Veranlassung der Prozesse verwüstet, welche die Stockbesitzer gegen die Gemeinden be-
gannen, um in den ausschließlichen Besitz der Gemeinde-
waldungen zu gelangen und die andern Einwohner (Backes-
männer, Hintersassen), aus dem Mitgenusse zu verdrängen.
Die Prozeßwuth ging so weit, daß gegen Gemeinden, die
nur aus Stockbesitzern bestanden, von diesen prozessirt wurde.
Die höchst bedeutenden Kosten mußten aus den Waldungen
beschafft werden und Stockbesitzer und Gemeinden wurden
zu Grunde gerichtet. Der Gemeinde Forst-Verwaltung steht
ein Oberförster mit 11 Förstern und 10 Waldwärtern vor.
Auch die Privatwaldungen sind größtentheils zu Grunde
gerichtet. Sie werden durch vereidete Privat-Waldhüter beaufsichtigt. Ein bemerkenswerthes Erzeugniß der Waldungen
im Kreise Prüm ist das Fetzmoos, auch Schwefelmoos und

Haarmoos genannt (pogonatum urnigerum, Französisch bru-
yére.) Es wächst besonders in den Waldungen der Schnee-
Eifel in großen Massen. Jährlich kommen Leute aus Renwez,
im Arrondissement von Mezières, im Departement der
Ardennen, nahe bei Rocroi, um dieses Moos zu sammeln,
welches zu Renwez zu Bürsten verarbeitet wird, deren man
sich in den Tuchmanufakturen zu Orleans und Rouen, zur
Auftragung der Schlich bedient. Die grenzenlose Verwüstung
der Waldungen hat gewiß einen höchst nachtheiligen Ein-
fluß auf das Klima der Eifel gehabt. Die bewaldeten
Höhen waren von unberechenbaren Nutzen für die Kultur
und durch die Verwüstung, oder gar Ausrottung dieser
Waldungen auf den Höhen sind große Nachtheile entstanden. Es würde zu weitläufig sein, dies hier ausführlich
nachzuweisen und ich begnüge mich daher, hier nur den
Wunsch auszusprechen, daß man vor allen Dingen mit der
Wiederbepflanzung der abgeholzten Höhen beginnen möge,
wenn man eine Verbesserung der Landwirthschaft in der
Eifel befördern will.

Torf kommt in den Vennen und Vennenwiesen bei Gon-
delsheim, Ormont, Weißenseifen, besonders aber auf der
Schnee-Eifel in mächtigen Lagen vor. Das Mehlenvenn
im Kammerwalde Wasserscheid hat einen Umfang von 6
Morgen. Die Rasenschicht ist 6 Zoll dick, das Torflager
2 Fuß hoch, ruht auf einer Sohle von weißem Thone. Das
Klockersvenn auf der Schnee-Eifel ist 3 Morgen groß. Die
Rasenschicht ist unbedeutend, die Torfschicht hat eine Höhe
von $2\frac{1}{2}$ Fuß, die Sohle besteht aus Thon mit wenigem
Sande. Der Moortorf ist mit vielen Holztheilen vermengt.
Der Dimpel, unweit Roth, am Fuße der Schnee-Eifel, ist
ein 2 Morgen großes, $1\frac{1}{2}$ Fuß mächtiges Torfmoor auf
einer Sohle von weißem Thone. Der Königsvenn auf der
Schnee-Eifel ist $2\frac{1}{2}$ Morgen groß, die Tiefe der Rasen-

schicht beträgt 1 Fuß, die des Torflagers eben so viel. Den
Torf vom Ormont hält man für den besten. Dem Torf=
stiche wird jetzt mehr Aufmerksamkeit und Sorgfalt gewidmet
als früher und das Produkt derselben wird einst bei ein=
tretendem Holzmangel aushelfen müssen. Der Kreis ist reich
an Mineralien. Die Gebirgsarten sind Uebergangs=Ton=
schiefer und Grauwacken=Gebirge, auf welchen auch hin
und wieder jüngere Gebirgsarten. In der Umgegend von
Prüm ist Thonschiefer und Grauwacke vorherrschend, etwas
nördlich ist Quadersandstein, der sich von Brandscheid über
die Schnee=Eifel bis Ormont hinzieht. In südwestlicher
Richtung von Prüm über Nieder=Prüm, Pronsfeld, Lünebach,
Wachsweiler und von Lünebach auf Lichtenborn, Arzfeld,
Irrhausen bis Dasburg ist das Gebirge mit Buchenwal=
dungen bedeckt. Südwestlich von Prüm über Elveraht, be=
sonders zwischen Nieder=Lauch und Schönecken, lagert Flötz=
kalk auf dem Uebergangs=Thonschiefer. Zu Schönecken ist
der Kalk schon verwittert, deshalb ist die Vegetation hier
auch stärker, als in den angrenzenden, den Pflanzen weniger
günstigen thonschieferartigen Umgebungen von Prüm. Mehrere
Felsen bei Schönecken bestehen aus Dolomit. In Nieder=
Lauch und Ober=Lauch wird der Flötzkalk gebrannt. Auch
bei Rommersheim, Dingdorf, Schönecken, bei Wallersheim,
Fleringen, Büdesheim und Schwirzheim wird der Flötzkalk
benutzt. Zu Ende des Jahres 1846 zählte man 61 Kalk=
öfen im Kreise Prüm, bei welchen 68 Arbeiter beschäftigt
waren. Man gab den Ertrag, aber wohl zu niedrig, zu
500 Fuhren an. Der Kalk von Fleringen wird besonders
gesucht. Schlechter ist der Kalk der bei Lünebach und Prons=
feld gebrannt wird. In und um Mürlenbach, in östlicher
Richtung von Prüm, liegt auf dem Thonschiefer der bunte
Sandstein, der sich die Kyll herauf über Birresborn auf
Lissingen und Müllenborn hinzieht und mehrentheils mit

Buchenwaldungen bedeckt ist. Besonders bedeutend ist der zu den Domainen gehörige Kyllwald zwischen Burbach und Mürlenbach. Bei Schönecken kam ehemals Raseneisenstein vor, jetzt wird derselbe noch bei Büdesheim, Rommersheim, Wallersheim, Fleringen, Schwirtzheim, Duppach, Prüm, Dausfeld, Weinsheim, Gondelsheim, Ober-Hersdorf, Nieder-Hersdorf, ehemals auch bei Stadtkyll, gegraben. Die Eisenwerke von Müllenborn bezogen viel von diesem Erze, welches aber wenig ergiebig und geringhaltig ist. Ein Eisenhüttenwerk befindet sich zu Merkeshausen in der Bürgermeisterei Ringhuscheid, von welchem noch weiter unten (Nro. 261) die Rede sein wird. Sehr reich an Bleierz ist die Gegend von Bleialf, welches davon auch den Namen erhalten hat. Das Bergwerk soll schon im 11. Jahrhundert betrieben worden sein. Gewiß ist, daß das Werk auf dem Alferberge, im 15. Jahrhunderte lebhaft betrieben wurde. Im Jahre 1816 betrug die Ausbeute 600 Centner, welche theils als Glanzerz, theils als Pfannenschlicht, auf dem Waschwerke bereitet, auch wohl roh, verkauft wurden. Das Werk ist öfter wieder aufgenommen, aber auch eben so oft, theils wegen Mangel an hinreichendem Fonds, theils weil es bei der Konkurrenz des ausländischen Bleies an Absatz fehlte, wieder verlassen worden. Auch Kupfererz findet sich bei Bleialf, besonders bemerkenswerth ist aber das Vorkommen der gediegenen Mennige und schöner Krystalle. Auch zu Kopscheid, Schlaufenbach, Ober-Lascheid, Elcherath, Winterscheid und Groß-Langenfeld hat man Kupfererze gefunden. An Gewerbtreibenden zählte man im Jahre 1846 im Kreise Prüm: 44 Bäcker, 1 Kuchenbäcker, 20 Fleischer, 1 Seifensieder, 45 Gerber, 188 Schuhmacher, 1 Handschuhmacher, 1 Kürschner, 11 Riemer und Sattler, 1 Seiler, 1 Spritzenmacher, 107 Schneider, 5 Putzmacherinnen, 1 Tapezierer, 2 Hutmacher, 8 Tuchscheerer, 12 Färber, 20 Zimmerleute,

2 Zimmerflickarbeiter, 83 Tischler, 60 Rade= und Stellma=
cher, 7 Böttcher, 1 Drechsler, 3 Kammmacher, 1 Bürsten=
binder, 4 Korbmacher, 12 Maurer, 3 Maurerflickarbeiter,
10 Schieferdecker, 3 Steinmetzen und Steinhauer, 5 Stein=
setzer oder Pflasterer, 4 Schornsteinfeger, 5 Töpfer, 14 Glaser,
9 Zimmer= und Schildermaler, 70 Grobschmiede, 50 Schlosser,
3 Kupferschmiede, 1 Zinngießer, 9 Klempner, 5 Uhrmacher,
2 Gold= und Silberarbeiter, 8 Barbiere, 1 Friseur, 2 Fi=
scher, 1 Buchbinder, 7 Kohlenbrenner, 4 Strohdecker und
6 Wollspinner. Eine Buchdruckerei mit zwei Pressen (zu
Prüm) beschäftigte sieben Arbeiter. Auch waren zwei litho=
graphische Anstalten und eine Buchhandlung vorhanden. Das
Handelsgewerbe wurde von 2 Weinhändlern, 10 Getreide=
händlern, 1 Holzhändler, 1 Wollhändler, 11 Ausschnitts=
händlern, 6 Eisenhändlern, 4 Händlern für andere Waaren,
78 Krämern, 10 Höckern und 28 Hausierern betrieben: 20
Fuhrleute fuhren mit 31 Pferden. Im Kreise waren drei
Apotheken, zu Prüm, Stadtkyll und Wachsweiler. Außer
15 Gasthöfen für gebildete Stände gab es 48 Ausspan=
nungen. Man zählte 127 Schenkwirthe, 5 Musikanten,
1271 Taglöhner, 615 Tagelöhnerinnen, 2 Bedienten, 1029
Knechte, 54 Dienerinnen und 1077 Mägde. An Fabrika=
tionsanstalten waren im Jahre 1846 vorhanden: 1 Spinn=
maschine mit 160 Spindeln zu Kammgarn, 5 Webstühle zu
Leinewand, welche gewerbweise betrieben wurden, 10 Web=
stühle zu wollenen Tüchern, 1094 Webstühle zu Leinewand,
als Nebenbeschäftigung betrieben 4 Färbereien, 2 Zeugdrucke=
reien. Außer den oben bereits bemerkten Mühlen, dem Eisen=
werke und den Kalkbrennereien waren noch 6 Pottaschsiede=
reien, 10 Bierbrauereien, 3 Brandweinbrennereien und 2
Destilliranstalten vorhanden.¹)

---

¹) Im Jahre 1852 waren im Kreise Prüm 13 Brandweinbrennereien
vorhanden, welche 30,000 Quart Brandwein lieferten und 10 Bier=

Bis 1820 war der Wegebau im Kreise sehr vernachlässigt.
Bei den Arbeiten, welche im Jahre 1820 begonnen wurden,
war man darauf bedacht, solche in Verding zu geben und
die Ausführung gehörig zu beaufsichtigen. Die Verdingung
war um so mehr den Naturalleistungen vorzuziehen, weil
der Ackersmann zu diesen sein Gesinde oft mehrere Stunden
weit senden muß und die Wegearbeiten dann doch nur
schlecht ausgeführt werden, während die Arbeiten zu Hause
versäumt werden. Auch lassen sich Geldbeträge nach den
Steuern weit richtiger vertheilen als Naturalleistungen.
Auch wurden die Schöffenräthe veranlaßt, den Beschluß zu
fassen, daß die für den Wegebau bestimmten Summen in
eine Kasse fließen und nach einem bestimmten Plane die Arbeiten ausgeführt werden sollen. Diesen Einrichtungen war
besonders die schnelle und gute Ausführung des Wegebaues
von 1820 bis 1834 zuzuschreiben. Die Aachen-Trierer
Staatsstraße durchzieht den Kreis Prüm von Balesfeld bis
Losheim, wo sie in die Aachen-Mainzer Staatsstraße mündet,
die über Hallschlag nach Stadtkyll führt, von wo dieselbe
als Bezirksstraße auf Blankenheim, Münstereifel und Eus-
kirchen fortgesetzt wird, während die Aachen-Mainzer Straße
von Stadtkyll aus auf Junkerrath, Birgel, Hillesheim, Ober-
Ehe bis zu dem Punkte läuft, wo die Bezirksstraße auf Berncastell abgeht. Mehrere Strecken der Aachen-Trierer Straßen,
namentlich die von Prüm bis Halbemeile, die bei Olzheim
und die vor Stadtkyll, zusammen etwa 1600 Ruthen, sind
mehrentheils aus Mitteln des Kreises gebaut worden. Dies
ist auch der Fall mit der Köln-Trierer und Köln-Luremburger

---

brauereien, welche 49,770 Quart Bier beschafften; 96 Müller zahlten
569 Thlr. Gewerbesteuer und 34 Bäcker 172 Thlr. Man zählte
7 Aerzte, 3 Apotheker, 130 Schneider, 190 Schuster, 80 Schmiede
und 65 Wagner.

Bezirksstraße, welche im Jahre 1848 noch nicht ganz aus=
gebaut war und von Stadtkyll auf Reuth, Olzheim, Prüm,
Nieder=Prüm, Lünebach, Lichtenborn, wahrscheinlich über Neuerburg und Geichlingen auf Vianden geführt werden wird. Mit
bedeutenden Kosten wurde auch eine Straße zur Verbindung
mit Koblenz über Büdesheim bis hinter Oas an der Grenze
des Kreises Daun, in einer Länge von 3700 Ruthen, gebaut. Im Jahre 1832 betrugen die Kosten der bis dahin
aus Kreismitteln ausgeführten Wegebauten die Summe von
14,000 Thlr. Zur Unterhaltung der gebauten Straßen=
strecken wurden damals jährlich 500 Thlr. in den Gemeinde-
budgets vorgesehen und aus diesen Fonds auch ein besonderer
Wegewärter besoldet. Unter den 29 kunstmäßig gebauten
Gemeindewegen, welche im Jahre 1847 im Kreise Prüm
vorhanden waren, zeichnet sich besonders der aus, welcher
von der Grenze des Kreises Daun, bei der Mineralquelle
bei Birresborn, längst der Kyll, über Birresborn, Mürle=
bach und Densborn als Kunststraße angelegt worden ist. [1]
Alle Wege sind mit Bäumen bepflanzt, um sie dem Wanderer
auch bei hohem Schnee zu bezeichnen. Zur Bepflanzung
wurden Ebereschen gewählt, weil dieser Baum in der Ge-
birgsgegend gut fortkommt und auch ein gutes Futter für
die Schaafe giebt. Die Frucht findet einen bedeutenden
Absatz bei den Einwohnern der Gegend, die sich mit dem
Fangen der Krammetsvögel beschäftigen. Auf der Wege=
strecke von Olzheim nach Neuendorf ist auch ein Versuch mit
der Bepflanzung mit Obstbäumen gemacht worden. Dieser
Versuch konnte aber, wenigstens damals, nicht weiter aus-
gedehnt werden, weil es im Kreise noch sehr an Obstbäumen

---

[1] Im Jahre 1852 wurde die Länge der Staats= und Bezirksstraßen
im Kreise Prüm zu 9 Meilen 1403 Ruthen, die Länge der sonstigen
chausirten Wege zu 34 Meilen angegeben.

mangelt, obgleich im Jahre 1832 bei allen Schulen im Kreise Baumschulen angelegt waren. Das Kernobst gedeiht ganz gut, selbst in den höheren Gegenden des Kreises. So wird zu Auw, am Fuße der Schnee=Eifel, eine Birne ge= zogen, welche unter dem Namen der Auwer Birne einigen Ruf erhalten hat. Weniger gut gedeihen Kirschen und Pflaumen, jedoch habe ich in Prüm ganz vorzügliche Apri= kosenpflaumen gezogen. Die Trauben an den wenigen Wein= stöcken in einigen Gärten im Kreise werden nur in besonders günstigen Jahren reif. Das Klima und der lange Winter erschweren den Gartenbau sehr, dagegen ist die Flora auf den Bergen und in den Wäldern desto reicher. Manche seltene Pflanze kommt dort in großen Massen vor, so z. B. der Europäische Frauenschuh (cypropedium calceolus im Ro= mer Walde bei Birresborn), der gelbe Eisenhut (aconitum lycoctenon bei der Mineralquelle bei Birresborn), der Fin= gerhut (purpurea digitalis) u. s. w. Wachholderbeeren und Preißelbeeren werden gesammelt und zum Verkaufe umher= getragen.

An Steuern waren für den Kreis Prüm veranschlagt in den Jahren

	1833	1835	1849
	Thaler.	Thaler.	Thaler.
a. Grundsteuer, Prinzipal=Kontingent.............	20,992	20,637	20,357
b. Klassensteuer...........	14,210	14,274	15,646
c. Gewerbesteuer.........	2,287	2,429	3,192 [1]

Der Kreis Prüm ist in 29 Bürgermeistereien eingetheilt, über deren Verhältnisse im Folgenden näher berichtet wer=

---

[1] Für das Jahr 1852 war veranschlagt: a. an Grundsteuer 20,271 Thaler, b. an Klassensteuer 16,036 Thaler, c. an Gewerbesteuer 3110 Thaler und d. an Einkommensteuer 760 Thaler. Die Steuer für stehende Gewerbe betrug 2956 Thaler, für Hausirgewerbe 154 Thaler.

den wird. Diese Bürgermeistereien sind Arzfeld, Auw, Bleialf, Büdesheim, Burbach, Daleiden, Dasburg, Dingdorf, Eschfeld, Habscheid, Hallschlag, Harspelt, Leidenborn, Lichtenborn, Lünebach, Mürlenbach, Nieder=Prüm, Olmscheid, Olzheim, Pronsfeld, Prüm, Ringhuscheid, Rommersheim, Schönecken, Stadtkyll, Steffeln, Wachsweiler, Wallersheim und Winterscheid. Vor der Französischen Besitznahme gehörten die Bürgermeistereien Arzfeld, Daleiden, Dasburg, Eschfeld, Harspelt, Leidenborn, Lichtenborn, Olmscheid, Ringhuscheid und Wachsweiler zum Herzogthume Luxemburg, nach 1794 zum Wälder=Departement. Die Bürgermeistereien Hallschlag und Steffeln, auch unter Luxemburgischer Landeshoheit stehend, wurden nach dem Jahre 1794 dem Ourthe=Departement zugetheilt. Die Bürgermeistereien Auw, Bleialf, Büdesheim, Burbach, Dingdorf, Mürlenbach, Nieder=Prüm, Olzheim, Prüm, Rommersheim, Schönecken, Wallersheim, Winterscheid, deren Ortschaften theils Trierisch, theils Prümisch waren, gehörten nach 1794 zum Saar=Departement. Dahin gehörten auch die Ortschaften der Bürgermeisterei Stadtkyll, die ehemals zur Herrschaft Gerolstein gehört hatten. Die Bürgermeistereien Habscheid, Lünebach und Pronsfeld, deren Ortschaften bis 1794 zur Dreiherrischen Herrschaft Pronsfeld gehörten, waren nach 1794 dem Wälder=Departement zugetheilt.

240. Die Bürgermeisterei Arzfeld besteht aus den Ortschaften:

		Wohnh.		Einw.	
1. Arzfeld, Dorf... mit	58	Wohnh. und	353	Einw.	
a. Arzfeldermühle... „	1	„ „	8	„	
b. Inzenfenn, Haus. „	1	„ „	8	„	
c. Prümerbach, Haus „	1	„ „	5	„	
d. Treis, Gehöfte.. „	3	„ „	11	„	
2. Irrhausen, Dorf. „	39	„ „	253	„	

Zu übertragen... mit 103 Wohnh. und 638 Einw.

Uebertrag... mit 103 Wohnh. und 638 Einw.

3. Neurath, Dorf... „ 25 „ „ 130 „

   a. Hohenseifen, Haus „ 1 „ „ 5 „

Zusammen... mit 129 Wohnh. und 773 Einw. im Jahre 1843. Im Jahre 1852 zählte man 863 Seelen. Die Bürgermeisterei gehört zum Bezirke des Friedensgerichts zu Wachsweiler.

Das Dorf Arzfeld liegt zwischen Lichtenborn und Olmscheid, 2⅔ Meilen südwestlich von Prüm und 1 Meile westlich von Wachsweiler entfernt. Die Höhe von Arzfeld an der Kirche ist 1535 Fuß. Zwei Theile von Arzfeld, Irrhausen (Yrhausen), Camp (Lützkampen), Herdespelt (Harspelt) und unter den Hof binnen der Weiher bei Ouren gelegen, trug der Besitzer der Herrschaft Ouren (s. Nro. 8 im I. Bande, 1. Abtheilung, S. 36) von der Abtei Prüm zu Lehn. Im registro bonorum prumiensium wird der Nobilis vir de Vrre wohl unter den Vasallen der Abtei aufgeführt, aber die Bestandtheile des Lehns werden nicht darin angegeben. Mit diesem Lehne wurde 1517 Philipp von Giltingen, Herr zu Ouren, von dem Abte Wilhelm belehnt. Philipps Enkel, Balduin von Giltingen, empfing 1578 und 1590 die Belehnung, sowie Johann Werner von Salis, dessen Mutter Anna eine Tochter des Martin von Giltingen und Enkelin Balduins war, noch 1654 belehnt wurde. Den anderen (dritten) Theil von Arzfeld trug der Herr von Ouren von dem Besitzer der Herrschaft Neuerburg zu Lehn. Wegen dieses Theiles „deß Dorfes Arzfeld unterhalb der strassen, zum Hochgericht in die Herrschaft Neverburg und Grund und Boden bemelten Dorffs in die Herrschaft Ouren gehörig," hatte sich Balduin von Giltingen 1575 mit dem Grafen Joachim von Manderscheid-Schleiden, Herrn zu Neuerburg, verglichen und stellte nach dem (im Jahre 1587 erfolgten) Tode des Grafen Joachim, am 30. Juni 1589, einen Revers aus, in dem er bekundete, daß die Schaftleute dieses Theiles des Dorfes Arzfeld verpflichtet wären, dem Hochgerichtsherrn zu Neuerburg Hühner zu geben, auch jährlich sechs Fuder Brennholz auf dem Hochwalde, in der Herrenhecke, zu laden und nach Neuerburg zu fahren. Graf Diedrich von Manderscheid-Kail, der mit einer Tochter des Grafen Joachim von Manderscheid-Schleiden (Anna) vermählt war und einen Antheil an Neuerburg erhielt, genehmigte diesen Vergleich 1595. Die Unterthanen zu Arzfeld waren Leibeigene, durften sich nicht ohne Erlaubniß der Herrschaft verheirathen und mußten zum Baue des Schlosses zu Duren Kalk und Hausteine anfahren, Weiher und Mühle in Stand halten, den Weizen und „die Erbiß zu Steegen" zu Wallendorf laden und nach Duren fahren. Auch mußten sie jährlich dem Hause Duren fünf Frohnden thun, roden, Wasen brennen, mähen, schneiden, Mist fahren und zwei Moselfahrten nach Piesport und zurück leisten. Jedes Haus mußte ein Pfund Werg spinnen. Die Abgabe an Hühnern und Geld war bei jedem Hause verschieden. Auch Kurmuth mußten die Unterthanen entrichten. [1] Wie bedeutend ehemals Arzfeld war, beweist, daß es ein eigenes Maaß und Gewicht hatte. Die Arzfelder Elle kommt 1,^{1021} Preußische Elle gleich. Das Wein- und Oelmaaß war 1 Fuder zu 6 Ohm, zu 22½ Sester. Das Sester enthielt 4 Maaß zu 4 Schoppen und 1 Maaß ist gleich 1,^{5526} Quart Preußisch. Das Fruchtmaaß war 1 Malter zu 12 Sester und zwar Roggen und Weizen gestrichen, Hafer gehäuft und die Gerste halb gestrichen und halb gehäuft. Das gestrichene Malter kam 3 Scheffel 3,^{5270} Metzen Preußisch gleich. Das Handels-

---

[1] S. Eiflia illustr. II. Bd. 2. Abth. S. 139.

gewicht war 1 Centner zu 100 Pfund, welche 99 Pfund 8 Loth 3,^{7362} Quentchen gleich war. Nach der Besitznahme des Landes durch die Franzosen wurde Arzfeld Hauptort eines Kantons im Bezirke von Bitburg im Wälder=Departement. Die Mairies Arzfeld, Daleiden, Eschfeld, Habscheid, Harspelt, Leidenborn, Lichtenborn, Lünebach, Olmscheid, Pronsfeld, Ringhuscheid und Wachsweiler bildeten diesen Kanton. Im Oktober 1798 hatten sich auf Antrieb einiger Priester zu Weißwampach mehrere Landleute aus Daleiden, Dasburg und andere Gemeinden im Luremburgischen zusammen gerottet, um sich der von der Französischen Regierung angeordneten Konscription zu widersetzen; man hatte sogar den kühnen Plan entworfen, die Festung Luxemburg zu überrumpeln. Da die Haufen größtentheils nur mit Knüppeln bewaffnet waren, so nannte man sie die Knüppel=Armee. Ein Haufen derselben, etwa 500 Mann stark, rückte am 30. Oktober 1798 gegen Arzfeld an, welches von einem aus Luxemburg entsendeten Detachement von 100 Mann Infanterie und 40 Mann Kavallerie besetzt war. Als diese Truppen gegen den am Walde bei Arzfeld aufgestellten Haufen der Knüppel=Armee anrückten, ergriff dieser die Flucht, jedoch schoß einer der Fliehenden einen Franzosen nieder. Die Französische Infanterie gab nun mehrere Salven, die Kavallerie hieb ein. In dem Gefechte sollen sechs Franzosen geblieben sein, dagegen wurden von den unglücklichen verführten Bauern 35 Mann getödtet, viele verwundet und 32 Mann gefangen. Auf gleiche Weise wurden andere Haufen der Knüppel=Armee von den Franzosen bei Amel, Stablo und Clervaur auseinander gesprengt und der Aufstand bald beendigt. Die bei Arzfeld gefangenen Unglücklichen wurden nach Luxemburg geführt und vor ein Kriegsgericht gestellt. Dieses verurtheilte 9 zum Tode und 23 zu viermonatlicher Einsperrung. Das Urtheil wurde sogleich vollzogen. Außer jenen bei Arzfeld gefangenen 32 Mann wurden noch 21 als bei dem Aufstande betheiligt, verhaftet und 11 derselben zu Luxemburg guillotinirt. Die betheiligten Gemeinden wurden durch Brandschatzung und Requisitionen hart mitgenommen, der größte Theil der Glocken mußte nach Luxemburg abgeliefert werden, die Kirchen wurden geschlossen, die Paramente geraubt. Man vertrieb die Pfarrer und verkaufte die Pfarrgüter.[1]) Das Friedensgericht, welches früher zu Arzfeld war, ist während der Preußischen Verwaltung nach Wachsweiler verlegt worden, welches sich in jeder Hinsicht besser dazu eignet. Die Gemeinde Arzfeld besitzt 221 Morgen Holzungen, 114 Morgen Schiffel= und Wildland und 18 Morgen in anderen Ländereien. Die Kirche St. Maria Magdalena zu Arzfeld ist 1521, der Kirchthurm aber erst 1813 gebaut worden. Die alte Pfarrei gehörte zum Dekanate (concile) von Stablo, in der Lütticher Diözese. Die Kapelle zu Irrhausen war ein Filial von Arzfeld. Die Collatur stand dem Herrn von Duren zu. Jetzt sind außer Arzfeld mit der Mühle, nebst Inzenfenn, Prümerbach und Treis, noch Neurath mit Hohenseifen und Hickeshausen, in der Bürgermeisterei Eschfeld und Hölzchen, in der Bürgermeisterei Ringhuscheid, eingepfarrt. Friedrich von Giltingen verlieh die Pfarrei Arzfeld dem Peter aus Asselborn und 1531, nebst der Kapelle zu Irrhausen, an Diedrich aus Irrhausen. Im Jahre 1608 gab Martin von Giltingen die Pfarrei dem Peter aus Irrhausen. Als dieser resignirte, verlieh Margaretha von Duren, die Wittwe des Martin von Giltingen, 1637 die Pfarrei Arzfeld nebst der Kapelle zu Irrhausen dem Martin Malerb (Malherbes) aus Limerlo. Dieselbe berief

---

[1]) Bormann, Beitrag zur Geschichte der Ardennen. 2. Theil, S. 255 u. f.

1645 den Johann Steinberger aus Udler. Im Jahre
1711 war Nikolaus Ludovici aus Wilz Pfarrer. Ihm
folgte Johann Molitor. Im Jahre 1742 berief Hubert
Sebastian Franz Freiherr von Dobbelstein, Herr zu Duren,
den Bartholomäus Brunsfeld zum Pfarrer. Letzterem
folgte Johann Georg Ritter 1774, Johann Baptist Gillard
von 1787 bis 1801. Johann Nikolaus Hinterscheid von
1801 bis 1818, wo der noch jetzt (1852) als Pfarrer zu
Arzfeld fungirende Herr Franz Tötschen aus Buchholz berufen wurde.

Irrhausen liegt zwischen Arzfeld und Daleiden, süd-
westlich von Arzfeld, an der Irressen, von welcher auch der
Ort wahrscheinlich den Namen erhalten hat. Dieser Bach
entspringt unterhalb Stalbach, nimmt bei Irrhausen den
Männerbach auf und fällt bei Gemünd, im Kreise Bitburg,
in die Dur. Die Höhe von Irrhausen beträgt bei der
Mühle an der Irressen 1109 Fuß. In der Umgegend von
Irrhausen werden viele merkwürdige Versteinerungen ge-
funden: Lucina lineata, Pleurotomaria Daleidensis, Chonetes
Daleidensis, Terebratula Daleidensis, Ortaceras, Grammisia
Hamiltonensis, Phacops laciniatus, Lucina nova Species,
Lucina lata, Spirifer Ardennensis, Spirifer subcussidatus,
Venulites Concentricus. Irrhausen gehörte zur Meierei Da-
leiden in der Grafschaft Vianden, jedoch hatte auch der
Herr von Duren Rechte und Unterthanen in Irrhausen und
ihm stand die Collatur der Kapelle St. Petri zu. Im Jahre
1808 wurde diese zur Pfarrei erhoben und Paul Nemarle,
der schon seit 1804 den Dienst versehen hatte, zum Pfarrer
ernannt. Ihm folgten Nikolaus Schottler (1815 bis 1818);
Anton Haller (1818–1825); Friedrich Hinterscheid (1825);
Michael Konsbrück (1851). Das Pfarrhaus ist 1827 neu
gebaut worden. Herr Pfarrer Bormann will bei Irrhausen die Spuren eines Römischen Lagers gefunden ha-

III. 2. Abth.   **13**

ben.¹) Die Gemeinde besitzt nur 4 Morgen Schiffel= und
Wildland und 1 Morgen Wiesen.

Neurath liegt in einiger Entfernung vom linken Ufer
der Inz, südlich von Arzfeld, auf dem Wege nach Olmscheid.
Die Neurathermühle an der Inz liegt 1318 Fuß hoch.
Neurath gehörte zur Herrschaft Neuerburg. Gemeinde=
Eigenthum ist nicht vorhanden.

241. Zur Bürgermeisterei Auw gehören:

1. **Auw**, Dorf...... mit	33	Wohnh.	und	216	Einw.
2. **Laudesfeld**, Dorf „	13	„	„	60	„
a. Verschneid, Weiler „	7	„	„	35	„
b. Wischeid, Weiler. „	10	„	„	63	„
3. **Roth**, Dorf...... „	33	„	„	238	„
a. Kobscheid, Weiler „	10	„	„	82	„
b. Lenerts, Haus... „	1	„	„	8	„
4. **Schlausenbach**, Dorf............ „	20	„	„	138	„
a. Schlausenbacher= mühle.......... „	1	„	„	5	„

Zusammen... mit 128 Wohnh. und 845 Einw.
Im Jahre 1852 zählte man 848 Seelen.

Auw liegt in der Mitte der Bürgermeisterei, in einiger
Entfernung von der Schnee=Eifel, 2¼ Meilen nordwestlich
von Prüm. Im Jahre 1342, Freitag nach dem ersten Sonn=
tage nach Pfingsten, verkauften Zils (Gilles, Aegidius)
Herr von Daun, und seine Hausfrau Kunigunde ihren Hof
zu „Auwn im Oyslinck" für 400 Schildgulden, auf Wieder=

---

¹) Nachlese zu dem 1. Theile der Beiträge zur Ardennen=Geschichte,
S. 56, und Jahrbücher des Vereins von Alterthumsfreunden **III.**
Heft. S. 186.

kauf an Konrad Herrn von Schönberg. Bis 1794 war Auw
der Hauptort eines der drei Höfe (Amelscheid, Au und Man=
derfeld) welche das Kurtriersche Amt Schönberg bildeten. ¹)
Zum Hofe Au gehörten Au, Kobscheid, Roth, Schlausenbach,
Verschneid und Wischeid, welche nach 1794 mit Laudesfeld
die Mairie Auw, im Kanton Schönberg, im Bezirke Prüm,
des Saar=Departements und nun die Bürgermeisterei Auw
bilden. Vor 1794 hatten die beiden Höfe Auw und Man=
derfeld ein gemeinschaftliches Gericht, welches aus sieben
Schöffen bestand (s. Nro. 10 Schönberg, wo auch der Strei=
tigkeiten der Stockbesitzer in den beiden Höfen wegen der
Waldungen Buchholz und Schneifel, und der deshalb seit
Jahrhunderten mit den Regierungen geführten Prozesse Er=
wähnung geschehen.) Im Jahre 1585 verglichen sich die
Gemeinden Auw und Olzheim wegen eines Busches in der
Schneifel. Das Schöffen=Weisthum von Manderfeld und
Auw (Grimm III. S. 831) ohne Angabe des Jahres wei=
set „wer Schonbergh schleust vnd entschleust vor einen ge=
„waltherrn vnd einen Herrn von Tormbach vor einen vierten
„Herrn." Sämmtliche Gemeinden der Bürgermeisterei Auw
besitzen 1122 Morgen Wild= und Schiffelland und 27 Mor=
gen in anderen Kulturarten, zu einem Reinertrage von
108 Thalern, als gemeinschaftliches Gemeinde=Eigenthum.
Die Stockbesitzer zu Auw, Kobscheid, Roth und Schlausen=
bach haben in den Jahren 1827 und 1831 wegen des Ge=
meinde=Eigenthums mit den Gemeinden prozessirt. In der
bei der Schule zu Auw angelegten Baumschule wird eine
vorzügliche Art Birnen gezogen, welche deshalb den Namen
„Auwer Birne" erhalten hat. Die alte Pfarrei an der
Kirche St. Peter und Paul gehörte zum Eisler Dekanate in
der Kölner Diözese. Alle Ortschaften der Bürgermeisterei

¹) S. I. Bd. 1. Abth. S. 41.

sind nach Auw eingepfarrt. Zu Kobscheid, Roth und Schlau=
senbach sind Kapellen. Nach einer Sage soll (wahrschein=
lich im 16. Jahrhunderte) ein Pfarrer zu Auw wegen Zau=
berei verbrannt worden sein.

Laudesfeld liegt südwestlich von Auw an einem Bache,
der bei dem Dorfe entspringt und unterhalb Wischeid in
die Our fällt. Es gehörte bis 1794 zum Hofe Amelscheid,
und hatte ehemals ein eigenes Gericht, denn in Urkunden
von 1601 und 1624 wird von „Meier und Schöffen des
Hofes Laudesfeld gesprochen."

Verscheid, nördlich von Auw, kommt in Urkunden
auch unter dem Namen Overscheid vor. Es liegt am rech=
ten Ufer der Auw.

Wischeid liegt westlich von Auw in einiger Entfernung
vom linken Ufer der Our.

Roth liegt östlich von Auw nahe bei der nach Losheim
führenden Kunststraße. Im Jahre 1352 belehnte Erzbischof
Balduin seinen Burgmann zu Manderscheid, Johann von
Zivel, mit ein Viertheil des Gerichts des Dorfes „Rodde
bei Kopp" und mit der halben Mühle daselbst. Es ist hier
ein Vikariehaus. Im Jahre 1794 war zu Roth die Dienst=
wohnung eines Kurfürstlichen Revierjägers, der dem Amte
Schönberg untergeordnet war. Das Haus wurde nebst
Garten und Bering für 1300 Frs. (180 Thlr.) versteigert.

Kobscheid liegt nahe bei Roth.

Schlausenbach liegt am Fuße der Schnee=Eifel, die
hier eine Höhe von 2042 Fuß erreicht. Die Einwohner
sammeln häufig die auf diesem Bergrücken in großer Menge
wachsenden Preisselbeeren (vaccinium vitis idaea) und tragen
sie bis nach Trier zum Verkaufe.

242. Die Bürgermeisterei Bleialf grenzt an die Bür=
germeisterei Auw. Sie besteht aus den Ortschaften:

1. **Bleialf, Dorf**... mit 63 Wohnh. und 390 Einw.
   - a. Bleialferhütte,
     Haus .... „ 1 „ „ 10 „
   - b. Bleialfermühle... „ 1 „ „ 1 „
   - c. Instenschlag,
     Haus .... „ 1 „ „ 7 „
2. **Brandscheid,**
   Dorf............ „ 54 „ „ 333 „
   - a. Mühlenberg,
     Haus .... „ 1 „ „ 4 „
   - b. Unter=Brand=
     scheid, Haus .... „ 1 „ „ 4 „
   - c. Wilhelmsau,
     Haus .... „ 1 „ „ — „
3. **Buchet, Dorf**.... „ 21 „ „ 130 „
   - a. Halenfeld, Dorf . „ 12 „ „ 63 „
   - b. Nieder=Lascheid,
     Gehöfte........ „ 4 „ „ 35 „
   - c. Schneifelfenn,
     Haus .... „ 1 „ „ 2 „
   - d. Steinbach, Gehöfte „ 4 „ „ 17 „
   - e. Trift, Haus..... „ 1 „ „ 5 „
   - f. Weidingen, Haus „ 1 „ „ 5 „
4. **Ober = Lascheid,**
   Dorf............ „ 15 „ „ 103 „
   - a. Kemm, Haus.... „ 1 „ „ 9 „
   - b. Ratscheid, Weiler „ 8 „ „ 69 „

Zusammen... mit 191 Wohnh. und 1187 Einw.

Im Jahre 1852 zählte man in der Bürgermeisterei Bleialf 1289 Seelen.

Bleialf liegt 1¼ Meile nordwestlich von Prüm, in einiger Entfernung vom Alfbache, welcher oberhalb Buchet auf der Schnee-Eifel entspringt und bei Pronsfeld in das rechte Ufer der Prüm mündet. Die Höhe von Bleialf beträgt am Fuße der Kirche 1507 Fuß. Von dem Bache Alf hat der Ort seinen ursprünglichen Namen Alf, den Beinamen Bleialf von dem Bleibergwerke erhalten, welches schon im 11. Jahrhunderte betrieben worden sein soll. Graf Kadelo (vielleicht Gothilo oder Gottfried, ein Name, der damals bei den Lothringern häufig vorkam), der wahrscheinlich aus dem Ardennischen Hause war, und seine Gemahlin Irmengart, schenkten den Hof Pronsfeld der Trierschen Kirche und fügten auch zwei Höfe „Alua et Werede" bei. Erzbischof Poppo († 1047) beurkundete die Schenkung. (Hontheim I. S. 357.) Hontheim hält diesen Curtis Alua für Bleialf. Die Curia 4e Alue mußte, wie Cäsarius im registo bonorum Prum. berichtet, dem Kloster jährlich Honig (4 sextarias mellis) liefern. Das Weisthum zu Alf vom Jahre 1600 (Grimm II. S. 529) weiset dem Abte von Prüm alle landesherrlichen Rechte zu, jedoch dem Vogte von Schönberg Antheil an der Jagd und an den Bußen. Der Abt sollte den Hofschultheiß und die Boten setzen. Kein ander Hochgericht sollte binnen dem Hof Alf sein, als auf dem Alfer Berge. Auf diesem Berge sollen die „echt Zwerschaften" (Centnerschaften?) „echt Benck" haben. Der Missethäter soll von 21 Schöffen verurtheilt werden und zwar von sieben von Alf, sieben von Winterspelt und sieben von Sellerich. „Item so „man den man verweist zum tod vnd ein Abt den ledig „geben will, daß soll er thun, ehe zwischen der Bank vnd „dem Vogt der Wind durchfahre." Zur Prümschen Schultheißerei Bleialf gehörten Bleialf, Brandscheid, Halenfeld, Langenfeld (Groß-Langenfeld), ein Theil von Mützenich, ein Theil von Nieder-Lascheid, Schweiler, Urb, Winterscheid und ein Theil von Buchet. Zur Daunschen Meierei zu Bleialf gehörten Ober-Lascheid und ein Theil von Ratscheid.

Diese Meierei hatte ehemals den Herren von Daun gehört. Unter andern Gütern versetzten Diedrich von Daun, Herr zu Bruch, und sein Sohn gleichen Namens „den Dauner Hof zu Alfe" im Jahre 1397 dem Herrn Gerhard von Blankenheim. Graf Wilhelm von Blankenheim verkaufte die Güter zu Ratscheid, Langscheit (Lascheid) und den Daun=schen Hof zu Alve (Bleialf) an das Kloster Prüm, und der Prümsche (41.) Abt, Johann (von Esch) stellte am 5. September 1461 einen Revers wegen Vorbehalt der Ein= lösung dieser Güter aus. Zu Bleialf waren auch mehrere Bauerlehne, mit welchen die Abtei mehrere Bauerfamilien belehnt hatte. Es waren Kunkel=Lehne, welche auf das erst= geborne Kind, ohne Unterschied des Geschlechts, vererbt wur= den. Solche Lehne waren das Türken=Erbe, dessen Län= dereien zu Bleialf und Buchet lagen, das Claffenberg= Erbe, Johann Schröders=Erbe zu Alf, das Erbe auf dem Bongart, das Schroches=Gut und die Heintz=Schröders=Erb= schaft, die Güter, mit welchen vor 1534 Johann von Stein belehnt gewesen, die Neumanns=Erbschaft und endlich das Schneisler Erbe. Das Schroches=Gut, zu und bei Bleialf gelegen, hatten Peter von Daun und seine Schwester Ka= tharina zu Ende des 15. Jahrhunderts verkauft. Im Jahre 1514 wurde Georg von Stein zu der Neuerburg von dem Abte Wilhelm von Prüm mit Gütern zu Bleialf belehnt.[1]) Die Bleibergwerke bei und um Blei=Alf scheinen gegen Ende des 15. Jahrhunderts besonders lebhaft betrieben worden zu sein. Am 16. Januar 1496 (St. Antonii=Abend 1495 more trevir.) verliehen der Triersche Erzbischof Johann II. (Markgraf von Baden) und der Prümsche Abt Ruprecht (Graf von Virneburg) dem Grafen Philipp (II.) von Virne= burg (dem Bruder des Abts) und Konsorten, die „Blei=

---

[1]) Eiflia illustr. II. Bd. 2. Abth. S. 300.

„und Kupfer=Bergwerke zum Krakesberge in der Herrschaft
„Schönenberg im Disling." Am 16. Januar 1501 (vigil.
Antonii 1500 more trevir.) wurde die Verleihung wieder=
holt. Im Jahre 1493 verkauften die Eheleute Arnold von
(aus) Wetzlar und Liese von Dudelendorf, ihren Antheil an
dem Bleiwerke bei Alf, an welchem auch Nikolaus von
Schwartzenbach einen Antheil hatte, dem Kloster Prüm. [1]
Im Jahre 1556, am 16. Oktober, gaben der Triersche Erz=
bischof Johann VI. (von der Leyen) und der Prümsche
Abt Christoph (Graf von Manderscheid) gemeinschaftlich
„das Bergwerk unsers Bergs auf dem Alffer Berg und
„in der Nurschenn in unserm ambt Schoenberg und in
„unser Abteien Prum gelegen" dem Kauffmann Martins
und Spillen Clasen zu Alf, auch Heinrichen unter den
Hallen und Meie zu Prüm, deren Erben und Zustendern
„erblich und ewigklich." Sie gaben den Erbbeständern die
Erlaubniß, einen Stollen in einer vorgeschriebenen Länge
zu treiben, wogegen diese jährlich „den siebenzehnten zentner
ußbereidt" als Zehnten entrichten sollten. (Hontheim II.
S. 776.) In gleicher Weise und an demselben Tage wurde
auch das Bergwerk am Krakesberge als Erblehn verliehen.
Im Jahre 1581 wurde unter der Regierung des Erz=
bischofs Jakobs III. (v. Eltz) Administrators der Abtei
Prüm, Haans Nickel zum „General=Bergmeister zu Alf und
in der Abtei Prüm" ernannt. Am 3. Juli 1607 ließ Erz=
bischof Lothar (v. Metternich) einen Lehnbrief über das
Bergwerk im Fleischberge zu Bleialf ausfertigen. In dem=
selben Jahre wurde ein Waagemeister an den Bergwerken
zu Bleialf angestellt. Im Jahre 1614 wurden mehrere ver=
fallene Stollen bei Bleialf verpachtet. Im Jahre 1618
schlug der Kellner zu Hillesheim die weitere Anstellung eines

---

[1] Eiflia illust. II. Bd. 2. Abth. S. 281.

Bergmeisters zu Bleialf vor. Als die Franzosen das Land in Besitz nahmen, war das Bergwerk schon sehr in Abnahme gekommen. Eine Gesellschaft erhielt von der Regierung eine Konzession zur Ausbeutung, war aber mehr darauf bedacht, das angelegte Kapital mit einigem Vortheile wieder zu erlangen, als den Bau gehörig zu betreiben. Die Stollen wurden bald verlassen, von Zeit zu Zeit der Bau wieder aufgenommen und endlich ganz aufgegeben, besonders als die niedrigen Preise des ausländischen Bleierzes keinen Gewinn mehr in Aussicht stellten. Vor einigen Jahren hat ein Herr Wiesmann aus Essen, eine Konzession zur Wiederbetreibung des Bleibergwerks erhalten und bereits bedeutende Kapitalien darauf verwendet. Im Jahre 1850 war die Grube Neue Hoffnung bei Bleialf die einzige Bleierzgrube im Regierungsbezirke Trier, welche betrieben wurde. Sie lieferte einen Ertrag von 464 Centner Glasurerzen. Bei Bleialf kommen auch Minium und sehr schöne Krystalle vor. Der Wald Bolscheid an der Grenze des Regierungsbezirks Aachen hat oft zu Streitigkeiten unter den betheiligten Gemeinden Veranlassung gegeben. Schon im Jahre 1584, am 27. November, kam ein Abschied zwischen den Gemeinden Bleialf einer= und Schönberg und Amelscheid andererseits, wegen der Eckernutzung im Walde Bolscheid zu Stande. Während der Französischen Verwaltung war Bleialf der Hauptort einer Mairie im Kanton Schönberg, im Bezirke Prüm, im Saar=Departement. Ehemals führte die Landstraße von Trier nach Aachen durch Bleialf und ein großer Theil derselben vor und hinter Bleialf ist kunstmäßig ausgebaut. Seitdem aber die Kunststraße nach Aachen auf Losheim geführt worden ist, hat der Ort viel verloren. Die Gemeinde besitzt 801 Morgen Holzungen, 1183 Morgen Schiffel= und Wildland und 3 Morgen Wiesen, zu einem Reinertrage von 395 Thalern. Im Jahre 1826 hatten 71

Stockbesitzer gegen die Gemeinden Brandscheid, Bleialf, Buchet, Nieder=Lascheid und Halenfeld einen Prozeß wegen des Besitzes der Waldungen Bolscheid, Vierwald, Elscheid und Schneifel erhoben, auch am 18. Januar 1826 ein gün= stiges Urtheil bei dem Königlichen Landgerichte zu Trier erhalten. Dieses Urtheil wurde aber durch ein Urtheil des Rheinischen Appellations=Gerichtshofes vom 22. Juli 1828 abgeändert und das Eigenthum den Gemeinden zugesprochen. Die Schultheißerei unter Seeland, (wohl Saalland, terra selica) hatten die Stockbesitzer unter sich vertheilt. Zu Bleialf werden jährlich drei Kram= und Viehmärkte gehalten. Die alte Pfarrei zu Bleialf gehörte zum Concile von Stablo in der Lütticher Diözes. Der Kirchsprengel war sehr ausge= dehnt und 10 Kapellen zu Brandscheid, Schönberg, Winter= spelt, Hontheim, Elcherath, Ober=Lascheid, Groß=Langenfeld, Urb, Winterscheid und Mützenich waren Filiale derselben. Im Jahre 1777 waren Bleialf, Brandscheid, Buchet, Win= terscheid, Groß=Langenfeld, Schweiler, Mützenich, Urb, Halen= feld, Lascheid, Radscheid, Winterspelt, Walmerath, Elcherath, Herscheid, Hemmeres, Uhren, Sellerich, Eigelscheid, Hont= heim, Nieder=Lascheid, Rötgen, Alfersteg, Amelscheid, Laudes= feld, Flecken und Dorf Schönberg nach Bleialf eingepfarrt. Die Kirche ist alt, und es finden sich in derselben folgende Inschriften: 1187 Gerhardus Comes de Vi ... Abbas Pru= miæ hanc Ecclesiam Capitulo Prumiensi B. M. V. donavit ferner 1496 Robertus Comes de Virnenburg Abbas Pru= miensis in Hanc formam reduxit. Hiernach hat also Gerhard Graf von Vianden, der 29. Abt von Prüm († 1212) die Collatur der Pfarrei dem Collegiatstifte U. L. F. zu Prüm verliehen und Robert Graf von Virneburg, der 42. in der Reihe der Aebte von Prüm, hat die Kirche, wie sie noch jetzt vorhanden ist, gebaut. Das Stift besetzte die Pfarrei bis 1794 durch eins seiner Mitglieder. Nach einer Sage, de=

ren in einem Schöffenbuche vom Jahre 1596 erwähnt wird, stand der Gemeinde das Recht zu, wenn sie mit ihrem Pfarrer nicht zufrieden war, denselben auf eine Karre zu setzen, nach dem Kalenberge (Kalvarienberge) bei Prüm zu fahren, von dort auf den Markt in Prüm, ihn dort abzuladen und sollten dann die Gehöfer „ohne rück zu schauen" nach Hause fahren. Zur jetzigen Pfarrei Bleialf gehören außer Bleialf noch Buchet, Halenfeld, Steinbach, Nieder= und Ober=Lascheid, Ratscheid, Groß=Langenfeld, Winterscheid, Mützenich und Schweiler. Das ehemalige Frühmesserhaus zu Bleialf ist zum Schulhause verwendet worden. Das Pfarrhaus ist von dem Kanonikus Wilhelm Schouppe, Pfarrer zu Bleialf, wahrscheinlich auf Kosten des Stifts gebaut worden.

Brandscheid liegt südöstlich von Bleialf, nicht weit von der Schnee=Eifel, einem Bergrücken, der sich bis Ormont hinzieht, und dessen südwestliches Ende hier die Höhe von 1716 Fuß erreicht. Der erste Kopf dieses Bergrückens von Brandscheid, 300 Ruthen rechts der Straße, hat eine Höhe von 1930 Fuß; der zweite Kopf, in der Richtung des Thurmes von Brandscheid, 1998; der höchste Punkt der Schnee=Eifel erreicht die Höhe von 2147. Auch bei Brandscheid war ehemals ein Bleibergwerk in Betrieb. Am 24. Januar 1571 verlieh Erzbischof Jakob III. (von Eltz) das mit Prüm gemeinschaftliche Bergwerk „auf der Trenken unter Brandscheid" auf Erbbestand. Ein angesehenes Rittergeschlecht führte den Namen von diesem Orte. Der Wald Brandscheid, dessen in dem Vertrage zwischen Heinrich und Gerhard von Schönecken mit dem 34. Prümschen Abte Walther (Grafen von Flandern) vom Jahre 1286 erwähnt wird, [1] mögte wohl bei Brandscheid liegen. Der Busch Aspe, welchen Johann von Brandscheid von seinem Magen (Ver=

---

[1] Eiflia illust. I. Bd. 2. Abth. S. 983. II. Bd. 1. Abth. S. 68.

wandten) Wirich von Brandscheid, Dechanten des Stifts
U. L. F. zu Prüm, kaufte, liegt bei Bleialf. Unter andern
Gütern wurde Heinrich von Naſſau, der Sohn Adrians und
der Katharina von Manderscheid, einer Tochter Johanns,
im Jahre 1517 von dem 44. Prümschen Abte Wilhelm
(Grafen von Manderscheid) auch mit dem Busche Aspe
belehnt und dabei jenes Kaufes erwähnt. Mit dem Zehnten
zu Brandscheid wurden noch 1678 die Kinder des Hans
Adam von Zievel, als Nachkommen des Friedrichs von
Zievel und der Eva von Brandscheid belehnt. [1]) Auch Bauernlehne waren zu Brandscheid. Ein solches war Haus, Hof
und Zubehör, genannt Friedrichs des alten Centners Gut,
welches der 39. Abt von Prüm, Friedrich (von Schleiden
† 1427) zu einem Lehngute gemacht hatte. Auch die Heintz
Schröders-Erbschaft, die Juffern-Erbschaft, die Michels-
Hofſtatt, die Hofs-Erbschaft waren ſolche Bauernlehne,
mit welchen noch im Jahre 1769 Bauernfamilien belehnt
wurden. Die Burg der Herren von Brandscheid ſoll auf
der Stelle der jetzigen Pfarrkirche gestanden haben. Ehemals
war die Kapelle zu Brandscheid ein Filial von Bleialf.
Erst während der Französischen Verwaltung wurde die Kapelle zur Pfarrkirche erhoben. Herscheid, Hontheim und
Sellerich ſind eingepfarrt. Das Gemeinde-Eigenthum iſt
unbedeutend und beſteht nur in 8 Morgen Schiffel- und
Wildland und 3 Morgen Wiesen.

Buchet liegt nordöstlich von Bleialf an der Schnee-Eifel,
auf welcher das Schneifelhäuschen oder Schneifelfenn liegt,
das zu Buchet gehört. Ueber Buchet erhebt ſich der Weiß-
ſenſtein. Das Signal, welches hier Oberſt Tronchofr, bei
der trigonometrisch-militairischen Aufnahme der Rheinprovinz unter Französischer Verwaltung, auf dem Diſtrikte Kers-

---

[1]) **Eiflia illustrata.** II. Bd. 2. Abth. S. 468.

lingroth, errichten ließ, (Dreieckspunkt erster Ordnung) liegt
2148 Fuß über dem Amsterdamer Pegel. Dieser Punkt ist auch
deshalb bemerkenswerth, weil sich auf demselben die Grenzen
der Diözesen Köln, Trier und Lüttich berührten. Die Pfarrei
Auw nämlich gehörte zur Kölner Diözes, die von Bleialf
zur Lütticher und die von Olzheim gehörte zum Sprengel
des Erzstiftes Trier. Buchet hatte im Jahre 1784 nur 12
Häuser, von welchen 9 zum Oberamte Prüm und 3 zum
Amte Schönberg gehörten. Güter zu Buchet gehörten zu
dem Bauernlehne, welches ehemals Johann von Stein von
der Abtei Prüm zu Lehn getragen hatte. Das Bergwerk
„Bocheit im Amte Schönberg" wurde 1589 von dem Erz=
bischofe Johann VII. (von Schönberg) in Erbbestand ge=
geben. Dies geschah auch 1608 von dem Erzbischofe Lothar
(von Metternich.) Derselbe erließ auch am 11. Dezember
1617 eine eigene Ordnung für die Gewerkschaft zu Bochet.
Im Jahre 1619 pachtete diese Gewerkschaft von dem Erz=
stifte die Mühle zu Nieder=Lascheid. Die Gemeinde Buchet
ist an dem bei Bleialf angegebenen Gemeinde=Eigenthume
betheiligt.

Halenfeld und Nieder=Lascheid bilden eine Ge=
meinde mit Buchet. Halenfeld war Prümisch und nur die
Mühle gehörte dem Kurfürsten. Die Französische Regie=
rung versteigerte die Mühle für 800 Frs. (213 Thlr.)
Die Reitzers= oder Reuters=Erbschaft, zu welcher besonders
das Kesselsfenn gehörte, und die Mehlsacks=Erbschaft, beide
zu Halenfeld gelegen, waren Prümsche Bauerlehne. Von
den drei Häusern zu Nieder=Lascheid gehörten zwei zum
Ober=Amte Prüm und eins zum Amte Schönberg (Hof
Amelscheid.) Bei Halenfeld, am Walde Esch, sind die
Ueberbleibsel eines alten Gebäudes, die alte Burg genannt.

Ober=Lascheid, eigentlich wohl Langscheid, wie es auch
in Urkunden genannt wird, liegt zwischen Halenfeld und

Ratscheid und bildet eine Gemeinde mit Ratscheid. Ober=
Lascheid gehörte bis 1794 zur Daunschen Meierei Alf.
Den Zehnten trug eine Bauernfamilie von der Abtei Prüm
zu Lehn. Die Kapelle zu Ober=Lascheid war von jeher ein
Filial der Kirche zu Bleialf. Sie ist dem heiligen Arnul=
phus gewidmet, dem am 31. August Opfer an Geld und
Schweinsköpfen gebracht werden. Davon kommt auch der
Beiname Schweine=Lascheid. Zwischen Halenfeld und Ober=
Lascheid ist ein Weiher, bei welchem ehemals eine Burg
Mombach gestanden haben soll. Ein auf Glas gemaltes
Wappen, einen aufrecht stehenden Bären vorstellend, mit
der Jahreszahl 1598, soll ehemals in einem Fenster dieser
Burg gewesen sein. Ein Besitzer dieser Burg soll sich einst
verirrt haben, im Nebel, auf der Schnee=Eifel, und aus
Dankbarkeit für seine Rettung ein Glockengeläute gestiftet,
auch der Kirche zu Bleialf einen Kelch geschenkt haben.

Ratscheid hatte früher nur sieben Häuser, von welchen
sechs zur Daunschen Meierei, eins zum Hofe Amelscheid, im
Amte Prüm, gehörten. Der Verpfändung der Daunschen
Meierei im Jahre 1396, und des Verkaufes derselben im
Jahre 1461 ist schon oben bei Bleialf erwähnt worden.
Das Gemeinde=Eigenthum von Ober=Lascheid besteht nur
in 4 Morgen Schiffel= und Wildland. Ratscheid liegt nörd=
lich von Bleialf, oberhalb Ober=Lascheid.

243. Die Bürgermeisterei Büdesheim besteht aus vier
Gemeinden:

1. Büdesheim, Dorf mit	77	Wohnh. und	530	Einw.
2. Duppart, Dorf..	„ 49	„	„ 322	„
nebst Mühle......	„ 1	„	„ 7	„
3. Dos, Dorf......	„ 30	„	„ 210	„
4. Schwirtzheim, Dorf..........	„ 44	„	„ 288	„
Zu übertragen... mit	201	Wohnh. und	1357	Einw.

Uebertrag... mit 201 Wohnh. und 1357 Einw.
a. Leinertzseifen=Haus. „ 1 „ „ 4 „
b. Hartelstein, Burg=
ruinen.

Zusammen... mit 202 Wohnh. und 1361 Einw.

Im Jahre 1852 zählte man in der Bürgermeisterei 1366 Seelen.

Büdesheim liegt 1¼ Meilen östlich von Prüm an einem Bache. Die Straße von Prüm nach Hillesheim führt durch den Ort, in dessen Nähe auch die Pilgerstraße sich durch den Wald zieht, eine ehemalige Römerstraße. Auch bei Büdesheim ist ein reicher Fundort für Versteinerungen. So findet man hier: Pleurotomaria, Cordium palmatum, Goniatites, Baculites, Terebratula subcordiformis. Im Schwe= felfies kommen vor: Gonialites constrictus, primordialis und retrorsus, Cordium palmatum, Orthoceratites, Gonialites auris und Phasianella minuta. Auch findet man Nautilus und Cordium Ausaviensis (von Ausava Dos so genannt.) Die Prümsche Schultheißerei Büdesheim bestand nur aus dem Dorfe dieses Namens. Im registro bonorum Prumiensium ist nur der Namen „Budenesheym" genannt, ohne nähere Bezeichnung der Güter und Rechte, welche das Kloster Prüm daselbst hatte. Das Weisthum zu Büdesheim (Grimm II. S. 544) weiset den Abt von Prüm für ein Lehenherrn und den „wer Schonecken schleußt vndt entschleuß vor einen gewaldt vndt schirmherrn vnd vor ein freund darbey." Mit zwei Höfen zu Büdesheim und andern Gütern war 1516 Georg von der Hart von dem Prümschen Abte Wilhelm belehnt worden. Da Peter von der Hart Profeß zu Prüm war, so erhielt Johann von Hoverdingen, genannt Sauer= zapf, die Belehnung für sich und seine Miterben 1516. Johanns Sohn, Friedrich, der noch 1550 die Belehnung

empfangen hatte, starb kinderlos, ihn beerbte daher der
Sohn seiner Schwester, Gerlach Auwach, und erhielt 1579
die Belehnung. Die Güter blieben nun bei dieser Familie. Wilhelm Joseph Lothar von Auwach, Kurmainzischer
Kammerherr, starb den 22. September 1747 als der letzte
Mann seines Stammes und setzte eine Schwester seiner
Mutter, Maria Eva Franziska Waldbot von Bassenheim-
Olbrück, verwittwete Knebel von Catzenelnbogen zur Erbin
ein. Von dieser Familie kamen die Güter durch Heirath
an die von Kesselstatt. Noch jetzt heißt ein der Familie
Girarts gehöriges Haus das Auwartsche Haus und ist mit
dem Wappen der von Auwach und von Koppenstein geziert.[1]) Auch gab es ein adeliges Geschlecht von Büdesheim, welches den Büdesheimer Hof zu Büdesheim besaß
und die Mühle daselbst. Diese Güter kamen durch Heirath an die von Wilberg und von Ingenhoven und durch
Kauf an die Familie Meyer.[2]) Außer diesem adligen
Lehne waren zu Büdesheim auch mehrere Bauernlehne, so
das Mawel-Erb, die Münchs-Erbschaft, die Kloepen-Erb-
schaft, die Giebels-Erbschaft, die Meyers-Erbschaft, das
Goltbachs-Erbe, die Johannes-Güter. Im Jahre 1574
ertheilte Erzbischof Jakob III. (von Eltz) einen Erbbrief,
zur Ausbeutung von Eisenstein auf dem Hofsbanne von
Büdesheim. Die Gemeinde besitzt kein Gemeinde-Eigenthum
und ist solches von den Stockbesitzern getheilt worden.[3]) Die
Schultheißerei-Güter ließ die Französische Regierung am

---

[1]) Eiflia illustr. II. Bd. 1. Abth. S. 38.

[2]) Ebendaselbst S. 74.

[3]) Das Königliche Landgericht zu Trier erkannte durch ein Urtheil vom
28. August 1823 den Stockbesitzern das Eigenthum der Gemeinde-
güter zu. Bei diesem Urtheile wurde auf ein altes Schöffen-Weisthum Bezug genommen. S. C. D. Läis. Die Stock- und Vogtei-
gutsbesitzer der Eifel. Trier 1831. gr. 8. im 2. Bande S. 132.

18. Oktober 1813 für 2175 Frs. (580 Thlr.) versteigern.
Die alte Pfarrei Büdesheim gehörte zum Landkapitel Kyll=
burg in der Trierschen Diözes. Das Patronatrecht stand
dem Abte und Convente zu Prüm zu. Im Jahre 1310
wurde die Kirche dem Kloster incorporirt, damit die Ein=
künfte für die Krankenanstalt (infirmaria) verwendet werden
sollten. Dos gehört zur Pfarrei. Im Jahre 1777 waren
auch noch Kopp und Wallersheim dahin eingepfarrt. Da=
mals zählte man zu Büdesheim 49 Hausstätten und eben
so viele Rauchfänge.

Duppach liegt nördlich von Büdesheim, am Oosbache,
die Mühle aber in einiger Entfernung vom Dorfe am
Weiher. Dieser Weiher ist ein Maar, wahrscheinlich der
Krater eines ausgebrannten Vulkans, aber mit unbedeuten=
dem Sandauswurfe. Dieser 63 Morgen große Weiher
war der einzige See im Kreise Prüm und wegen seines
Reichthums an Fischen, besonders an Karpfen, weit und
breit berühmt. Der See wurde von Zeit zu Zeit abge=
lassen und gab einen bedeutenden Ertrag. Die Französische
Regierung ließ den Weiher, der bis 1794 dem Grafen von
Manderscheid gehört hatte, als National=Eigenthum am
1. Thermidor XII. (20. Juli 1804) für 1550 Frs. (413
Thlr. 10 Sgr.) verkaufen. Vor mehreren Jahren (1838?)
hat man den Weiher ausgetrocknet und in Wiesen verwan=
delt. Im Jahre 1334 verkauften Mechtilde, Wittwe des
Herrn Diedrich Rübsatz von Schmittheim, und ihre Kinder
Arnold, Diedrich und Drude, ihr Dorf Duppach, welches
sie von dem Herrn von Schönecken zu Lehn trugen, mit
Leuten, Gericht, Kirchengift, Gülten und allem Zubehör an
Herrn Gerhard von Blankenheim für 800 Mark Kölnisch. ¹)

---

¹) Eiflia illustr. I. Bd. 1. Abth. S. 261 und II. Bd. 2. Abth.
S. 259.

Seit der Zeit blieb Duppach ein Theil der Grafschaft Blankenheim bis zu deren Auflösung. Es war dem Hofe Lissendorf zugetheilt. Die Gemeinde besitzt 726 Morgen Holzungen, 619 Morgen Schiffel= und Wildland und 3 Morgen Wiesen. Im Jahre 1826 hatten die Stockbesitzer wegen dieser Besitzungen einen Prozeß gegen die Gemeinde erhoben. Die Pfarrei gehörte zum Landkapitel Kyllburg. Das Patronat stand dem Grafen von Manderscheid=Blankenheim zu. Die Kirche ist dem heiligen Hubert geweiht. Am 7. Oktober 1751 schenkte der Kölnische Dompropst Graf Johann Karl, Erb=Truchseß von Waldburg=Zeil, der Kirche einige Reliquien vom heiligen Hubert. Die Gemeinde Auel, im Kreise Daun, ist nach Duppach eingepfarrt. Die Gemeinde Duppach war häufig in Streitigkeiten mit der Gemeinde Schwirzheim wegen Hoheit, Holzhau, Weidstrich u. s. w., und es wurden am 15. Juni 1509 zwischen den Gemeinden und am 21. Juni 1610 zwischen dem Erzbischofe Lothar, als Administrator der Abtei Prüm, und dem Grafen Hans Gerhard von Manderscheid=Gerolstein Verträge darüber abgeschlossen. Während der Französischen Verwaltung gehörte Duppach zur Mairie Lissendorf, im Kanton Lissendorf. Bei Duppach und zu dieser Gemeinde gehörig lag Brenden, ein Ort, der nicht mehr vorhanden ist. Mit fünf Lehnen zu Brenden wurde Gerlach von Winneburg im Jahre 1514 von dem Prümschen Abte Wilhelm belehnt. [1]

Dos liegt nördlich von Büdesheim, an der Grenze des Kreises Daun, am Zusammenflusse des Büdesheimer Baches und des Schlierbaches, welche den Dosbach bilden, der nach dem Duppacher Weiher abfließt. Es ist wohl keinem Zweifel mehr unterworfen, daß zu Dos die Römische Station Ausava, zwischen Beda vicus (Bitburg) und Icorigium

---

[1] Eiflia illustr. II. Bd. 2. Abth. S. 447.

(Junkerrath) zu suchen ist. Schannat nimmt Balesfeld, welches er Pallescheid nennt, dafür an. Dagegen halten Wiltheim, von Hontheim, Hetzradt, Minola, Steininger (Geschichte der Treverer, Seite 141) dafür, daß Ausava das heutige Dos ist und ich habe mich dieser Meinung aus den im I. Bande, 1. Abtheilung, Seite 33 der Eiflia illustrata angegebenen Gründen angeschlossen. Dort habe ich auch der von Hontheim angeführten Schenkungs=Urkunde vom Jahre 830 erwähnt, in welcher Dos unter dem Namen Huosa vorkommt. Sigefridus übertrug seine Güter zu Dos (Osa) im Jahre 771 dem Abte Assuerus von Prüm, behielt sich aber die Nutznießung für seine Lebenszeit vor. (Hontheim I. Seite 131.) Im registro bonorum Prum. wird bemerkt, daß der Graf von Hochstaden Use juxta Budensheym von dem Kloster Prüm zu Lehn trage. Dos war eine der sechs Zennereien (Centnereien) der Abtei Prüm. Die Civilgerichtsbarkeit stand den Freiherren von Zandt und von Ahr zu Lissingen zu, der Appell ging an das Amt Prüm. Gerlach von Winneburg war schon 1514 von dem Prümschen Abte Wilhelm mit dem Dorfe=Dos nebst Hoheit und Zehnten daselbst belehnt worden. Durch Heirath kam dieses Lehn an die von Zandt und von Ahr, welche noch 1794 im Besitze waren. Im Jahre 1514 war auch Reinhard von Nechtersheim von dem Abte Wilhelm mit einem Hofe zu Dos belehnt worden. Reinhards Tochter, Elisabeth, brachte das Lehn ihrem Gatten Augustin von Wicherdinck zu. Durch Heirath kam es später an die von Desberg (oder Osburg und D'ham.[1]) Dos hat eine Kapelle und ist nach Büdesheim eingepfarrt. Die Gemeinde besitzt 30 Morgen Holzungen, 147 Morgen Schiffel= und Wildland und 19 Morgen in anderen Ländereien.

---

[1] Eiflia illustr. II. Bd. 2. Abth. S. 381 und S. 521.

Schwirtzheim liegt nordwestlich von Büdesheim, zwischen Büdesheim und Gondelsheim. Von Versteinerungen
kommt besonders Spirifer undulatus hier vor. Schwirtzheim
war eine Schultheißerei der Abtei Prüm, welche nur auf
den Ort beschränkt war. Ein adliges Geschlecht, welches von
der Abtei Prüm mit Gütern zu Schwirtzheim belehnt war,
nahm den Namen davon an. [1]) Bauerlehne daselbst waren
der Hürtenhof der Familie Wavern, die Wavers-Güter,
das Hallers-Erb, die Heintzen-Erbschaft und das Heiden-
dorfs-Erbchen. Der Hürtenhof erhielt diesen Namen wahrscheinlich von den Hürthen von Schönecken. Johann Hürthen
von Schönecken hatte diesen Hof nebst anderen Gütern 1462
der Abtei Prüm verpfändet. Diese weigerte sich solche gegen Erlegung der Kaufsumme zurück zu geben, und Emme-
rich Hürthen von Schönecken machte deshalb einen Rechts-
streit gegen die Abtei im Jahre 1569 anhängig. [2]) Im
16. Jahrhunderte besaßen die von Gressenich Wiesen und
Ackerland zu Schwirtzheim. Im Jahre 1526 empfing Godart von Gressenich, des Claß Sohn, die Belehnung, 1557
Nikolaus von Gressenich, der Neffe Godarts, 1584 die Gebrüder Hans Michael und Hans Heinrich von Gressenich.
Die Kirche zu Schwirtzheim ist 1745 erbaut worden. Schwirtzheim gehörte früher zur Pfarrei Weinsheim und erhielt
erst später eine eigene bischöfliche Pfarrei. Die Gemeinden
Gondelsheim und Schwirtzheim vereinigten sich im Jahre
1829 dahin, daß sie eine gemeinschaftliche Pfarrei bilden
wollten, deren Pfarrer zu Gondelsheim wohnen, die gemeinschaftliche Schule aber zu Schwirtzheim sein sollte.
Die Schule befindet sich nun in dem 1749 erbauten Schulhause, welches 1829 erweitert worden ist. Die Güter,

---

[1]) Eiflia illustr. II. Bd. 1. Abth. S. 283.
[2]) Eiflia illustr. II. Bd. 2. Abth. S. 194.

welche die Abtei Prüm zu Schwirtzheim besessen hatte, ließ die Französische Regierung am 27. Nivose XII. (24. Dezember für 10,300 Frs. (2744 Thlr.) versteigern. Auch einige unbedeutende Ländereien, welche der Herzog von Aremberg besaß, wurden versteigert. Die Schultheißerei-Güter wurden von der Gemeinde in Anspruch genommen, die Regierung behauptete, daß die Güter zu den Domainen gehörten. Durch die Bemühungen und Vorstellungen des verständigen Ortsvorstehers Christoph Christmann, kam endlich ein Vergleich zu Stande, in Folge dessen die Gemeinde einen Theil der Schultheißerei-Güter erhielt und ein kostspieliger Prozeß verhindert wurde. Die Gemeinde Schwirtzheim besitzt nun 883 Morgen Holzungen, 178 Morgen Schiffel- und Wildland und 22 Morgen in Wiesen und anderen Ländereien.

Auf einem hohen Felsen über Schwirtzheim liegen die Trümmer der Burg Hartelstein. Diese Burg baute zu Anfang des 14. Jahrhunderts Hartard, Herr von Schönecken, aus dem Geschlechte der Grafen von Vianden. Er nannte die Burg nach seinem Namen Hartardstein und trug sie im Jahre 1341 dem Könige Johann von Böhmen, Grafen von Luxemburg, auf und nahm sie von demselben wieder zu Lehn. [1]) Hartards Bruder Johann, Herr von Schönecken und Hartelstein, empfing 1363 von dem Herzoge Wenzel von Luxemburg eine Geldsumme und verpflichtete sich dagegen zur Oeffnung der Veste und des Schlosses Hartelstein (forteresse et chateau de Hartelstein.) (Bertholet, histoire de Luxembourg, VII. preuves, Seite XXXI und Eiflia illustrata, I. Band, 2. Abtheilung, Seite 990.) Nach Johanns von Schönecken Tode erhielt Godart von Wiltz,

---

[1]) **Eiflia illustrata**, I. Bd. 2. Abth. S. 651, S. 986, S. 990 und S. 1000.

der mit Johanns Schwester, Elisabeth, vermählt war, Har=
telstein. Seine Enkelin Eva brachte Hartelstein ihrem Ge=
mahle Johann von der Leyen zu. Dieser gerieth mit den
Grafen von Manderscheid in Fehde, welche Hartelstein be=
lagerten, einnahmen und mehrere Jahre behielten. Erst
nach Johanns von der Leyen Tode gaben die Grafen von
Manderscheid, auf Vermittelung des Trierschen Erzbischofs
Johann II. (Markgrafen von Baden) die Burg Hartelstein,
1479, den Kindern des Johann von der Leyen zurück. Die
Vormünder dieser Kinder, Georg von der Leyen, Johanns
Bruder, und Philipp von Schönberg, Johanns Schwieger=
sohn, bewilligten dem Erzbischofe Johann II. auf Lebens=
zeit die Oeffnung des Schlosses, welches durch dessen Hülfe
wieder an die Kinder gekommen. (Hontheim II. Seite 464.)
Im Jahre 1488 erscheint Philipp von Schönberg schon als
Herr von Hartelstein, welches ihm nach dem Tode seines
Schwagers Wilhelm von der Leyen zugefallen war. Nach dem
Tode des Hugo Augustin von Schönberg setzten sich die
Söhne seiner Schwester Anna, die mit Hans Velten von
Wiltberg vermählt gewesen war, Anton und Joachim von
Wiltberg, zu Anfang des 17. Jahrhunderts, in den Besitz
von Hartelstein und behaupteten sich darin. [1] Johann
Hugo Anton Freiherr von Wiltberg, Antons Enkel, ver=
kaufte die Herrschaft Hartelstein am 18. Dezember 1712
für die Summe von 6500 Reichsthalern, jeder zu 54 Albus,
dem Prior und Convente der Abtei Prüm das „freyadliche
Haus und Sitz Hartelstein, mit allem zubehörigen Bezirk,
Gebäu, Platzen, Ein= und Ausgang, Ländereien, Aecker,
Wälder, Wiesen und Pesche, Garten, Baumgarten, Hecken,

---

[1] Eiflia illustr. II. Bd. 2. Abth. S. 589 und II. Bd. 2. Abth.
S. 273, S. 278, S. 390 und S. 393.

Stauden, verfallene Weyer, Büschen, Weyd und Langhalm, gemein und eigenthümblich Recht, dienstbahr= und gerechtigkeit sambt allen und jeden diesem freyablichen Hauß anklebender Jurisdiction, Recht und Gerechtigkeit ꝛc." Die Gemahlin des Freiherrn von Wiltberg, Maria Anna Sophia Boos von Waldeck und Curatorio nomine der Freiherr Johann Lothar von Hedesdorf unterzeichneten den Kaufakt. [1] Als Kellner wohnten auf Hartelstein von 1686 bis 1702 J. Servais, von 1702 bis 1712 F. Kreiffer. Hartelstein gehörte in die Pfarrei Weinsheim. Die Burg verfiel nun immer mehr und mehr und bald werden die Trümmern ganz verschwunden sein. Zur Herrschaft Hartelstein gehörten Antheile an Pronsfeld, Lünebach, Lichtenborn, Nieder=Uettfeld, Hollenich und Nieder=Habscheid.

244. Die Bürgermeisterei Burbach umfaßt die Ortschaften:

		Wohnh.		Einw.
1. Balesfeld, Dorf mit	23 Wohnh. und		160 Einw.	
a. Neuenweiher, Gehöfte.......	„ 2 „		„ 14 „	
b. Neu=Heilenbach, Weiler........	„ 12 „		„ 63 „	
2. Burbach, Dorf..	„ 55 „		„ 302 „	
a. Althof, Hof....	„ 2 „		„ 13 „	
b. Burbachermühle.	„ 1 „		„ 7 „	

Zu übertragen... mit 95 Wohnh. und 559 Einw.

---

[1] Seit der Zeit nannte sich der jedesmalige Prior der Abtei Prüm einen Herrn von Hartelstein, wenigstens habe ich eine Urkunde des Priors Maximin Boudler gesehen, worin er sich diesen Titel beilegte.

Uebertrag... mit	95	Wohnh. und	559	Einw.
c. Neu=Straßburg, Weiler........ „	14	„ „	98	„
3. Feuerscheid, Dorf........... „	31	„ „	210	„
a. Haardt, Gehöfte „	3	„ „	19	„
b. Prümerstraße oder Denterhof, Hof.......... „	1	„ „	13	„
c. Schwarzbach, Gehöfte....... „	3	„ „	16	„
4. Huscheid, Dorf.. „	22	„ „	166	„
a. Huscheidermühle, Gehöfte ...... „	3	„ „	16	„
5. Lasel, Dorf..... „	40	„ „	217	„
a. Altemauer oder Hontheim, Hof. „	2	„ „	14	„
b. Laselermühle... „	1	„ „	3	„
6. Wavern, Dorf.. „	13	„ „	80	„
a. Billenhof, Hof.. „	1	„ „	7	„
b. Urwavern, Weiler........ „	5	„ „	42	„

Zusammen... mit 234 Wohnh. und 1460 Einw. im Jahre 1843.

Im Jahre 1852 betrug die Seelenzahl 1747. Die Bürgermeisterei gehörte zum Friedensgerichts=Bezirke von Wachsweiler.

Balesfeld liegt am Weierbache, an der Grenze des Kreises Bitburg, südöstlich von Burbach. Der Gasthof des Wendelin Salzburger (jetzt den Posthalter Even gehörig), liegt 1276 Fuß hoch über den Amsterdamer Pegel. Nach einer andern Angabe beträgt die Höhe von Balesfeld, im

bunten Sandsteine, wahrscheinlich von einem andern Stand=
punkte aufgenommen, 1316 Fuß. In älteren Urkunden
kommt Balesfeld unter dem Namen Baleshart, auch Palle=
scheit vor. Schannat glaubt, daß die Römische Station
Ausava hier zu suchen sei. Die Römische Militairstraße
von Trier auf Köln führte aber nicht auf Balesfeld, son=
dern wandte sich, 1500 Schritte südlich von Wachsborn,
rechts nach der Höhe, zwischen Neidenbach und Balesfeld
nach dem Kyllwalde, auf Dos, dessen Namen schon auf
Ausava deutet.¹) Auch Cäsarius nennt Balesfeld Baldens=
hart und bezeichnet die Ländereien (5 Mansus), welche das
Kloster „inter Baldenshart et Denesbure" (Densborn) be=
saß. Noch jetzt erstreckt sich der Bann der Gemeinde Bales=
feld bis zur Kyll, Densborn gegenüber. Abt Ruprecht (Graf
von Virneburg), verlieh am St. Walpurgistage 1498,
dem „ehrbaren und frommen Bernhard von Baleßhardt
Kathrynen seiner eligen Hausfrau" ihren Erben und Nach=
kommen, den Hof, genannt „Heylsbacher Sprink" mit allem
Zu= und Angehör, mit Feldern, Wiesen, Wäldern, wie die
Schöffen des Hofes Seffern, solche dem Abte und Gottes=
hause abgemarkt und zugewiesen, auch einige Wiesenplätze
„an der Derenbach vnd den Deptt an den wyden by Deyeß=
buyr." Die Erbacht wurde auf 1½ Malter Korn (Roggen)
und 4 Malter Even (Hafer avena) Prümisch Maaß, be=
stimmt, welche jährlich zu St. Martinstag „in veser Huyß
Mürlebach" geliefert werden sollten. Der Erbpächter wurde
verpflichtet, ein Haus auf der Hofstatt bei dem Hause des
Bernhard zu Baldeshard, welches ein Eigenthum des Gottes=
hauses Prüm war, zu bauen. Wenn der Abt jagen würde,
sollten Bernhard und seine Nachfolger demselben und seinem
Gefolge Wohnung und Kost, den Pferden und Hunden

---

¹) Eiflia illustrata I. Bd. 1. Abth. S. 9 und S. 33.

Futter geben. Anton Kaut zu Balesfeld befand sich noch im Jahre 1820 im Besitze der Urkunde und des größten Theiles des Erbpachtsguts, welches nun sein freies Eigenthum war. Balesfeld gehörte bis 1794 zur Prümschen Schultheißerei Seffern.[1] (Nr. 223 im I. Bd. 2. Abth. S. 570.) Die Mühle besaß ein Prümscher Unterthan. Die Gemeinde Balesfeld hat gemeinschaftliches Gemeinde=Eigenthum mit Burbach. Zu Balesfeld wird eine vorzügliche Art Hafer gebaut. Die Kunststraße, (Aachen=Trierer Staats= straße) führt durch Balesfeld und es befindet sich eine Post= Expedition und Posthalterei daselbst. Es ist eine Kapelle hier und der Ort ist nach Burbach eingepfarrt.

Der Weiler Neu=Heilenbach, dicht an der Grenze des Kreises Bitburg, ist besonders im Jahre 1828 durch die Brasilianer von 4 Feuerstätten auf 12 vergrößert worden. Brasilianer nennt man die Bewohner des Kreises Prüm, welche im Jahre 1828 ihr Grund=Eigenthum verkauften, um nach Brasilien überzusiedeln. Durch Vorstellungen, beson= ders durch eine Schrift, welche ich damals herausgab,[2] gelang es, die Verblendeten von ihrem Vorhaben abzubrin= gen, mit dem Reste ihres Vermögens kauften sie wieder Land und bauten sich Hütten. So vergrößerte sich Neu=

---

[1] Die Stockbesitzer in den Gemeinden Balesfeld, Feuerscheid, Huscheid, Lasel, Seffern und Sefferweich, welche ehemals den Hof Seffern, bildeten, haben Holz= und Weideberechtigung im Königlichen Walde Kyllburg.

[2] Einige Nachrichten über Brasilien zur Belehrung für die Auswan= derungslustigen, besonders in der Eifel. März 1828 bei Hetzrodt in Trier gedruckt. Die Königliche Regierung zu Trier ließ 3000 Exemplare der Schrift, auf ihre Kosten drucken und vertheilen. Der Gouverneur Wilmar zu Luxemburg ließ sie in das Französische über= setzen und in Nro. 38 des **Journal de la ville et du grand duché de Luxembourg** abdrucken.

Heilenbach und entstanden noch andere Gehöfte und Weiler, die vielleicht einstmals zu Dörfern anwachsen werden.

Burbach liegt in einiger Entfernung von Balesfeld, seitwärts der Straße, 2½ Meilen von Prüm südöstlich, und 1½ Meilen von Wachsweiler östlich. Es gehörte auch zur Schultheißerei Seffern. Die Mühle gehörte dem Kurfürsten. Diese Mühle wurde am 27. November 1807, für 2600 Franken (693 Thaler) versteigert. Außer dem Beringe gehörten drei Gebäude und eine Scheune dazu. Fünf Gemeinden der Bürgermeisterei Burbach machten Anspruch auf die Theilnahme an den Schultheißerei-Gütern des Hofes Seffern. Die Gemeinde Lasel konnte diesen Anspruch jedoch nicht machen. Ueber die Schultheißerei-Güter des Hofes Seffern schwebte ein Prozeß zwischen dem Fiscus und den betheiligten Gemeinden. Die dazu gehörigen Wiesen, Friedland und Fernert, waren schon 1824 der Gemeinde Seffern durch ein Urtheil des Landgerichts zugesprochen worden. Auf den Bännen von Balesfeld, Burbach, Huscheid und Wavern liegen 543 Morgen von diesen Ländereien, besonders die werthvolle Lohhecke Kessel. Es kam endlich ein Vergleich zu Stande und die Gemeinde Burbach besaß im Jahre 1840 an Gemeinde-Eigenthum 128 Morgen Holzungen, 589 Morgen Schiffel- und Wildland und 12 Morgen Wiesen und andere Ländereien. Der Reinertrag war zu 184 Thalern abgeschätzt. Während der Französischen Verwaltung war Burbach Hauptort einer Mairie im Kanton Kyllburg, im Bezirke Prüm. Die Kirche ist 1755 gebaut worden. Sie war Filial von Seffern und wurde erst 1804 Pfarrkirche. Damals wurde auch das Pfarrhaus gebaut. Balesfeld, Neuweiher, Neu-Heilenbach, Burbach, Althof und Neu-Straßburg gehören zur Pfarrei Burbach.

Der Hof Althof ist im Jahre 1832 durch zwei Tagelöhner-Familien entstanden, welche 21 Morgen Land kauften, wovon sie damals 16 Sgr. Grundsteuer zu entrichten hatten.

Zu Neu-Straßburg baute Nikolaus Oeffling im Jahre 1793 das erste Haus und nannte es Neu-Straßburg, weil es an der Landstraße liegt. Im Jahre 1841 wohnten 16 Familien (95 Seelen) in 15 Häusern. Unter den Einwohnern waren 4 Ackerer, 11 Tagelöhner und 1 Schenkwirth. Die Ländereien hatten einen Umfang von 326 Morgen, von welchen 31 Thaler Grundsteuer entrichtet wurden.

Feuerscheid liegt westlich von Burbach in einiger Entfernung vom rechten Ufer der Nims. Es gehörte zur Schultheißerei Seffern. Die Kapelle, St. German gewidmet, ist 1733 gebaut worden, war ehemals ein Filial von Bickendorf, jetzt ist der Ort nach Lasel eingepfarrt. Die Gemeinde besitzt 298 Morgen Holzungen und 2 Morgen Wiesen.

Huscheid, südwestlich von Burbach, wird gewöhnlich Nims-Huscheid genannt, weil es in einiger Entfernung vom linken Ufer der Nims liegt, um es von andern Ortschaften desselben Namens zu unterscheiden. Der eigentliche Name ist wohl Hohenscheid. So wird es auch in einer Urkunde vom Jahre 1350 dominica post St. Elisabeth genannt, in welcher Hartard, Herr zu Schönecken und Margaretha dessen Gattin, dem Johann von Wavern, für einen Hengst, welchen Hartard demselben abgekauft hatte, 110 kleine Gulden verschrieben und ihm dafür ihre Leute und Güter zu „Hohenscheid" verpfändeten. Es gehörte zur Schultheißerei Seffern, hat eine 1790 erbaute Kapelle und ist jetzt nach Lasel eingepfarrt. Im Jahre 1777 gehörte es zur Pfarrei Seffern. Das Gemeinde-Eigenthum von Huscheid besteht in 70 Morgen Holzungen, 116 Morgen Schiffel- und Wildland und 1 Morgen Wiesen.

Lasel liegt westlich von Burbach, am rechten Ufer der Nims. Im Jahre 1343 verpfändete Hartard von Schönecken

unter andern auch seine Güter zu „Langsul“ dem Peter
Hybis, Bürger zu Bitburg. Eine Moselfahrt zu „Laurhell“
gehörte zu dem Schönecker Burglehne, mit welchem Diedrich
von Wicherdingen 1481 von Erzbischof Johann II. belehnt
wurde. Im Jahre 1487 schenkten Friedrich von Milburg
und seine Gattin Hildegard von Bellenhausen, der Bruderschaft in der Kapelle zu Schönecken einige Fruchtrenten zu
Lasel. [1]) Von neun Häusern, welche sich im Jahre 1784 hier
befanden, gehörten vier zur Prümschen Schultheißerei Seffern,
und fünf zur Zennerei Langenfeld (Klein-Langenfeld) im
Amte Schönecken. Jene vier Häuser waren nach Seffern
die fünf aber nach Wetteldorf eingepfarrt. Im Jahre 1843
zählte man zu Lasel 40 Häuser. Die Kirche liegt in einiger
Entfernung vom linken Ufer der Nims, zwischen Lasel und
Wavern. Sie war Filial von Seffern, dann von Wetteldorf und wurde später zur Pfarrkirche erhoben. Eingepfarrt
sind Feuerscheid, Haardt, Prümerstraße oder Dentershof,
Schwarzbach, Huscheid, Lasel, Altemauer, Wavern, Billenhof
und Urwavern, auch Plüttscheid und Gesotz in der Bürgermeisterei Dingdorf. Lasel wird in einer Urkunde vom Jahre
1549, in welcher Erzbischof Johann V. (von Isenburg) die
Erlaubniß zum Bau einer Mühle an der Nims ertheilte,
„Lasur in der Herrschaft Schönecken in der Eifel“ genannt.
Die Gemeinde besitzt 26 Morgen Holzungen und 65 Morgen Schiffel- und Wildland.

Altemauer hat seinen Namen von dem alten Gemäuer
erhalten, welches man bei dem Bauen fand.

Wavern gehörte zur Schultheißerei Seffern. Im Jahre
1573 wurde Ruprecht Hoffmann mit Haus, Hof und Zubehör in Wavern als einem Bauerlehne, belehnt. Ein adliges
Geschlecht führte den Namen von dem Orte, wo es Besitzun-

---

[1]) **Eiflia illustr. I. Bd. 2. Abth. S. 758.**

gen hatte.[1]) Die Kapelle ist 1752 erbaut. Der Ort ist jetzt nach Lasel eingepfarrt, früher gehörte derselbe zur Pfarrei Seffern. Die Gemeinde besitzt kein besonderes Gemeinde-Eigenthum. Obgleich die Mairie und nachherige Bürgermeisterei Burbach zum Saar-Departement gehört hatte, so ist sie dennoch bei der Organisation der Friedensgerichts-Bezirke, dem von Wachsweiler zugetheilt worden.

245. Die Bürgermeisterei Daleiden besteht aus den Ortschaften:

1. Daleiden, Dorf... mit	96 Wohnh.	und	588 Einw.
a. Hustrich, Weiler. „	5 „	„	34 „
b. Laarberg, Weiler „	2 „	„	10 „
c. Bommert, Weiler „	3 „	„	11 „
2. Falkenauel, Dorf „	19 „	„	94 „
a. Kühkirchhof, Weiler........ „	3 „	„	21 „
b. Burgberg, Haus. „	1 „	„	6 „
3. Reipeldingen, Weiler........... „	8 „	„	69 „

Zusammen... mit 137 Wohnh. und 833 Einw.

Im Jahre 1852 zählte man 1044 Seelen in der Bürgermeisterei.

Daleiden liegt zwischen Olmscheid und Dahnen, zwischen der Irressen und der Our, auf einer Höhe, welche an der Kirche 1452 Fuß beträgt. Die Umgegend von Daleiden ist besonders reich an Versteinerungen, die besonders in den kalkigen Zwischenschichten der Grauwacke vorkommen. In den nur ein halb Fuß dicken Schichten von unreinem Kalksteine, welche im Grauwackenschiefer eingelagert sind, findet

---

[1]) **Eiflia illustr.** II. Bd. 2. Abth. S. 374.

man die Petrefacten, die sonst fast überall nur Abdrücke im Gestein zurücklassen, mit ihrer Kalkschale wohl erhalten. Dadurch erhält man eine vollständige Kenntniß der Arten. Auch eine Menge wohl erhaltener Steinkerne liegen hier lose umher. So fand Römer [1]) den Spirifer macropterus mit wohl erhaltener Schale. Auch kommen hier vor Spirifer ostiolatus, Arthis dilatata in der älteren Grauwacke), Pterinaea truncata, Myacites striatulus (als Steinkern mit theilweise erhaltener Schale in der Grauwacke), Venulites concentricus, Pleurotomaria Daleidensis, Pleuracanthus laciniatus, Orthis Murchisoni, Orthis rugosa und semiradiata, Terebratula Daleidensis, T. primipilaris, T. prisca. Aus der Grauwacke bei Daleiden und Irrhausen erhielt ich, die erste Kammer von Octoceratites (Donnerkeil), Phacops lacineatus, Lucina lata, Spirifer arduennensis, Lucina nova species, Lucina lineata, Spirifer subcus, vpidatus, Venulites rugosa, Steinkerne von Terebatula concentrica und Chonetes Daleidensis. In der naturhistorischen Sammlung der Gesellschaft nützlicher Forschungen in Trier befinden sich noch einige bei Daleiden in der Grauwacke gefundene Versteinerungen, welche Herr Steininger unter folgende Namen aufgeführt hat: Natica prisca, Arca Gibbosa, Nucula di vluviana, Pulastra angustata, Avicula Daleidensis, Avicula arduennensis, Cypricardia Hessii, Cypricardia striatula, Modiola prisca, Bellerophon Eifliensis, Homolotus Dalendensis. Von Zeit zu Zeit hat man Ueberbleibsel von Römischen Gebäuden, auch Römische Münzen und andere Alterthümer in der Nähe von Daleiden gefunden. So ist es wohl erwiesen, daß die sogenannte alte Kirche, auf dem Banne von Daleiden, $\frac{3}{4}$ Stunden südlich vom Dorfe, zwischen den Distrikten Callen=

---

[1]) Dr. E. F. Römer. Das Rheinische Uebergangsgebirge. Hannover 1844, bei Hahn. gr. 4.

born und Emersdell, ein Römisches Gebäude war. Herr Pfarrer Bormann in Daleiden ließ im Jahre 1827 das Gebäude aufgraben und man fand nun ein zierliches, von Backsteinen und Kiesel, im Halbkreise geformtes Becken, von einer Wasserleitung, mit einem bleiernen Rohre mit der Inschrift: Cassius Nocturnus me fecit. Das Rohr wurde von mir dem Trierschen Museum übersandt. Von dem Gebäude hat Herr Bormann einen Abriß auf Tafel I. der Abbildungen zum 1. Theile seines Werkes: Beitrag zur Geschichte der Ardennen, Trier 1841, gr. 8, bei F. Lintz, gegeben. Wenn Herr Bormann aber das Winterlager des Römischen Legaten J. Labienus, welchen Julius Cäsar in das Gebiet von Rheims, zu den Remi, auf der Grenze des Landes der Trevirer sandte, an der Irresten setzt, sogar annimmt, daß in dieser Gegend die Niederlage des Induciomarus Statt fand, so entbehrt diese Annahme jeglichen historischen Grundes. Weit wahrscheinlicher ist es, daß das Lager des Labienus in der Gegend von Sedan oder Bouillon war und daß Induciomarus seinen Tod in der Chiers oder Semois fand. [1]) Den Hof Daleiden trugen die Grafen von Vianden von der Abtei Prüm zu Lehn. Zu diesem Hofe gehörten noch außer Daleiden, die Ortschaften Dahnen, Preischeid, Oelwerhof oder Uelweiler, Eisenbach, Reiplingen und Irrhausen. [2]) Daleiden litt im Jahre 1632 so sehr durch die Pest, daß von 36 Vogteien nur noch 14 im traurigsten Zustande vorhanden waren. Später wurden aber 15 Vogteien wieder hergestellt. Schon zu Ende des 16. Jahrhunderts war Daleiden in dem Kriege der Niederländer gegen Spanien häufig heimgesucht worden. In Folge dieses Krieges war dem Prinzen von Oranien, Grafen von Nassau,

---

[1]) Steininger Geschichte der Trevirer. I. Bd. S. 34.
[2]) **Eiflia illustr.** I. Bd. 2. Abth. S. 962.

der für die Freiheit der Niederländer kämpfte, die Graf=
schaft Vianden entzogen worden. Freibeuter in seinem
Solde durchzogen die Gegend und plünderten und raubten.
Auch durch die Züge der Franzosen, zu Ende des 18. Jahr=
hunderts, litt die Gegend sehr. Nach der Abtretung des
Herzogthums Luxemburg, im Jahre 1797, wurde Daleiden
der Hauptort einer Mairie im Kanton Arzfeld, im Bezirke
von Bitburg, im Wälder=Departement. Die Gerichtsbarkei=
ten, die Zehnten und Frohndienste wurden aufgehoben und
die Vogteibesitzer erhielten die freie Benutzung ihrer Güter,
dagegen wurden aber eine Menge von Steuern eingeführt,
die man bis dahin gar nicht gekannt hatte. Am härtesten
fiel aber den Einwohnern die Konscription und die Verja=
gung der Geistlichkeit. Es war daher nicht zu verwundern,
daß sich die Einwohner des Hofes Daleiden, im Oktober
1795, bei der bereits bei Arzfeld (Nro. 240) erwähnten so=
genannten Klüppel=Armee sehr thätig betheiligten. Sie mußten
dafür auch hart büßen und schwere Kontribution zahlen.
Während der Französischen Verwaltung gehörte die Mairie
Daleiden zum Kanton Arzfeld, im Bezirke Bitburg. Die
Pfarrei zu Daleiden ist sehr alt. Die Grafen von Vianden
trugen das Patronatrecht von der Abtei Prüm zu Lehn. Cä=
sarius nennt unter den Höfen, welche der Graf von Vianden
von dem Kloster Prüm zu Lehn trug, auch curiam de Da=
leiden und erwähnt auch die Belehnung mit dem Patronat.
Als Graf Heinrich von Vianden im Jahre 1248 ein Kloster
der Trinitarier zu Vianden stiftete, überwies er demselben
unter andern auch die Einkünfte der Kirche zu Daleiden.
Das Kloster bezog einen Theil der Zehnten, mußte aber
dafür auch den Chor der Kirche in Stand halten.[1] Graf
Gottfried II. von Vianden bestätigte 1294 den Trinitariern

---

[1] Eiflia illustr. I. Bd. 2. Abth. S. 262, S. 269, S. 970.

die Collation der Pfarrei Daleiden. Die Pfarrei gehörte
zum Dekanate Stablo in der Lütticher Diözese. Der Sprengel
der Pfarrei war sehr ausgebreitet, jetzt erstreckt sich derselbe
nur auf die zur Bürgermeisterei gehörigen Ortschaften. Die
jetzige Kirche ist auf den Ueberresten einer älteren Kirche,
wahrscheinlich im 14. Jahrhunderte gebaut worden. Im
Jahre 1613 wurde das Mauerwerk rundum, bis auf 12
Schuh abgebrochen, das Gewölbe in das Schiff gelegt, die
Pfeiler wurden von außen angebracht. Der Chor ist im
Jahre 1634 neu gebaut worden. Hinter der Kanzel sind
zwei Knaben abgebildet mit der Inschrift:

Joannes von Barrett et Jacobus von Barrett
requiescant in pace. 1584.

Es sollen Zwillingssöhne des Burggrafen Nikolaus von
Barrett zu Dasburg gewesen sein. Das von dem Pfarrer
und Definitor Berg 1640 erbaute Pfarrhaus brannte 1711
ab, wurde wieder aufgebaut und erhielt 1757 eine andere
Einrichtung. Als Pfarrer werden genannt: Langhans 1334,
Johann Ude 1478, Mathias Bindel von Keppeshausen 1585,
Herrmann Alft von Bianden 1596—1613, Jakob Pott von
Bianden 1613—1636, Johann Heinrich Berg, Definitor,
1636—1670, Johann Theodor Faber 1670—1674, Johann
Braus 1674—1699, Felix Marnach aus Bianden 1699—
1704, Friedrich Beider 1704—1729, Johann Bignon 1729—
1734, Gregor Buchholz 1734—1738, Hieronymus Corneli
aus Greveldingen 1738—1753, Hubert Berscheid 1753—
1755, Peter Garnich 1755—1759, Augustin Kerschen von
Springlingen 1759—1790, Nikolaus Leonardi von Thommen
1790—1800, Nikolaus Mausen von Daleiden 1800—1818,
Mathias Lauer von Berncastell 1818—1821, Michael Bormann von Hollenich seit 1821. (Verfasser mehrerer Schriften, geschichtlichen Inhalts.) Außer der Pfarrkirche sind zu
Daleiden noch zwei Kapellen. Eine derselben ist 1683 er-

baut. Die Gemeinde besitzt nur 11 Morgen Schiffel- und Wildland und 3 Morgen Wiesen. Die Waldungen haben die Vogteibesitzer, zum großen Nachtheile der Waldungen, unter sich getheilt.

Falkenauel liegt südlich von Daleiden, am rechten Ufer der Irressen, welche hier die Grenze gegen den Kreis Bitburg macht. Im Jahre 1815 baute hier Heinrich Heinen die erste Hütte und jetzt zählt man schon 19 Feuerstätten mit einer Bevölkerung von 94 Seelen. Die Gegend ist sehr öde und rauh und die Einwohner stehen nicht im besten Rufe.

Der Weiler Kühkirchhof liegt nahe bei Falkenauel.

Reipeldingen liegt in einiger Entfernung nördlich von Daleiden, nach Eschfeld zu. Es hat eine Kapelle. Etwa 10 Minuten westlich vom Orte, auf dem Distrikte Hüseler, nicht weit von dem Wege, der von Dahnen nach Eschfeld führt, ist ein Weiher, bei welchem man die Ueberbleibsel von Gebäuden gefunden hat. Die Stelle war mit einem Kreuze bezeichnet und nach einer Sage soll hier die erste Kirche von Daleiden gestanden haben. Vor langen Jahren soll hier eine Glocke gefunden worden sein. Nach einem alten Verzeichnisse waren im Jahre 1624 zu Reipeldingen sechs Wohnhäuser.

246. Die Bürgermeisterei Dasburg besteht aus folgenden Ortschaften:

		Wohnh.		Einw.
1. Dahnen, Dorf.. mit	65	Wohnh. und	483	Einw.
a. mit 3 Mühlen..	„	3	„ „	27	„
b. Friedrichsseif, Haus..........	„	1	„ „	4	„
c. Langfuhr, Häuser	„	2	„ „	11	„
d. Rockersseif, Haus	„	1	„ „	7	„
Zu übertragen... mit	72	Wohnh. und	532	Einw.

Uebertrag... mit		72	Wohnh. und		532	Einw.
e. vor Wigerich,						
Häuser........	„	2	„	„	10	„
f. Wehrbüsch, Haus	„	1	„	„	7	„
2. Dasburg, Flecken	„	133	„	„	694	„
a. nebst Mühle....	„	9	„	„	20	„
b. Böwerei, Haus.	„	1	„	„	7	„
3. Preischeid, Dorf............	„	22	„	„	155	„
a. Preischeider Barracke.......	„	1	„	„	2	„
b. Oelwerhof, Hof.	„	3	„	„	29	„
c. Preischeider= mühle, Weiler..	„	5	„	„	26	„

Zusammen... mit 242 Wohnh. und 1480 Einw.

Zu Ende des Jahres 1852 betrug die Seelenzahl der Bürgermeisterei Dasburg 1620.

Dahnen ist ein großes Dorf, mit einer schönen breiten Straße, zwischen Daleiden und der Our, nördlich von Dasburg. Am rechten Ufer der Our, die hier die Grenze nach dem Luremburgschen macht, liegen drei zu Dahnen gehörige Mühlen, die Lascheiderauls, die Mühlbachs= und die Ourmühle. Die Höhe von Dahnen an der Kirche ist 1517 Fuß. Auf dem Wangerig und auf dem Caschelt will Herr Pfarrer Bormann die Ueberbleibsel Römischer Gebäude entdeckt haben. Dahnen gehörte zur Viandenschen Maierei Daleiden. Die sogenannten Dahner Sprünge sind in der Umgegend bekannt und berüchtigt, gleich den Streichen von Dülken, Schilda, Polkwitz u. s. w. Herr Pfarrer Bormann hat in seinem Werke mehrere dieser Sprünge erzählt. [1]

---

[1] Bormann, Beitrag zur Geschichte der Ardennen. 1. Theil. S. 113.

Bis zum Jahre 1770 waren 30 Vogteibesitzer die alleinigen Bewohner von Dahnen gewesen und hatten die Waldungen benutzt. Als nach und nach sich mehrere Beisassen (im Jahre 1779 waren deren schon acht vorhanden) in Dahnen niederließen, wollten die älteren Einwohner diese von den Nutzungen ausschließen. Am 12. Mai 1795 schritten die Vogteibesitzer, die damaligen Verhältnisse benutzend, zu einer förmlichen Theilung der bedeutenden Waldungen, unter sich. Im Jahre 1809 verlangten die Beisassen die Mitbenutzung der Waldungen und erhoben deshalb einen Prozeß gegen die Vogteibesitzer. Letztere wußten sich aber im ausschließlichen Besitze der Waldungen zu behaupten, besonders als ein Urtheil des ersten Instanzgerichts zu Diekirch vom 6. Juli 1815 ihnen solche zusprach. [1] Die Waldungen sind in Folge der Theilung sehr verwüstet worden, und die Gemeinde besitzt jetzt als Gemeinde-Eigenthum nur noch 51 Morgen Schiffel- und Wildland und 3 Morgen in anderen Ländereien, die zusammen zu einem Reinertrage von 14 Thalern abgeschätzt sind. Die St. Servatiuskirche war früher ein Filial von Daleiden, und die jetzige Kirche ist 1731 gebaut worden. Im Jahre 1802 wurde sie Pfarrkirche und Nikolaus Heinen war der erste Pfarrer. Ihm folgte Urhausen von 1812 bis 1827, diesem Michael Heintzen. Die Kapelle ist 1810 erbaut worden. Friedrichsseif, auch Michelsfeld genannt, Langfuhr oder Quintstein, Rockesseif oder Quintscheid, Wiegerich und Wehrbüsch sind in den Jahren 1834 und 1839 neu entstanden.

Dasburg liegt 4½ Meilen südwestlich von Prüm und 2¼ Meilen von Wachsweiler südwestlich, am linken Ufer der Dur, über welche eine, 1846 erbaute, massive Brücke führt, welche von großer Wichtigkeit für den Ort ist. Unter

---

[1] Läis, die Stock- und Vogtei-Gutsbesitzer der Eifel. II. Bd. S. 53.

andern Versteinerungen kommt auch Pleuracanthus laciniatus
vor. Ueber dem Orte auf einer Anhöhe liegen die Ueberbleibsel des Schlosses, deren Umfang von der Bedeutung
desselben zeuget. Der Spiegel der Our an der Brücke hat
eine Höhe von 795 Fuß über den Amsterdamer Pegel, an
der Burg beträgt die Höhe 1088 Fuß. Im 8. Jahrhunderte
soll König Pipin Dasburg dem Kloster Prüm geschenkt
haben, welches die Grafen von Bianden damit belehnte.
Cäsarius von Mylendonk sagt: „Praedictus enim Comes
„(Vienne) tenet ab ecclesia curiam de Daleyden et magnam
„viciniam circa Daysberhe castrum quod etiam tenet a nobis.
Die Gesta Trevirorum sagen: „Dasberga arx est vetustissima
„ad Uram fluvium, leucis supra Viennam ferme duabus, quam
„clientelari nomine a Prumiensi coenobio prisci Viennae
„Comites tenuere, tenentque hodie eorum posteri Auriac[i]
„Principes.“ Die Grafen von Bianden nannten sich Herren
von Dasburg. Ein Siegel des Grafen Philipp an einer
Urkunde vom Jahre 1252 hat die Umschrift: „S. (Sigillum)
Philippi de Vienna Domini de Dasberch.“ Wenn ich früher[1])
auf das Zeugniß anderer Schriftsteller, unter anderm auch
des Bertholet angegeben habe, daß Graf Heinrich von
Bianden, welcher 1351 starb, Dasburg so wie St. Veit
und Büttgenbach, durch seine Vermählung mit Adelheid von
Falkenburg erworben habe, so ist das wenigstens von Dasburg nicht richtig, weil Dasburg ein altes Besitzthum der
Grafen von Bianden war und schon einhundert Jahr vor
dem Grafen Heinrich denselben gehörte. Auch irrt Bertholet
(VI. S. 220) wenn er angiebt, daß Dasburg ehemals den
Titel einer Grafschaft gehabt habe.[2]) Nach dem Erlöschen
des Mannsstammes der Grafen von Bianden, brachte Maria,

---

[1]) **Eiflia illustr.** I Bd. 2. Abth. S. 971.

[2]) **Eiflia illustr.** II. Bd. 2. Abth. S. 509.

die älteste Tochter des Grafen Gottfried III., ihrem Ge=
mahle, dem Grafen Simon von Sponheim, unter andern
Gütern ihres Hauses, auch Dasburg zu. In einer Ur=
kunde, deren Original sich im Archive der Kirche zu Daleiden
befindet, bestätigte „Symon Grave von Vyanden, eldeste
son Grave Walrams von Sponheim" in vigilia pentecostes
1399 „den erbern Luden, minen lieven Burgern, Scholteißen,
Scheffen vnd den Burgern gemeinlich von Daisperg" alle
ihre Freiheiten, die sie von Alters her gehabt und die ihnen
die Grafen von Vianden ertheilt. Graf Walram von Spon=
heim, Simons Vater, Friedrich Herr zu Cronenburg und
von der Nuwerburg, Johann, Herr von Falkenstein und
zu Bettingen und Herrmann, Herr zu Brandenburg, fügten
ihre Siegel dem des Grafen Simon bei. Graf Simon
von Sponheim starb 1414 und hinterließ nur eine Tochter,
Elisabeth, welche die Gemahlin des Pfalzgrafen Ruprecht
(Pipan) wurde. Es scheint, daß Graf Simon seiner Tochter
schon bei Lebzeiten Dasburg abtrat, denn Pfalzgraf Ru=
precht der Jüngste bestätigte 1395 in divisione Apostolorum
die Privilegien der Gemeinde Dasburg. Der Pfalzgraf starb
noch in demselben Jahre, und da derselbe keine Kinder hin=
terließ, so nahm Graf Simon von Sponheim wahrscheinlich
Dasburg wieder zurück, wie die oben angeführte Urkunde
von 1399 vermuthen läßt. Nach dem Tode des Grafen
Simon von Sponheim kam Graf Engelbrecht von Nassau,
Herr zu Breda und Leek in den Besitz der Grafschaft Vian=
den. Er war der Sohn des Grafen Johann und ein Enkel
des Grafen Otto von Nassau=Dillenburg. Letzterer hatte
durch seine Vermählung mit Adelheid, der jüngeren Tochter
des Grafen Gottfried III. von Vianden, den Besitz von
St. Veit erlangt und Ansprüche auf die Grafschaft Vianden
erworben. Graf Otto starb 1351, sein Sohn Johann 1416.
Im Jahre 1417 ließ sich Graf Engelbrecht I. zu Dasburg

huldigen und bestätigte die Freiheiten der Bürger in Ge=
genwart des Herrmann Boos von Waldeck des jungen,
„ubirster Ambtmann der gräffschafft von Byanden," des Jo=
hann Clairmont von Amelingen, Ludwig von Dutscheid,
Johann und Weinand von Jegen, Gebrüder, Thielmann von
Bivels, Heinrich von Erpeldingen, genannt von Karpen, Jo=
hann von ˙Zievel, Thielmann von Ravelingen und Peter
von Byanden „vnd andere die manne vnd Burgman tzu
˙„der obgenannten graeschaff gehorig, die tzu Byanden vnd
„tzu Daisburg zugelassen vnd gehuldet haint als yrem rechten
„geborn erfherrn derselben graeffschaff in vnß lieber Brueder
„vnd vnße behueff vnd jglichen tzu sine Rechte, also daz
„dieselben Amptmann Mann vnd Burgmanne Iglicher mit
„dem eyne vnd vns gebruedern hulden vnd verbundlich syn
„ensall." Hiernach waren also auch die Brüder des Grafen
Engelbrecht, die Grafen Adolph und Johann, an der Graf=
schaft Bianden betheiligt. Graf Adolph, der 1420 starb,
erwarb durch seine Gemahlin Jutta die Grafschaft Dietz,
hinterließ aber nur eine Tochter, Jutta, welche sich mit
Gottfried von Eppenstein vermählte und Dietz dem Oheim
Engelbrecht verpfändete. Johann, der andere Bruder Engel=
brechts, nennt sich aber in einer Urkunde vom Jahre 1421,
in welcher er die Freiheiten der Bürger von Dasburg bestä=
tigte, auch einen Grafen von Nassau, Bianden und Dietz.
Dieser Johann hinterließ keine Kinder und nach Engel=
brechts I. 1442 erfolgten Tode, folgte demselben in der
Grafschaft Bianden dessen Sohn Johann, dem Letzteren
folgten aber seine Söhne Engelbrecht II. und Johann V.
Engelbrecht II. bestätigte am 4. April 1478 die Privilegien
von Dasburg; von dem Grafen Johann V. geschah dies
1491. Als Engelbrecht II. 1504 gestorben war, wiederholte
Graf Johann V. die Bestätigung 1505 Sonntag nach Conv.
St. Pauli. Die Originale dieser Urkunden habe ich dem

Provinzial=Archive zu Koblenz übergeben. Johann V., der einen Theil der Grafschaft Katzenelnbogen erwarb, hinter= ließ 1516 zwei Söhne, Heinrich und Wilhelm. Des Er= steren Sohn Renatus erbte von dem Bruder seiner Mutter, Claudia von Chalons, das Fürstenthum Orange und nahm den Titel eines Prinzen von Oranien an. Da Renatus keine Kinder hinterließ, als er 1544 vor St. Dizier blieb, so erbte sein Vetter Wilhelm, der Sohn Wilhelms, den Titel eines Prinzen von Oranien. Dieser Wilhelm, der Schweigsame (taciturne) war es, unter dessen Führung die Niederländer in einem blutigen Kriege gegen Spanien ihre Unabhängigkeit errangen. Seine Besitzungen wurden des= halb eingezogen, er selbst starb durch die Hand eines Meu= chelmörders, im Jahre 1584 zu Delft, drei seiner Brüder fielen im Kampfe für die Freiheit der Niederländer, Ludwig und Heinrich 1574 auf der Mockerheide bei Nimwegen, Adolph im Treffen bei Heiligeleer 1568. Nur einer von den fünf Brüdern, Johann VI., Graf von Nassau zu Dil= lenburg, starb 1606 natürlichen Todes und ist der Stamm= vater des jetzigen Königs der Niederlande.

Der König von Spanien hatte dem Prinzen von Oranien die Grafschaft Vianden, die Herrschaften Dasburg, St. Veit und Büttgenbach entzogen und solche dem Fürsten Peter Ernst von Mansfeld, Gouverneur von Luxemburg verliehen. Da dieser keine Kinder aus rechtmäßiger Ehe hinterließ, so scheinen Vianden und jene Herrschaften an den Herzog von Villa Hermosa, Statthalter der Spanischen Niederlande und von diesem, wahrscheinlich durch Kauf an das Haus Isenghien gekommen zu sein. Die Wittwe des Prinzen Heinrich Friedrich von Oranien, eines Sohnes Wilhelms: Amalia Gräfin von Solms=Braunfels, schloß mit der verwittweten Prinzessin von Isenghien, Isabella Margaretha von Merode, Gräfin von Middelburg, im Jahre 1662 zu Brüssel einen Vertrag, worin sie erklärte, daß sie der Prinzessin von Isenghien 600,000 schwere Gulden, worauf erst 100,000 Gulden abgezahlt worden, schuldig sei. Diese Schuld rührte wahrscheinlich von einem Vertrage wegen Zurückgabe von Vianden u. s. w. her. Das Haus Isenghien wußte wegen dieser Forderung, deren Gültigkeit Prinz Wilhelm Heinrich von Oranien, Erb-Statthalter der Niederlande, ein Sohn Wilhelms II. und Enkel des Prinzen Heinrich Friedrich, bestritt, die Beschlagnahme der Besitzungen des Hauses Oranien in Frankreich, im Luremburgschen und in der Grafschaft Burgund, zu bewirken. Prinz Wilhelm Heinrich bestieg 1689 unter dem Namen Wilhelm III. den Thron von England, in Folge der Ansprüche seiner Mutter Maria, einer Tochter des unglücklichen Königs Karl I. von England. König Wilhelm III. ließ 1689 die Bürger von Dasburg auffordern, ihm als Prinzen von Oranien und Grafen von Vianden die Huldigung zu leisten, sie entschuldigten sich aber mit den Befehlen der Regierung von Luremburg, in Folge deren sie den Prinzen von Isenghien huldigen müßten. Obgleich nun auch im Friedensschlusse von Ryswick, 1697, dem Könige Wilhelm III. die Wiedereinsetzung in die Besitzungen seines Hauses, welche der Familie Isenghien zugesprochen waren, zugesichert wurde, so erfolgte solche dennoch nicht. Das Haus Isenghien setzte den Prozeß gegen Oranien fort und behauptete sich im Besitze. Die Gerichtshöfe von Tournay, Metz und Besancon, vor welchen der Prozeß in den drei Jahren 1682, 1683 und 1684 verhandelt worden war, hatten zu Gunsten der Isenghien entschieden. Das Parlament zu Metz setzte durch einen Urtheilsspruch vom 27. Juli 1686 die Forderung des Hauses Isenghien auf die Summe von 263, 214 livres, nebst Zinsen vom 17. Mai 1684 an, zu 5 vom hundert, fest. König Wilhelm III. starb 1702 ohne eheliche Nachkommen. In England folgte ihm Georg I.,

Kurfürst von Hannover, seine Erbstaaten und die Ansprüche
des Hauses Oranien fielen an Johann Wilhelm Friso, Für=
sten von Nassau=Dietz und Erb=Statthalter von Friesland,
welcher in gerader Linie von dem Grafen Johann VI., einem
Bruder Wilhelm I., Prinzen von Oranien, abstammte. Auf
Oranien machte auch König Friedrich I. von Preußen, dessen
Mutter Luise Henriette, die Vatersschwester des Königs
Wilhelms III. und eine Enkelin Wilhelm I. von Oranien
war, Anspruch. Der Fürst von Nassau=Dietz nahm nun den
Titel eines Prinzen von Oranien an, ertrank aber schon
1711. Ihm folgte sein Sohn Wilhelm IV., welcher die
Linien des Hauses Nassau zu Siegen, Dillenburg und
Hadamar beerbte, so sämmtliche Besitzungen der Ottomischen
Linie vereinigte, auch zum Erb=Statthalter der sieben ver=
einigten Provinzen der Niederlande ernannt wurde. Er
starb 1751 und Herzog Ludwig von Braunschweig=Wolfen=
büttel, übernahm die Vormundschaft über den unmündigen
Sohn, den Prinzen Wilhelm V. und dessen Schwester
Karoline. König Georg I. oder vielmehr die Englische
Regierung (le Conseil royal de feu sa Majesté Brittanique
Guillaume III. de glorieuse mémoire), ließ noch am 7. Sep=
tember 1713 die Bürger von Dasburg zur Huldigung auf=
fordern und einen Notarialakt darüber aufnehmen. Nach
mehreren Unterhandlungen schlossen endlich die Bevollmäch=
tigten des Herzogs Ludwigs von Braunschweig, als Vor=
munds der Kinder des Prinzen von Oranien=Nassau, der
zugleich die Rechte der Großmutter dieser Kinder, Maria
Luise geborenen Landgräfin von Hessen=Kassel, Wittwe des
Fürsten Johann Wilhelm Friso († 1765), sowie die des
Königs Georg II. von Großbrittanien vertrat, mit den Be=
vollmächtigten des Louis de Gand, de Merode, de Month-
morency, Prince d'Isenghien, der zugleich für den Grafen
von Middelburg, den Marquis Deynse, die Grafen Brias

und Gayetan, als Nachkommen der Gräfin von Middelburg, und des Grafen Richard von Merode auftrat, am 12. September 1759 zu Brüssel einen Vertrag ab. In diesem verzichtete der Prinz von Isenghien auf seine Ansprüche auf die Grafschaft Vianden und die Herrschaften St. Veit, Büttgenbach und Dasburg mit allem Zubehör, und versprach den Prinzen von Oranien in den Besitz derselben zu setzen und die Unterthanen des ihm geleisteten Eides zu entbinden. Dagegen versprach der Herzog von Braunschweig im Namen der Oranischen Erben, dem Prinzen von Isenghien die Summe von 1,400,000 livres in drei Terminen zu zahlen, auch verzichtete das Haus Oranien auf die Güter in Burgund und auf die Baronie Warneton. ¹) Seit der Zeit bis 1794 blieb der Prinz Wilhelm V. von Oranien († 1806) im Besitze der Grafschaft Vianden und der Herrschaft Dasburg. Der letzteren stand ein Burggraf vor. Als solche Burggrafen kommen in Urkunden vor: Winand von Jegen 1396, Heinrich Wolf von Metternich, der zugleich Amtmann der Grafschaft Vianden war, von 1534—1567, Friedrich von Zievel 1567—1583, Nikolaus von Barret 1583—1593, Johann von Merfeld 1593—1607, Wilhelm Wiltheim 1607—1622, Mathias Wiltheim 1622—1624, Kaspar Veider 1624—1632, der zugleich Ober=Amtsverwalter der Grafschaft Vianden war. Jakob von Biever, Burggraf und Rentmeister 1628—1641, Hans Jakob von Biever 1644—1685, Christoph von Biever 1698, Johannes Pimentel, Rentmeister und Burggraf 1727—1730, Konrad Philipp von Breiden=

---

¹) Warneton oder Waeten ist eine kleine Stadt in Flandern, zwischen Armentieres und Werwick, an der Lis, nicht weit von Ypern. Es war hier ein Stift von regulirten Canonikern des Augustinerordens, welches Adele, Gräfin von Peronne und Warnton im Jahre 1138 gestiftet hatte.

bach 1732—1735. Als Prinz Wilhelm V. von Oranien durch den Vertrag von 1759 Vianden und Dasburg zurück erhielt, war Georg Friedrich August Baron von Montigny, chatelain et haut officier de la terre et seigneurie de Dasbourg, welcher nun in die Dienste des Prinzen von Oranien trat und noch 1770 am Leben war. Er nannte sich einen Hofgerichtsherrn des Hofes Thommen. Als Burggraf von Dasburg folgte ihm sein Sohn Karl Wilhelm, Baron von Montigny, welcher noch 1794 dieses Amt bekleidete, welches nach der Französischen Besitznahme aufhörte. Das Schloß und Herrschaft Dasburg wurden 1811 zu einem Theile der Dotation des Marschalls Oudinot, Herzogs von Reggio, bestimmt, welcher das Schloß am 11. April 1813 zum Abbruch verkaufen ließ. Seitdem liegt es in Trümmern. Das Schöffensiegel von Dasburg zeigt einen dreieckigen Schild mit einem rothen Queerbalken im silbernen Felde. Auch ein adliges Geschlecht, wahrscheinlich von Burgmännern abstammend, nahm von Dasburg den Namen an. [1] Während der Französischen Verwaltung war Dasburg Hauptort einer Mairie im Kanton Clervaux, Bezirk Diekirch, des Wälder-Departements. Die Gemeinde besitzt 308 Morgen Holzungen, 19 Morgen Schiffel- und Wildland und 2 Morgen Wiesen, deren Reinertrag zu 121 Thaler abgeschätzt war. Im Schlosse zu Dasburg befand sich ehemals eine Kapelle. Die Kirche im Flecken war ein Filial von Daleiden. Diese verfiel so, daß der Pfarrer von Daleiden, Augustin Kerschen, sich veranlaßt sah, im Jahre 1767, die jetzige Kirche zu bauen. Als Kapläne sind bekannt: Dominicus Matern 1712, Johann Wilhelms 1718, Martin Molitor 1719, Mussmann 1771, Peter Cloos, N. Huberti 1806 war der letzte Kapellan und der erste Pfarrer, als Dasburg 1808 eine

---

[1] Eiflia illustr. II. Bd. 2. Abth. S. 509.

Pfarrei erhielt. Ihm folgten: Johann Baptift Graf 1810—
1827, J. H. Faber 1827—...., Chrifta der noch 1852 fun=
girte. Die Pfarrei ift nur auf Dasburg nebft Mühle und
Böwerei beschränkt. In der Kirche befindet fich ein schönes
marmornes Grabmahl mit der Inschrift:

HIC JACET NOBILIS ET

GRATIOSA DNA. DNA

ANNA JOANNA

DEFERRENT DE MUNTIGNY

NATA DE BARING. DE

WALERODE. DOMINA

TEMPORALIS. IN THOMEN ETC.

TER DENOS. ET QUÏNQUE

SUPRA. DUM VIXERAT

ANNOS EX HAC VITA.

PIE DECESSIT. 8 FEBRII

1743.

Außer der Kirche befindet fich noch zu Dasburg eine 1713
erbaute Kapelle.

Preischeid liegt unterhalb Dasburg, südöftlich davon
entfernt. Es gehörte zur Viandenschen Meierei Daleiden.
Die im Jahre 1781 erbaute Kirche St. Peter war ein
Filial von Daleiden, wurde aber 1808 zur Pfarrkirche er=
hoben. Der erfte Pfarrer war Dominikus Heiles aus
Preischeid. Ihm folgte Chriftian Michels aus Cönen. Im
Jahre 1852 war die Pfarrei vakant. Der Thurm der
Kirche ift 1821 erbaut worden, das Pfarrhaus 1770. Außer
Preischeid, der Mühle und der Barracke find noch Oelwerhof
und Affter und Ueber=Eisenbach, im Kreife Bitburg (Bürger=
meifterei Carlshausen) eingepfarrt. Das Gemeinde=Eigen=
thum befteht nur aus 4 Morgen Schiffel= und Wildland
und 2 Morgen Wiefen. Die Waldungen, welche überall
in den Urkunden als „Gemeindebüfche" bezeichnet waren,

wurden durch ein Urtheil des Königlichen Landgerichts zu Trier vom 17. Juni 1824 den zehn Vogteibesitzern zuge= sprochen, und der Rheinische Appellations=Gerichtshof zu Köln bestätigte das Urtheil am 22. Dezember 1825. [1])

Oelwerhof wird in Urkunden Uelweiler, auch Elwert genannt. Die Preischeider Sägemühle heißt auch Ro= penauel.

247. Zur Bürgermeisterei Dingdorf gehören:

1. Dingdorf, Dorf..	mit	17	Wohnh.	und	94	Einw.
2. Greimelscheid, Dorf............	„	12	„	„	82	„
3. Heidorf, Dorf...	„	10	„	„	69	„
4. Nieder = Lauch, Dorf............	„	9	„	„	43	„
5. Ober=Lauch, Dorf	„	8	„	„	74	„
6. Plüttscheid, Dorf	„	51	„	„	290	„
a. Atzseifen, Weiler.	„	8	„	„	55	„
b. Geotz, Gehöfte..	„	2	„	„	10	„
c. Hof, Gehöfte....	„	2	„	„	11	„
d. Mauelermühle...	„	1	„	„	11	„
7. Staudenhof, Dorf	„	14	„	„	88	„
8. Winringen, Dorf	„	8	„	„	95	„

Zusammen... mit 142 Wohnh. und 922 Einw. Im Jahre 1852 betrug die Seelenzahl 1051.

Dingdorf liegt eine Meile südlich von Prüm und 1¼ Meilen nordöstlich von Wachsweiler, an einem Bache, der bei Ober=Lauch entspringt und sich unterhalb Dingdorf bei Schweisthal in das rechte Ufer der Nims ergießt. Ding= dorf wird gewöhnlich Dickedorf genannt und kommt in Urkunden Dybendorp, Diedendorf vor. [2]) Auch Cäsarius

---

[1]) Läis a. a. O. S. 204.
[2]) Eiflia illustr. I. Bd. 2. Abth. S. 980 und S. 983.

Heisterbacensis nennt es Didendorpt. Das Kloster Prüm besaß daselbst 5 Mansa servilia. Für eine Schuld von 40 Gulden wies Hartard von Schönecken im Jahre 1341, Freitag vor Magdalenen, dem Diedrich von Rommersheim den Zehnten zu „Dydendorp" an. Es war der Hauptort einer der vier Meiereien des Kurtrierschen Amtes Schönecken. Zu dieser Meierei gehörten Dingdorf, Giesdorf, Heisdorf, Nieder-Lauch, Winringen und die Mühle zu Schweisthal. Ding-dorf ist nach Nieder-Lauch eingepfarrt und die Gemeinde besitzt 17 Morgen Holzungen und 8 Morgen Schiffel- und Wildland. Während der Französischen Verwaltung gehörte die Mairie Dingdorf zum Kanton Prüm. Die Bürgermei-sterei, welche aus denselben Gemeinden besteht, die 1813 die Mairie bildeten, ist dem Friedensgerichts-Bezirke von Wachsweiler zugetheilt worden.

Greimelscheid liegt südlich von Dingdorf, nur in ge-ringer Entfernung von dem zur Bürgermeisterei Wachs-weiler gehörigen Dorfe Lambertsberg. Letzteres hieß ehe-mals auch Ober-Greimelscheid und war Luxemburgisch, so daß die Grenzen von Luxemburg und Trier zwischen Grei-melscheid und Lambertsberg liefen. Deshalb wurde auch zu gleicher Zeit mit dem St. Lamberts-Jahrmarkte (17. September) in Lambertsberg auch ein Jahrmarkt zu Grei-melscheid gehalten (s. Nro. 266 bei Wachsweiler.) Im Jahre 1365 trug Heinrich von Byvels seine Güter zu „Grimelscheit" dem Burchard, Herrn zu Vinstingen und Schönecken zu einem Bettinger Burglehne auf. Greimel-scheid gehörte bis 1794 zur Meierei Plüttscheid. Ein adli-ges Geschlecht führte den Namen wahrscheinlich von diesem Greimelscheid. [1] Jedoch gibt es auch einen Ort Grum-melscheid im Luxemburgschen an der Wiltz bei Wintzeler,

---

[1] Eiflia illustr. II. Bd. 1. Abth. S. 137.

wo sich noch jetzt ein Schloß befindet, welches im Jahre 1845 dem Baron von Waha=Frouvill gehörte. Auch hier war das Stammhaus eines Adelsgeschlechts. Greimelscheid ist nach Wachsweiler eingepfarrt und hat jetzt weder Kirche noch Kapelle; dennoch heißt es in einem Lehnreverse des Ludolph von Bideburg vom Jahre 1345 über einen Theil des Dorfes Mauel, „Mauwel in der Parochie Grimmel=scheid" (s. Mauel bei Ringhuscheid Nro. 261.) Die Ge=meinde besitzt nur 6 Morgen Schiffel= und Wildland und 1 Morgen Wiese und bezieht einen Theil des Standgeldes des Lambertsberger Jahrmarktes.

Heisdorf, auch wohl Heischdorf genannt, liegt südlich von Dingdorf. Es gehörte zur Meierei Dingdorf. Die Burg Heisterscheidt zu Heisdorf trug ein adeliges Geschlecht, welches den Namen davon angenommen hatte, von der Abtei Prüm zu Lehn. [1]) Der Lehnträger mußte den Schöf=fenstuhl zu Rommersheim, wo adelige Schöffen waren, be=setzen. Zu Ende des 15. Jahrhunderts war das Geschlecht der von Heisterscheidt schon im Mannsstamme erloschen, denn 1517 wurde schon Peter Tiel, Ritters Eidam, Sohn von Heisterscheidt, mit dem Ritters=Erbe zu Heisterscheidt von dem Prümschen Abte Wilhelm belehnt. 1541 empfing Müller=Claß von Heisterscheidt die Belehnung. Im Jahre 1824 besaß Johann Schreiber zu Heisdorf die zur Ritters=Erb=schaft gehörigen Güter. Heisterscheidt gehörte zur Pfarrei Nieder=Lauch, wohin Heisdorf auch noch jetzt eingepfarrt ist.

Nieder=Lauch liegt nördlich von Dingdorf. Es ge=hörte zur Meierei Dingdorf. Johann Hürthen von Schön=ecken und seine Frau Entgen von Brandscheid verschrieben 1462 dem Ritter Gobel, Herrn zu Elter und Stirpenich, bei dessen Verheirathung mit ihrer Tochter Lysa, eine jährliche

---

[1]) Eiflia illustr. II. Bd. 1. Abth. S. 164.

III. 2. Abth.

Rente von 25 Rheinische Gulden aus dem Dorfe „Lauch bei Schönecken" als Zinsen von dem versprochenen Heirathsgute von 3000 Gulden. Die Pfarrei ist alt und gehörte zum Landkapitel Kyllburg. Das Patronat besaß die Abtei Echternach. Diese bezog auch den Zehnten oder doch einen Theil desselben und mußte dafür das Dach der Kirche in Stand halten. In dem Kirchenbuche ist bemerkt, daß im Jahre 1695 das Holz auf der Kirche „für den Kamm auf dem Dach" auf Kosten des Klosters Echternach angefertigt worden sei. Ueberhaupt enthält dieses Kirchenbuch mehrere Nachrichten über merkwürdige Ereignisse in der Umgegend. Diese Nachrichten hat wahrscheinlich Nikolaus Linden, der von 1680—1731 Pfarrer zu Nieder=Lauch war, niedergeschrieben. Es wird darin unter andern von Erdbeben berichtet, welche am 18. September 1692 um 2 Uhr Nachmittags und am 23. desselben Monats Morgens 9 Uhr zu Nieder=Lauch bemerkt worden sind. Im Jahre 1695 lag der Schnee ungewöhnlich hoch. Im Jahre 1709 war eine solche Kälte, wie man sich seit Menschengedenken nicht erinnern konnte. Rhein und Mosel froren binnen drei Wochen zweimal zu. Alle Weinstöcke, Obst= und Nußbäume erfroren. Als Pfarrer in Nieder=Lauch werden genannt Hugo Schweisthal. Johann Breit 1670, Nikolaus Linden 1680—1731, Peter Heinen 1731—1763, Wilhelm Michaelis 1763—1782, Johann Peter Welter 1782—1798, Franz Amuser 1798—1804, Johann Hoffmann 1804—1807, Johann Schlemmer 1807—1813, Anton Flock 1813—1831, Heinz seit 1831, fungirte noch 1852. Die Kirche ist alt. Das Pfarrhaus wurde 1784 abgerissen und neu gebaut. Eingepfarrt sind Dingdorf, Heisdorf, Nieder= und Ober=Lauch und Winringen. Bei Nieder=Lauch kommen Versteinerungen vor, unter andern Pentamerus galeatus.

Ober=Lauch liegt nördlich von Nieder=Lauch, 1832 Fuß

hoch über den Amsterdamer Pegel. Bei Cäsarius kommt der
Ort unter dem Namen Luhc vor, jedoch ohne weitere Nach=
richten. Es war eine Zennerei der Abtei Prüm, welche hier
ein Grundgericht von einem Schultheißen und fünf Schöffen
hatte. In früheren Zeiten hatte der Conventual des Klosters,
welcher die Stelle eines Küsters (Custos) versah, die Ein=
künfte des Hofes Lauch zu beziehen. Später verwaltete der
Dechant die Küsterei sowohl als die Kämmerei, mit welcher
auch die Probstei verbunden wurde. An der Stelle des De=
chanten fungirte zuletzt der Prior. Die Unterthanen zu Lauch
mußten das Heu auf dem freien Brühl mähen und trocknen.
Im Jahre 1663 verpachteten Prior und Convent die Kü=
stereigüter zu Lauch auf 15 Jahre für 3 Thaler und 2 Sester
Roggen und 2 Sester Hafer. Die Götten=Güter zu Gon=
delsheim gehörten unmittelbar zum Hofe Lauch, obgleich
Gondelsheim selbst zum Amte Schönecken gehörte. Das Jahr=
geding hielt gewöhnlich der Dechant oder der Prior ab. Zu
Ober=Lauch sieht man noch die Ueberbleibsel einer Befesti=
gung, welche der 38. Abt von Prüm, Diedrich von Kerpen,
im Jahre 1369, bei Gelegenheit einer Fehde gegen den
Herrn von Schönecken, aufführen ließ. Im Jahre 1843
wurden bei Ober=Lauch die Ueberbleibsel Römischer Ge=
bäude, auch Münzen u. s. w. gefunden.[1] Die Gemeinde
Ober=Lauch besitzt als Gemeinde=Eigenthum nur 11 Morgen
Holzungen; die Stockbesitzer haben die übrigen Waldungen
getheilt.

Plütscheid liegt südlich von Dingdorf, nahe bei Grei=
melsscheid an der Grenze der Bürgermeisterei Wachsweiler.
Es war bis 1794 der Hauptort einer Meierei im Amte
Schönecken, welche aus den Ortschaften Greimelscheid, Plütt=
scheid und Staudenhof bestand. Auch die Mauelermühle,

---

[1] Jahrbücher d. V. v. Alterthumsfreunden. Heft II. S. 146.

am linken Ufer der Prüm, dem Dorfe Mauel gegenüber, gehörte zur Meierei Plütscheid. Diese Mühle war ein Eigenthum des Freiherrn von Zandt zu Lissingen, welcher sie aber in Erbpacht gegeben hatte. Im Jahre 1338 trugen Johann, der Erstgeborene Arnolds, Herrn von der Fels, und seine Gattin Kunigunde, ihre Güter zu Plütscheid, Mauel und Hargarten für 100 Pfund dem Trierschen Erzbischofe Balduin zu Lehn auf. Im Jahre 1460 verpfändete Gerhard von Rodemachern, Herr zu Cronenburg und Neuerburg, die Mauelermühle und Renten zu Plütscheid der Brüderschaft des heiligen Sakraments zu Neuerburg und verglich sich 1463 mit derselben wegen dieser Pfandschaft. Das sehr kurze Schöffenweisthum von Plütscheid, vom Jahre 1537 (Grimm II. S. 568) weiset den Hof für einen Freihof und daß die „letzte vßfart by dem Herrn zu Schönecken zu erhoelen." Plütscheid hat eine Kapelle, welche ehemals zum Kirchspiele Wachsweiler gehörte. Samstag nach h. Kreuzestag, 1463, weihte Hubertus Agripinas Episcopus Azotensis und Weihbischof des Erzbischofs von Trier (Johanns II.) die Kapelle zu Plütscheid, nachdem „tzunder" (Centner) und ganze Gemeinde zu Plütscheid für sich und ihre Nachkommen gelobt hatten, die Kapelle aus ihren eigenen Gütern „zu besingen und zu bedienen," ohne Last des Abts von Prüm und des Vicepastors zu Wachsweiler.[1]) Jetzt ist Plütscheid nach Casel eingepfarrt. Im August 1826 fand man bei Ziehung eines Grabens, in der Nähe des Geweber-Waldes, etwa 50 Schritt von der Straße, die von Bitburg über Ahrweiler nach Lambertsberg führt, zwei Urnen von grauem Thone. Der Geweber-Wald zieht sich von Plütscheid nach Oberweiler und Heilenbach im Kreise Bitburg hin. Es war ein gemeinschaftliches Eigenthum mehrerer Gemeinden

---

[1]) **Holzer de Proepiscopis Trevirensibus.** S. 61.

und Privaten; unter andern war auch der Graf von Lannoy zu Clervaux, als Besitzer von Bisels, betheiligt. Vor etwa 20 Jahren ist dieser Wald getheilt worden. Bei dieser Theilung erhielt Plütscheid 480 Morgen. (S. Rittersdorf Nro. 220.) Die Gemeinde Plütscheid besitzt 486 Morgen Holzungen und 21 Morgen Schiffel= und Wildland. Durch ein Urtheil des Königlichen Landgerichtes zu Trier vom 12. August 1824 wurden die Schultheißerei-Güter von Greimelscheid und Plütscheid diesen beiden Gemeinden zugesprochen. Atzseifen liegt südwestlich von Dingdorf, am linken Ufer der Prüm, oberhalb der Mauelermühle. Es ist, eben sowie Hof und Mauelermühle, nach Wachsweiler eingepfarrt.

Staudenhof liegt unterhalb Atzseifen, auch am linken Ufer der Prüm, ganz nahe am Geweber=Walde und ist nach Ehlenz eingepfarrt. Staudenhof gehörte zwar zum Kurtrierschen Amte Schönecken, war aber ein Lehn der Luremburgschen Herrschaft Neuerburg. Dieses Lehn gehörte zu dem Burghause der von Hersel zu Schönecken, kam dann an die von der Heyden, genannt Belderbusch, und durch Heirath an die von Zandt, welche noch 1775 als Besitzer genannt werden.[1] Ein Herr von Mallaise hatte (vielleicht als Pächter) mehrere Barracken zu Staudenhof bauen lassen. Im Jahre 1767 forderte Kurtrier von den Bewohnern dieser Barracken den Schirmgulden. Das Gemeinde=Eigenthum von Staudenhof besteht nur in 2 Morgen Wildland.

Winringen liegt nördlich von Dingdorf, zwischen diesem Dorfe und Nieder=Lauch. Es gehörte zur Maierei Dingdorf und ist nach Nieder=Lauch eingepfarrt. Zwischen Winringen und Dingdorf, auf dem Distrikte Küsterei, hat man vor mehreren Jahren Ueberbleibsel von Römischem Gemäuer

---

[1] Eiflia illust. II. Bd. 1. Abth. S. 40.

entdeckt und bei demselben mehrere Münzen, auch ein Brust=
bild gefunden.[1]) Die Waldungen sind getheilt worden und
daher kommt es, daß gar kein Gemeinde=Eigenthum vor=
handen ist.

248. Die Bürgermeisterei Eschfeld bilden folgende sieben
Gemeinden:

1. Binscheid, Dorf...	mit	14	Wohnh.	und	110	Einw.
a. nebst Mühle......	„	1	„	„	—	„
b. Kockelberg, Hof...	„	1	„	„	10	„
2. Eschfeld, Dorf....	„	32	„	„	196	„
a. In Schlomm, Weiler	„	5	„	„	19	„
b. Banzenhof, Hof...	„	1	„	„	7	„
3. Hickeshausen, Weiler...............	„	3	„	„	32	„
4. Nieder=Uettfeld, Weiler.............	„	4	„	„	52	„
5. Reiff, Dorf.......	„	11	„	„	102	„
6. Roscheid, Dorf....	„	21	„	„	155	„
a. bei Thomashaus, Haus...........	„	1	„	„	3	„
7. Sengrich, Weiler..	„	4	„	„	26	„

Zusammen... mit 99 Wohnh. und 715 Einw.
Zu Ende des Jahres 1852 zählte man 796 Seelen in
der Bürgermeisterei Eschfeld.

Binscheid liegt östlich von Eschfeld, zwischen Eschfeld
und Lichtenborn. Es war der Hauptort einer Maierei der
Grafschaft Vianden, zu welcher Binscheid, Eschfeld, Halen=
bach, Hickeshausen, Jucken, einige Häuser zu Arzfeld und
Lichtenborn, Kickeshausen, Olmscheid, Reif, Roscheid, Nieder=
Utfeld und Sengerich gehörten. Die Gemeinde besitzt nur

---

[1]) Jahrbücher d. V. v. A. Heft II. S. 146.

27 Morgen Schiffel= und Wildland und 3 Morgen Wiesen.
Die Gemeinde=Waldungen sind, wie fast überall im ehe=
maligen Wälder=Departement, während der Französischen Ver=
waltung von den Vogteibesitzern getheilt worden. Die Kirche
war ein Filial von Eschfeld und wurde erst unter der Fran=
zösischen Verwaltung zur Pfarrkirche bestimmt. Jetzt sind
Binscheid, Kockelsberg, Nieder=Utfeld, Ober=Utfeld mit Ham=
mert, Hanbach und Houf eingepfarrt. In der Kirche sind
ein Hochaltar mit schönem Schnitzwerke, die Leiden Christi
in verschiedenen Abtheilungen darstellend und ein Taufstein
von Granit bemerkenswerth. Sie sollen sich ehemals in
der Kapelle des Schlosses Seinsfeld befunden haben und
durch einen aus Binscheid gebürtigen Geistlichen dahin ge=
kommen sein. Der erste Pfarrer zu Binscheid war Niko=
laus Gritten bis 1824, Peter Frank von 1824 - 1829, Peter
Bretz von 1829—1832, Nikolaus Herscheid 1832, Greif 1852.

Eschfeld liegt 3 Meilen südwestlich von Prüm und 1½
Meilen nordwestlich von Wachsweiler, zwischen Reif und Ro=
scheid. Es gehörte zur Viandener Maierei Binscheid. Eine
Vogtei gehörte zur Herrschaft Duren. Während der Fran=
zösischen Verwaltung gehörte die Mairie Eschfeld zum Canton
Arzfeld, im Bezirke Bitburg, im Wälder=Departement. Jetzt
gehört die Bürgermeisterei zum Bezirke des Friedensgerichts
zu Wachsweiler. Die Gemeinde besitzt nur 21 Morgen
Schiffel= und Wildland und 2 Morgen Wiesen. Die alte
Pfarrei an der Kirche St. Lucia gehörte zum Landkapitel
Bitburg. Das Kloster der Trinitarier zu Vianden besetzte
die Pfarrei durch einen seiner Klostergeistlichen. Als Pfarrer
zu Eschfeld werden genannt: Schilz aus Vianden, Nikolaus
Wambach, Egidius Wolter 1622, Butgerus Basilicus Hamm,
Ord. St. Trinit. 1629 - 1670, Peter Cost aus Luxemburg
1670, Robert Reuser 1696, Friedrich Fesch 1719—1746,
Jos. Willems 1769, Alexander Prinz 1780, Lorenz Toussaint

aus Luxemburg 1822, Johann Michael Thillen aus Asselborn 1822, Roders noch im Jahre 1853.

Hickeshausen liegt südöstlich von Eschfeld zwischen Reif und Halenbach. Es ist nach Arzfeld eingepfarrt. Auf einem Bergrücken südöstlich von dem Orte sollen sich bedeutende Ueberbleibsel von Römischen Gebäuden finden.

Nieder-Uettfeld, in geringer südlicher Entfernung von Leidenborn, nordöstlich von Eschfeld, hat eine Kapelle und ist nach Binscheid eingepfarrt. Der Weg von Nieder-Uettfeld nach Lichtenborn, 150 Ruthen links vom Signal (Dreiecks-Punkt) hat 1788 Fuß Höhen.

Reif liegt südlich, Roscheid nördlich von Eschfeld. Beide Dörfer sind nach Eschfeld eingepfarrt. Dies ist auch der Fall mit

Sengerich, welches zwischen Eschfeld und Nieder-Uettfeld liegt. In einer Entfernung von 10 Minuten südöstlich von Sengerich, auf dem Wege nach Binscheid, vom letztern Orte 20 Minuten, in nördlicher Richtung entfernt auf einer Anhöhe, wurden im Jahre 1840 die Reste einer Römischen Badstube und anderer Gebäude ausgegraben.[1]) Die Gemeinde Reif besitzt nur 1 Morgen Schiffelland als Gemeinde-Eigenthum. Nieder-Uettfeld, Roscheid und Sengerich haben gar kein Gemeinde-Eigenthum.

249. Zur Bürgermeisterei Habscheid gehören:

1. Habscheid, Dorf. mit 43 Wohnh. und 207 Einw.
   a. nebst Mühle..... „ 1 „ „ 8 „
   b. Nieder-Habscheid,
      Weiler......... „ 9 „ „ 55 „

   Zu übertragen... mit 53 Wohnh. und 270 Einw.

---

[1]) Ueber mehrere Ruinen in dieser Gegend s. Bormanns Beiträge zur Geschichte der Ardennen.

Uebertrag...	mit	53	Wohnh.	und	270	Einw.	
c. auf der Rosen,							
Haus.........	„	1	„	„	3	„	
2. Hollnich, Dorf...	„	30	„	„	170	„	
a. Wilhelmsbüsch,							
Gehöft.........	„	2	„	„	8	„	
b. auf Weitenorden,							
Haus..........	„	1	„	„	3	„	
3. Masthorn, Dorf..	„	9	„	„	72	„	
a. nebst Mühle.....	„	1	„	„	8	„	

Zusammen... mit 97 Wohnh. und 534 Einw. deren Zahl im Jahre 1848 auf 621 Seelen angewachsen war.

Habscheid und der dazu gehörige Weiler Nieder=Habscheid liegen in einiger Entfernung vom rechten Ufer der Alf, von welcher die Habscheider= oder Alfermühle getrieben wird. Habscheid ist $1\frac{3}{4}$ Meilen südwestlich von Prüm und ebensoweit von Wachsweiler entfernt. Habscheid sowohl als Nieder=Habscheid gehörten zur Herrschaft Pronsfeld, von welcher die näheren Verhältnisse bei Nro. 259 angegeben werden sollen. Habscheid war ein Filial von Pronsfeld und erhielt erst unter Französischer Verwaltung eine eigene Pfarrei, zu welcher aber nur sämmtliche Ortschaften der Bürgermeisterei gehören. Auf den Distrikten Eicherich, Romeschet und Lochen hat man die Ueberbleibsel Römischer Gebäude entdeckt.

Hollenich liegt südlich von Habscheid am Bierbache. Es gehörte zur Herrschaft Pronsfeld. Im Jahre 1616 bestellte Erzbischof Lothar (von Metternich) einen Maier zu Hollenich im Hofe Pronsfeld. Die vom Bierbache getriebene Mühle war ein gemeinschaftliches Eigenthum des Erzstifts Trier und des Herrn von Hartelstein; sie war in Erbpacht gegeben.

Masthorn, südlich von Habscheid, am Bierbache gelegen, ist nicht weit von Pronsfeld entfernt und gehörte zu dieser Herrschaft. Aus dem Hacken=Hause zu Masthorn stammt eine Familie Simons, welche im Luremburgschen zu ansehnlichen Aemtern gelangt ist. Ein Simons, vor mehreren Jahren Distrikts=Kommissär zu Diekirch, war aus dieser Familie. An Gemeinde=Eigenthum besitzt Habscheid nur 4 Morgen Schiffel= und Wildland und 1 Morgen Wiesen, und Hollenich nur 3 Morgen Schiffel= und Wildland, die Waldungen sind eingetheilt worden. Die Gemeinden Habscheid, Hollenich und Masthorn besitzen mit den Gemeinden Ober=Uttfeld und Stalbach in der Bürgermeisterei Lichtenborn, Luscheid, Lierfeld, Lünebach, Matzerath und Strickscheid in der Bürgermeisterei Lünebach, und Orlebach, Pittenbach, Pronsfeld und Watzerath in der Bürgermeisterei Pronsfeld, als gemeinschaftliches und ungetheiltes Eigenthum, den Hofswald, welcher theils auf dem Banne der Gemeinde Masthorn, theils auf dem Banne von Ober=Uettfeld liegt und aus 323 Morgen Wald, 736 Morgen Lohhecken, 70 Morgen Schiffelland, 252 Morgen Haide und 147 Ruthen Gesträpp besteht.

250. Die Bürgermeisterei Hallschlag bestand im Jahre 1852 aus den Ortschaften:

			Wohnh.			Einw.	
1. Hallschlag, Dorf. mit			69	Wohnh. und		417	Einw.
a. Köppheck, Haus..	„		1	„	„	9	„
b. Haus an der Kyll	„		1	„	„	9	„
2. Ormont, Dorf...	„		40	„	„	251	„
a. Neuenstein, Gehöfte.......	„		3	„	„	24	„
b. Haus am Gold=berge...........	„		1	„	„	1	„
3. Scheid, Dorf.....	„		39	„	„	148	„

Zusammen... mit 145 Wohnh. und 860 Einw.

Hallschlag liegt 2¼ Meilen nordöstlich von Prüm entfernt, am Hallschlager Bache, welcher auch Fang genannt wird und östlich in die von Ormont kommende kleine Kyll (Schneifelkyll) fällt, nachdem letztere schon südlich den Rauten=bach aufgenommen hat. Zehn Minuten unterhalb des Dorfes nimmt die kleine Kyll nordöstlich den Scheidenbach oder Gonzbach auf und fällt fünf Minuten weiter in die große Kyll, von welcher Hallschlag nur 15 Minuten entfernt ist. Das Dorf liegt nahe an der Grenze des Regierungsbe=zirks Aachen. Die in den Jahren 1830—1832 gebaute Aachen=Mainzer Staatsstraße läuft durch Hallschlag, wo eine An=haltstelle ist. Eine Brücke führt über die Kyll, die hier schon 30 Fuß breit ist. Die vielen Gewässer bilden fruchtbare Wiesenthäler und das Dorf liegt wie in einem Kessel von hohen Bergabhängen umgeben, deren Kultur von dem Fleiße der Einwohner Zeugniß giebt. Hallschlag, Ormont und Scheid gehörten zur Herrschaft Cronenburg.[1] Friedrich von Cronenburg überwies in dem Vergleiche vom Jahre 1322 seinem Bruder Gottfried eine Rente von 9 Mark zu „Hals=lach."[2] Der Ritter Johann Holczappel von Basenheim (Basem) und seine Frau Bela, trugen am 1. März 1340 ihren Hof zu „Halczlach" und ihr Gut zum Durren, bei Cronenburg, dem Trierschen Erzbischofe Balduin für 100 Pfund Heller zu Lehn auf. Als die Brüder Cuno und Johann, Grafen von Manderscheid, Diedrichs Söhne, im Jahre 1488 eine Theilung machten, erhielt Graf Cuno das „Schilderrecht" zu Halschlag.[3] Im Jahre 1532 wurde Graf Diedrich V. (der mittlere) von Manderscheid=Schleiden, von dem Trierschen Erzbischofe Johann III. (von Metzen=

---

[1] **Eiflia illustrata. I. Bd. 1. Abth. S. 347.**

[2] Ebendas. S. 352. und S. 459.

[3] **Eiflia illustr. I. Bd. 2. Abth. S. 791.**

hausen), unter andern Gütern, auch mit Gülten und Renten
im Cronenburgschen Dorfe Hallschlag belehnt. Die Geibels=
Erben hatten ein Jahr den großen Zehnten und ein Jahr
den kleinen Zehnten zu Hallschlag zu beziehen. Dies ge=
schah unter andern im Jahre 1565, wo die Geibel den großen
Zehnten, die Dingarten aber den kleinen Zehnten oder
Herrending zu beziehen hatten. Im Jahre 1566 fand das
umgekehrte Verhältniß statt. Bei der Vertheilung der Zehnten
erhielten jährlich die Nachbaren zu Hallschlag und Scheid
1 Malter Hafer aus dem großen Zehnten und 4 Malter
Hafer aus dem kleinen, wofür aber 2 Ochsen (Zielstiere)
zu Halschlag und 1 zu Scheid unterhalten werden mußten.
Der Rest des Geibels= oder Göbels=Zehnten wurde nun in
acht Theile getheilt, davon erhielt $\frac{1}{8}$ die gnädige Herrschaft
(Herr von Cronenburg), $\frac{1}{8}$ der Junker zu Basem und $\frac{1}{8}$
Schmits Jan zu Halschlag[1]) mit seinen Konsorten. Die
übrigen $\frac{5}{8}$ wurden wieder zusammen gethan. Von diesen
erhielten Monheim und Peter Speich vorab 3 Malter Hafer,
der Komthur von Cronenburg bezog ein Malter Roggen,
welches die Göbels für die Kirche bestimmt hatten. Der
Rest wurde nun wieder in 3 Theile getheilt, wovon $\frac{1}{3}$ die
Herrschaft, $\frac{1}{3}$ Monheim und Speich und $\frac{1}{3}$ Johannes
Schmits bezogen. Im Jahre 1607 bezog Kurtrier von
Hallschlag 44 Gulden 4 Albus 3 Heller an Maischaft,
ebensoviel an Herbstschaft und 8 Gulden 13 Albus an Fleisch=
geld. Der Graf von Manderscheid oder vielmehr wohl der
damalige Besitzer der Herrschaft Cronenburg hielt diese Ab=
gaben zurück, worüber denn ein Prozeß entstand, der bei
dem Reichskammergerichte geführt wurde. Die Kirche zu

---

[1]) Wahrscheinlich das jetzige Schmitz unterst Haus, nach der Vermuthung
des Herrn Pfarrers B. Bremer zu Halschlag, dem ich sehr schätzbare
Berichtigungen und Mittheilungen verdanke.

Hallschlag ist alt. Der Chor trägt ein Spitzbogen=Gewölbe, dessen Pfeiler in Figuren, wie des heiligen Apostels Petrus u. a. m. auslaufen. Auf einem der Pfeiler steht die Jahres=zahl 1099, welches aber offenbar falsch ist und wohl eher 1399 heißen soll, wo wahrscheinlich der Chor, der älteste Theil der Kirche, erbaut wurde. Das Mittelschiff ist viel später und der Thurm erst zu Ende des 18. Jahrhunderts auf die Stelle eines alten verfallenen Thurmes gebaut wor=den. Die Fenster des Chors sind im Spitzbogenstyl gebaut, mit Stäben und Blumen verziert. Die Kirche zu Hallschlag war Jahrhunderte hindurch ein Filial von Cronenburg und als Graf Diedrich V. von Manderscheid=Schleiden, im Jahre 1559, die Reformation nach dem Augsburgschen Bekennt=nisse in seinen Besitzungen einführte, so geschah dies auch zu Hallschlag. Der Sage nach sollen damals viele Ein=wohner von Hallschlag ihre Häuser verlassen, und sich nach der Grafschaft Vianden begeben haben und erst später zurück=gekehrt sein. Nach des Grafen Diedrichs VI. Tode (1593) wurde der katholische Gottesdienst wieder eingeführt. Zu Hallschlag wurde solcher für die Gemeinden Hallschlag und Scheid gewöhnlich durch den Administrator von Ormont, welches auch nach Cronenburg eingepfarrt war, zuweilen auch durch eigene Vikare besorgt. Dergleichen Vikare waren Thoma, dann Christian Leiver (1765) zuletzt bis 1803 Ni=kolaus Bies, der einen großen Ruf als Arzt hatte. Im Jahre 1803 wurde Hallschlag von Cronenburg getrennt, er=hielt eine eigene Pfarrei und zum Pfarrer wurde Bies er=nannt, welcher aber von dem Bischofe von Lüttich nicht bestätigt wurde. Die Reihe der Pfarrer ist folgende: 1. Cornelius Alberty von 1803—1821, wo er als Dechant nach Cronenburg versetzt wurde und daselbst den 19. August 1839 starb; 2. Michael Gangler 1821, starb 1835 zu Hall=schlag; 3. Philipp Klein 1835—1845, wo er nach Dahlen verſetzt wurde; 4. Mathias Kyll 1845 – 1848, welcher wegen Kränklichkeit Vikar wurde; 5. Herr Bartholomäus Cremer, welcher ſeit 1848 noch jetzt der Pfarrei vorſteht; Herr Pfarrer Cremer iſt Mitglied des Vereins von Alterthumsfreunden im Rheinlande und Verfaſſer mehrerer geſchichtlichen Auf- ſätze. Die Pfarrei gehörte zum Dekanate Blankenheim in der Erzbiöceſe Köln. Außer Hallſchlag ſind noch Scheid und die außerhalb des Dorfes Hallſchlag liegenden Häuſer Köpp- heck und das Haus an der Kyll, auch das Gehöfte Schopphof, in der Bürgermeiſterei Udenbach, im Kreiſe Schleiden, ein- gepfarrt. Während der Franzöſiſchen Verwaltung gehörte die Mairie Hallſchlag zum Kanton Cronenburg, im Arron- diſſement von Malmedy, im Ourthe-Departement. Das Ge- meinde-Eigenthum von Hallſchlag beſteht in 608 Morgen Holzungen, 753 Morgen Schiffel- und Wildland und 1 Mor- gen Wieſen. Der Reinertrag dieſer Ländereien iſt zu 254 Thalern abgeſchätzt. Das Geſammt-Areal der beiden Ge- meinden Halſchlag und Scheid beträgt 679 Morgen Acker- land, 575 Morgen Wieſen, 835 Morgen Wald, 146 Morgen Strauchholz, 344 Morgen Geſtrüpp, 144 Morgen Weiden, 2488 Morgen Schiffelland, 5 Morgen Oedland, 1 Morgen Waſſerteiche, 1720 Morgen Haiden, 12 Morgen Gärten, 9 Morgen Gebäudefläche, 143 Morgen Wege und 16 Mor- gen Waſſer, zuſammen 7117 Morgen.

Ormont, Dirmont, Urmunt liegt am Fuße des Gold- berges, ſüdlich von Hallſchlag, nicht weit von der Schnee- Eifel entfernt, welche ſich von Brandſcheid her, hinzieht. Der Goldberg, an der Schnee-Eifel, ein vulkaniſcher Kegel- berg, $\frac{1}{8}$ Stunde nordweſtlich von Ormont, liegt 2017 Fuß höher als der Amſterdamer Pegel, der Kreuzweg nach Or- mont und von Prüm nach Schlauſenbach am Kreuz, 600 Ruthen vom Signal auf Kerslingerroth (Wiſſenſtein bei Buchet) 2135 Fuß, auf dem Wege nach Ormont 410

Ruthen vom Kreuze entfernt 2078 Fuß, auf dem Wege nach Ormont, Durchschnitt des Weges von Neuenstein nach Roth, 760 Ruthen weiter 1990 Fuß. Der Wasserspiegel des bei Ormont fließenden Baches hat, an der Brücke, 1636 Fuß Höhe. Der Fuß des Goldberges ist mit schiefriger Grauwacke bedeckt, deren Schichten sich gegen die Seite emporheben und gegen Osten einen Sattel bilden, dessen Abhänge sich gegen Süden und Norden neigen. Höher hinauf bemerkt man Lavatrümmer, welche meistens schlackig, oft dicht, jedoch immer sehr zäh sind. Auf dem Gipfel des Goldberges ist eine zweite Erhöhung, jedoch niedriger als die erstere und von ihr durch ein wellenförmiges Erdreich mit sanftem Abhange getrennt. Beide Gipfel scheinen die Ueberreste eines Kraters zu sein, dessen Seiten zerrissen sind. Der Raum zwischen beiden Erhöhungen, sowie der niedrige Gipfel, sind mit vulkanischem Gestein bedeckt. Es enthält Augit, dessen Kristalle sehr gut bestimmt sind, Glimmer, etwas Olivin und Feldspath. In der schlackigen Lava kommen auch Hyalithtropfen, kleine mikroskopische Oelrädern von Magneteisenstein, aber keine Hornblende vor. Die Lava enthält auch am Rande gerötheten Schiefer. Auf der Nordseite des Berges bemerkt man die Ueberreste von Gruben, welche in einer unbekannten Zeit angelegt worden sind. Der Sage nach hat man hier nach Gold gesucht, wovon auch der Berg und wahrscheinlich auch Ormont den Namen erhalten haben. Vom Berge hat man eine herrliche Aussicht und erblickt von demselben, nach Süden und nach Südwest gegen dreißig vulkanische Bergspitzen. Ormont gehörte zum Hofe Neuenstein, welchen die Herren von Blankenheim von Luxemburg zu Lehn trugen.

Im Jahre 1320 belehnte König Johann von Böhmen, Graf von Luxemburg, Herrn Friedrich von Blankenheim mit dem Dorfe Ormund. Im Jahre 1323 bestätigte König

Johann den Gebrüdern Arnold I. und Gerhard V. von
Blankenheim, als Vormündern des von ihrem Bruder Frie-
rich II. hinterlassenen Sohnes, den Besitz des Dorfes „Dyr-
munde", mit welchem Friedrich belehnt gewesen.[1] Im
Jahre 1327 verzichteten Friedrich, Herr von Cronenburg,
Meytild, seine Hausfrau und Friedrich, ihr Erstgeborener,
zu Gunsten der Herren Arnold und Gerhard von Blankenheim auf alle Ansprüche auf das Dorf Ormont mit Zubehör, unter der Bedingung, daß ihnen daraus ein Lehn, genannt „ein lieber Mann" gegeben werde.[2] Friedrich und
Gerlach von Dollendorf, die Söhne Johanns, waren schon
während des Vaters Lebzeiten über mehrere Gegenstände,
unter andern auch wegen des Ackerschatzes (Mastungsrechts)
im Walde zu Ormont in Streit gerathen. Der Vater verglich
sie deshalb im Jahre 1322.[3] Im Jahre 1361 vertauschten
Johann, Herr zu Schleiden und sein Bruder Konrad, Probst
zu St. Gereon in Köln, dem Herrn Arnold von Blankenheim und dessen Neffen, Arnold dem jungen, das Dorf Ormont, gegen ein Viertel der Burg Seinsfeld. Im Jahre
1376 genehmigte Graf Johann von Sponheim, daß Johann
von der Schleiden, seine Hausfrau, Lyse von Virneburg,
mit dem Dorfe Ormont bewitthumen könne. Im 14. Jahrhunderte kommt auch ein Adelsgeschlecht von Ormont vor.[4]
Ormont gehörte gegen Ende des 16. Jahrhunderts den
Grafen von Manderscheid-Schleiden. Diese hatten zu Ormont wie in ihren übrigen Besitzungen die lutherische Kon-
fession eingeführt. Im Jahre 1585 war Christian von Re-

---

[1] Eiflia illustr. I. Bd. 1. Abth. S. 347.

[2] Eiflia illustr. I. Bd. 1. Abth. S. 357, wo die Angabe aber nicht
genau und hiernach zu berichtigen ist.

[3] Ebendaselbst S. 458.

[4] Eiflia illustr. II. Bd. 2. Abth. S. 134 und I. Bd. 2. Abth.
S. 585.

magen lutherischer Pfarrer zu Ormont. Nach dem Tode
des Grafen Diedrichs VI. von Manderscheid-Schleiden be=
mächtigte sich Graf Philipp von der Mark Ormonts, wie
aus einer Protestation des Trierschen Erzbischofs Johann VII.
(von Schönberg) vom 15. Juli 1593 gegen die, von dem
Grafen Philipp im Kirchspiele Neuendorf und zu „Ormu=
den" vorgenommenen obrigkeitlichen Handlungen zu ersehen
ist. Graf Philipp vertrieb überall in den von ihm in Be=
sitz genommenen Ortschaften die lutherischen Pfarrer. Auch
zu Ormont wurde der katholische Kultus wieder hergestellt.
Ormont war nun wahrscheinlich lange Zeit ein Filial von
Cronenburg, hatte jedoch einen eigenen Geistlichen, denn
ich habe bemerkt gefunden, daß der Pfarrer zu Cronenburg
„dem Pastor zu Ormont" eine Remuneration zahlte, damit
der Letztere einen Sonntag um den andern den Gottesdienst
zu Halschlag besorgte. Als solche Administratoren der Pfarrei
Ormont kommen vor: Friedrich Falkenberg 1761, Johann
Wilhelm Lentzen 1770, Pater Ennodius Barrias Sleidanus
1784—1785, J. J. Dederichs 1785—1788, Wegener, Peter
Flattes. Diese Administratoren waren mitunter Vikare zu
Halschlag. Von 1803 waren Vicarii residentes Johanns,
Glodens, Ganafer, Betta und Zinken. Am 27. Oktober 1836
erhielt Ormont eine selbstständige Pfarrei. J. Johanns
wurde der erste Pfarrer. Im folgte 1840 Karl Kuches bis
1850 und diesem 1851 Franz Gerhard Heinrichs. Im Jahre
1850 ist die Kirche neu gebaut worden; am 8. Juni des=
selben Jahres wurde der Grundstein gelegt und am 16. No=
vember konnte schon die Einweihung Statt haben. Auch
diese Pfarrei gehört zum Dekanate Blankenheim in der Erz=
diözese Köln. Das Gesammt-Areal von Ormont besteht in
408 Morgen Ackerland, 227 Morgen Wiesen, 1851 Morgen
Wald, 68 Morgen Strauchholz, 22 Morgen Gestrüpp, 51
Morgen Weide, 1157 Morgen Schiffelland, 2 Morgen Oed=

III. 2. Abth.

land, 1 Morgen Wasserteiche, 911 Morgen Haide, 10 Morgen Gärten, 7 Morgen Gebäudefläche, 86 Morgen Wege und 8 Morgen Wasser, zusammen 4859 Morgen. Das Gemeinde-Eigenthum besteht in 1434 Morgen Holzungen, 721 Morgen Schiffel- und Wildland und 2 Morgen Wiesen, abgeschätzt zu 538 Thlr. Reinertrag. In der Nähe von Ormont wird ein sehr guter Torf gestochen, der einen bedeutenden Absatz, besonders nach Prüm, findet. Südlich von Ormont, hinter einem Walde, liegen die Trümmer der Burg Neuenstein, in welchen sich jetzt drei Familien eingesiedelt haben. Konrad von der Schleiden, Probst zu St. Gereon in Köln, ein Sohn Konrads IV. war seines geistlichen Standes ungeachtet, beständig in Fehden, besonders mit den Herren von Blankenheim, obgleich dieselben seine Stammverwandten waren, verwickelt. Gegen sie besonders baute er, gegen Ende des 14. Jahrhunderts, (vor 1370) die Burg Neuenstein.[1]) Er nannte sich einen Herrn von Neuenstein und schlug Ormont zum Hofe Neuenstein, so daß die Schöffen von Ormont nun das Gericht, unter Vorsitz des Herrn von Neuenstein oder dessen Stellvertreters, zu Neuenstein halten mußten. Nach des Probstes Konrad Tode kam Neuenstein an den Sohn seines Bruders Johanns I., Konrad V., Herrn von der Schleiden und Neuenstein. Konrads Sohn, Johann II., machte 1424 Gerhard von Sötenich zum Burgmann auf Neuenstein und belehnte ihn mit einem Hause „binnen der Portzen" daselbst. Mit Johann II. erlosch 1445 der Mannsstamm der Herren von der Schleiden. Er hinterließ zwei Töchter, Irmgard und Elisabeth. Irmgard, die ältere Tochter, war mit Heinrich, Grafen von Nassau und Vianden, wahrscheinlich einem Enkel des Grafen Otto und der Gräfin Adelheid von Vianden

---

[1]) **Eiflia illustr. I. Bd. 2. Abth. S. 658.**

und Bruder des Grafen Engelbert I., vermählt. Schon in
einer Urkunde vom Jahre 1443 nennt sich Graf Heinrich
einen Herrn von der Schleiden, woran ihm wahrscheinlich
sein Schwiegervater Johann schon einen Antheil gegeben
hatte. Im Jahre 1446 wurde Graf Heinrich von Nassau,
als „Momper" seiner Frau, Irmgard von der Schleiden,
von dem Trierschen Erzbischofe Jakob I. (von Sirk) mit
den Trierschen Lehngütern des ausgestorbenen Geschlechts
der Herrn von der Schleiden belehnt. Noch in demselben
Jahre verpfändeten Graf Heinrich und Irmgard dem Junker
Diedrich von Manderscheid zu Daun, für die 2000 Gulden
„Hillichsgeld," die sie ihm wegen der jüngeren Tochter von
Schleiden schuldig waren, Schloß und Herrschaft Neuenstein.
Diese jüngere Tochter von Schleiden war Elisabeth, eine
jüngere Schwester der Irmgard und Gattin des Diedrich III.
von Manderscheid. Da Graf Heinrich und Irmgard keine
Kinder hinterließen, so fielen dem 1451 in den Grafenstand
erhobenen Diedrich III. von Manderscheid sämmtliche Besitzungen der Herren von der Schleiden, und 1468, wegen
der Mutter seiner Gemahlin, auch die der Grafen von
Blankenheim zu. Im Jahre 1468 stellten Graf Diedrich
von Manderscheid und seine Söhne dem Herzoge Gerhard von Jülich und Berg einen Revers aus, worin sie
erklärten, daß unter andern Burgen und Schlössern, auch
Neuenstein ein Erblehn und offenes Haus des Herzogs sein
solle. [1]) Den Bestimmungen dieses Reverses entgegen verweigerten die Grafen von Manderscheid dem Herzoge Gerhard die Oeffnung ihrer Schlösser, als derselbe solche, im
Jahre 1473, bei Gelegenheit einer Fehde forderte. Sie ver-
wüsteten selbst ihre Burg Dreimühl und brachen die Befestigung von Neuenstein ab. Als der Herzog die Grafen

---

[1]) **Eiflia illustr.** I. Bd. 1. Abth. S. 307 und 308.

deshalb vor sein Lehngericht forderte, sandten sie ihm Fehde=
briefe und erhoben Ansprüche auf einen Theil des Jülicher
Landes, welches Graf Wilhelm von Blankenheim besessen
hatte. Der Herzog erklärte nun die Grafen von Mander=
scheid der Blankenheimschen Lande verlustig. Im Jahre
1474 wurde die Sache ausgeglichen und die Grafen ver=
pflichteten sich, die Befestigung von Neuenstein wieder her=
zustellen. Als die Grafen Kuno und Johann von Man=
derscheid, die Söhne Diedrichs III., noch bei Lebzeiten des
Vaters, mit dessen Zustimmung im Jahre 1478 eine Thei=
lung vornahmen, erhielt Graf Kuno nebst der Herrschaft
Schleiden auch Neuenstein. [1] Im Jahre 1489, Mittwoch nach
Michaelis, belehnte Graf Johann (V.) von Nassau die Kinder
des Junggrafen Kuno, (welcher am 24. Juli 1489, noch bei
Lebzeiten seines Vaters Diedrichs III. gestorben war), mit
dem Schlosse Neuenstein und dem Dorfe Steffeln, als „von
der Grafschaft Vianden lehnrührig." Nach dem Erlöschen
des Mannsstammes der Linie Manderscheid=Schleiden kam,
nachdem die Erben sich nach vielen Streitigkeiten und Pro=
zessen wegen der Theilung geeinigt hatten, Neuenstein an den
Grafen Karl von Manderscheid=Gerolstein, als Gemahl der
Gräfin Anna Salome, einer der sechs Töchter des Grafen
Joachim von Manderscheid=Schleiden. Johann Bouet, Kö=
niglich Spanischer Oberamtmann der Grafschaft Vianden,
fertigte am 9. April 1622 den Lehnbrief über „die Scho=
den" (?) des Schlosses Neuenstein und die zwei halben
Dörfer Neunkirchen und Pützborn, für den Grafen Karl
und dessen Gemahlin aus.

Graf Ferdinand Ludwig von Manderscheid=Gerolstein, ein
Sohn Karls, empfing 1654 von Hartmann Gottfried von
Stein=Kallenfels, Oberamtmann der Grafschaft Vianden,
die Belehnung. Im Jahre 1721 wurde, nach dem Aus=

[1] Eiflia illustr. I. Bd. 2. Abth. S. 518.

sterben der Gerolsteiner Linie, Graf Franz Georg von Man=
derscheid=Blankenheim und 1758 dessen Sohn Graf Johann
Wilhelm von dem Lehnhofe zu Vianden mit der Herrschaft
Neuenstein belehnt. Oberhalb der Trümmern des Schlosses
Neuenstein entspringt, auf dem Dreiborner Venn, die Prüm.
Ihre Quelle liegt 1963 Fuß über dem Amsterdamer Pegel.
Auch ist bei dem Hofe Neuenstein eine Mineralquelle, deren
Wasser aber nicht verfahren werden kann. Vor mehreren
Jahren hat man in der Nähe von Neuenstein Marmor ge=
brochen, der von guter Qualität gewesen sein soll. Die
Kosten scheinen aber bedeutender als der Ertrag gewesen zu
sein und man hat dem Versuche keine Folge gegeben. [)]

[)] Marmor kommt gewiß in mehreren Gegenden der Eifel vor. So
habe ich bereits von dem bei Steinfeld gebrochenen Marmor im I. Bd.
1. Abth. S. 144 berichtet. Nach einer Angabe des Herrn Pro=
fessors Steininger gehört der Kalk der Eifel von Schönecken bis
Münstereifel zur nämlichen Formation, in welcher die Marmorbrüche
von Vilmar im Nassauischen und die Brüche liegen, welche den grauen
Marmor bei Denant und Namur liefern. Herr Steininger bemerkt
dabei im Allgemeinen, daß der Dolomit, welcher nicht wohl als
Marmor benutzt werden kann, in der Eifel am stärksten, der darunter
liegende Kalk aber, welcher an der Lahn und in den Ardennen den
grauen Marmor liefert, nur schwach entwickelt ist, welches an den
oben genannten Orten der Fall ist. Die Kalklager der Eifel, welche
den Marmor liefern könnten, sind nur schwach, 5—7 Fuß mächtig
und in mehrere dünnere Schichten getheilt, so daß man bei ihrer
starken Zerklüftung keine guten Blöcke erhalten kann; auch sind sie
zu einförmig grau und haben zu wenig Farbenwechsel, um schöne
Kunstarbeiten zu liefern. Daraus folgt aber nicht, daß nicht eine
oder die andere Lokalität ein geeignetes Material liefern könnte, nur
so viel ist gewiß, daß die Auffindung desselben zu unsicher ist, als
daß man eine Geschäfts=Spekulation darauf gründen könnte. S.
Jahresbericht der Gesellschaft für nützliche Forschungen in Trier vom
Jahre 1852. S. 15.

Der Hof Neuenstein gehört den Erben des Theodor Peuchen in Junkerrath. In den Ruinen haben sich drei Familien angesiedelt.

Scheid liegt 20 Minuten nordwestlich von Halschlag, am Scheiderbache, der in die kleine Kyll fließt, dicht an der Grenze des Regierungsbezirks Aachen. Der Ort hat eine Kapelle, ist aber nach Halschlag eingepfarrt. Die Gemeinde besitzt 278 Morgen Holzungen und 737 Morgen Schiffel= und Wildland, zu einem Reinertrage von 170 Thalern ab= geschätzt. Mathias Breuer und Consorten, Ackerer zu Hal= schlag und Scheid behaupten, daß sie und ihre Vorfahren Stockbesitzer gewesen, machten deshalb Anspruch auf den ausschließlichen Besitz des Gemeinde=Eigenthums, und erhoben deshalb eine Klage gegen die Gemeinden Halschlag und Scheid. Das Königliche Landgericht zu Trier verwarf aber die Klage durch ein Urtheil vom 7. Januar 1830.[1])

251. Die Bürgermeisterei Harspelt besteht aus den Ort= schaften:

1. Harspelt, Dorf...	mit	11	Wohnh.	und	110	Einw.	
a. nebst Mühle......	„	1	„	„	9	„	
2. Lützcampen, Dorf.	„	24	„	„	194	„	
a. nebst Mühle......	„	2	„	„	9	„	
b. am Diedrichsborn, Haus...........	„	1	„	„	3	„	
c. am Beiter=Weg, Häuser..........	„	2	„	„	6	„	
d. an der Nell, Haus	„	1	„	„	5	„	
3. Sevenig, Dorf....	„	17	„	„	127	„	
4. Stuppach, Weiler...	„	5	„	„	35	„	

Zusammen... mit 69 Wohnh. und 498 Einw. deren Zahl im Jahre 1852 auf 544 gestiegen war.

---

[1]) Läis a. a. O. S. 331.

Harspelt liegt 2¾ Meilen südwestlich von Prüm und 2 Meilen nordwestlich von Wachsweiler in einiger Entfernung vom linken Ufer der Our, zwischen diesem Flusse und Leidenborn. Sämmtliche Ortschaften der jetzigen Bürgermeisterei Harspelt gehörten zur Meierei Leidenborn in der Grafschaft Vianden. Die Grundgerechtigkeit zu Harspelt und Lützcampen besaß der Herr von Ouren, theils als ein Lehn der Grafen von Vianden, theils als ein Lehn der Abtei Prüm. Am 12. November 1517 wurde Philipp von Giltlingen, Herr zu Ouren, von dem Prümschen Abte Christoph mit zwei Theilen von Arzfeld nebst Zubehör, Irrhausen, Camp, (Lützcampen) Herdespelt (Harspelt), „unter den Hof binnen der Weiher bei Ohsen gelegen" belehnt. Am 6. Febr. 1536 erhielt Friedrich von Giltlingen, Philipps Sohn, die Belehnung mit dem Bemerken, daß nur Arzfeld Prümisch Lehn sei, die übrigen im Lehnbriefe von 1517 bemerkten Stücke aber nicht. Derselbe Friedrich von Giltlingen erhielt 1549 die Belehnung, Balduin von Giltlingen 1578 und 1590, am 13. November 1654 der Oberst-Lieutenant von Weyler als Bevollmächtigter der Anna von Giltlingen, der Tochter Martins und Wittwe des Philipp von Salis und Vormünderin ihres Sohnes, Werner von Salis. [1]) Die Schaftleute zu Harspelt und Lützcampen waren Leibeigene des Grund- und Schaftherrn. Im Jahre 1589 bestand das Grundgericht aus einem Richter, drei Schöffen von Harspelt und zwei von Lützcampen. Von diesem Gerichte ging die Berufung an den Oberhof zu Vianden. Die Pfarrei zu Harspelt hatte der Herr von Ouren zu vergeben. Philipp von Giltlingen, Herr zu Ouren und Katharina von Malberg, seine Gattin, verliehen die Pfarrei Harspelt dem Johann Kirck. Friedrich von Giltlingen gab sie 1544 an

---

[1]) Eiflia illust. II. Bd. 2. Abth. S. 138 und S. 515.

Johann aus Lascheid; Balduin von Giltlingen dem Wilhelm aus Lascheid. Im Jahre 1610 wurde Johann aus Reuland von Martin von Giltlingen berufen, 1664 Hartard Winkelmann aus Oberhausen von Franz Eduard von Beurthé, als Vormund des minderjährigen Johann Franz Ignatius von Duren. Die Pfarrei gehörte zur Diözes Lüttich, Doyenné von Stablo und wird von Bertholet S. 38 unter dem Namen Hespelt aufgeführt. Sevenig ist nach Harspelt eingepfarrt. Die Mahlmühle zu Harspelt gehörte dem Herrn von Duren und war verpachtet. Im Jahre 1603 gab der Schöffe Bernhard Happerts von der Mühle 2 Malter Roggen und 1 Sester Breimehl für den Konvent der Trinitarier zu Vianden, und 2 Malter Roggen, 2 Sester Breimehl und einen „gemeinen" Thaler für die Herrschaft. Im Jahre 1661 war auch eine Schneidemühle bei der Mahlmühle. Die Gemeinde Harspelt besitzt als Gemeinde-Eigenthum nur 1 Morgen Wiesen. Die Waldungen haben die Vogteibesitzer schon längst unter sich getheilt.

Lützcampen, Kleincampen, im Gegensatz von dem nicht weit davon entfernten Großcampen, liegt nördlich von Harspelt. Der Name Camp deutet auf campus und Römischen Ursprung. Auch hat man wirklich ¼ Stunde nordöstlich von Lützcampen, auf einer Anhöhe, wo die Wege von Harspelt und Lützcampen zusammen laufen, nicht weit vom Feuerborn, unterhalb des Ursprungs der Irressen, im Jahre 1822 Ueberbleibsel Römischer Gebäude ausgegraben und die Steine bei einem Neubaue zu Lützcampen benutzt.[1]) Die Stelle verdient eine nähere Untersuchung. Der Müller mußte von der Mühle zu Lützcampen eine Grundrente an den Herrn von Duren entrichten. Ein in späteren Zeiten darüber entstandener Prozeß wurde 1822 zu Gunsten des Grafen von

---

[1]) Bormanns Beitrag II. Th. S. 100.

Luders, als Erben des Herrn von Dobbelstein, des letzten Besitzers der Herrschaft Duren entschieden. [1]) Die Gemeinde Lützcampen besitzt nur 4 Morgen Schiffelland und 1 Morgen Wiesen. Die Waldungen besitzen die Vogteienbesitzer. Dem Herrn von Duren stand auch die Collatur der Pfarrei zu. Diese Pfarrei gehörte zwar zur Christianisart (concile) von Stablo in der Lütticher Diözes, indessen erklärte Johann de la Tour, Dechant des Kapitels zu Stablo, in einer Urkunde vom 16. April 1649, daß die Pfarrkirche zu Lütz=campen von seinen Staatsvorgängern und von den Archi=diaconen nicht visitirt worden, sondern dem eigenen Pfarrer das Recht der Visitation und die Delinquenten zu corrigiren, zustehe. Deshalb nannte sich auch der Pfarrer einen Decanus zu Lützcampen. Im Jahre 1533 verlieh Philipp von Gilt=lingen die Pfarrkirche Peterskirchen zu Duren, nebst der Pfarrkirche zu Lützcampen dem Friedrich aus Lascheid. 1544 verlieh Friedrich von Giltlingen jene beiden Pfarreien dem Johann, des vorigen Pfarrers Bruder. 1573 erhielt solche Wirich Leuwer, 1608 Paul Binsfeld, 1660 Heinrich von Steffeshausen, 1685 Theodor Lommers, 1690 Johann Heinze, 1733 Nikolaus Scheurette. Es scheint, daß die Pfarreien Duren und Lützcampen noch im Jahre 1794 von einem Pfarrer verwaltet und erst während der Französischen Ver=waltung getrennt wurden. Auch Bertholet nennt die Pfarrei Duren und Lützcampen. Außer Lützcampen sind noch die dabei liegenden Häuser, Stuppach und Welchenhausen ein=gepfarrt.

Sevenig oder Sevenich liegt südlich von Harspelt. Es hat eine Kapelle.

Stuppach oder Stoubach liegt ganz entfernt von den übrigen Gemeinden der Bürgermeisterei, oberhalb Welchen=

---

[1]) **Eiflia illustr.** II. Bd. 2. Abth. S. 138.

hausen, am linken Ufer der Our. Dieser Fluß trennt den Ort in zwei Theile. Der am rechten Ufer der Our liegende Theil gehört zur Bürgermeisterei Reuland, im Kreise Mal= medy, im Regierungsbezirke Aachen und ist nach Duren eingepfarrt. Die Gemeinden Sevenich und Stuppach be= sitzen kein Gemeinde=Eigenthum.

252. Die Bürgermeisterei Leidenborn begreift die Ortschaften:

1. Berg, Dorf......	mit	14	Wohnh.	und	106	Einw.	
2. Großcampen, Dorf.............	„	10	„	„	51	„	
3. Heckhalenfeld, Dorf.............	„	8	„	„	76	„	
a. nebst Mühle.....	„	1	„	„	4	„	
4. Heckhuscheid, Dorf.............	„	27	„	„	187	„	
a. nebst Mühle.....	„	1	„	„	4	„	
b. am Köpfchen, Haus	„	1	„	„	7	„	
5. Leidenborn, Dorf	„	15	„	„	131	„	
a. nebst Mühle.....	„	1	„	„	9	„	
b. am Neuengarten.	„	1	„	„	6	„	
c. am Leidenborner Heiligenhäuschen.	„	1	„	„	6	„	
6. Herzfeld, Weiler.	„	4	„	„	32	„	
a. Locherhof, Hof...	„	1	„	„	5	„	
b. Neuesberg, Hof..	„	1	„	„	3	„	
7. Kesfeld, Weiler..	„	10	„	„	83	„	
a. Drohnicht, Haus.	„	1	„	„	6	„	
b. an der Straße, Haus	„	1	„	„	4	„	
8. Welchenhausen, Dorf.............	„	28	„	„	157	„	
Zusammen...	mit	126	Wohnh.	und	877	Einw.	

Im Jahre 1852 betrug die Einwohnerzahl 893.

Berg liegt zwischen Großcampen und Heckhuscheid, nördlich von ersterem Orte. Es gehörte zur Biandener Meierei Leidenborn. Im Jahre 1663 verkauften Jakob von Monpleinchamps und seine Gemahlin Anna Elisabeth von Kesfingen, unter andern Gütern, welche sie von Friedrich von Grümelscheit geerbt hatten, auch ihre Renten bei Mulners Haus „im Dorfe Berris bei Großcampen" an den Herrn von Duren. Berg ist, sowie alle übrigen Ortschaften der Bürgermeisterei, mit Ausnahme von Welchenhausen, nach Großcampen eingepfarrt. Die Gemeinde besitzt gemeinschaftlich mit Großcampen nur noch 6 Morgen Schiffel= und Wildland und 2 Morgen Wiesen.

Großcampen mag wohl ehemals größer gewesen sein als jetzt, wo es noch nicht einmal die Hälfte der Häuser hat, wie Lützcampen. Es liegt zwischen Berg und Kesfeld. Die alte Pfarrei gehörte zum Dekanate Stablo in der Lütticher Diözese.

Heckhalenfeld liegt an der Grenze des Regierungsbezirks Aachen, nicht weit von der Grenze der Bürgermeisterei Winterscheid. Auf dem Wege von Heckhalenfeld nach Winterspelt, im Distrikte Callert, sollen Ueberbleibsel Römischer Gebäude vorhanden sein. Heckhalenfeld hat eine Kapelle.

Auch Heckhuscheid, nördlich von Heckhalenfeld, hat eine Kapelle. Das Gemeinde=Eigenthum besteht in 3 Morgen Schiffel= und Wildland. Die Höhe von Heckhuscheid ist hinter den Häusern 1765 Fuß.

Leidenborn liegt nördlich von Großcampen, 2¼ Meilen südwestlich von Prüm und 1½ Meilen nordwestlich von Wachsweiler. Es war der Hauptort der zur Grafschaft Bianden gehörigen Meierei Leidenborn, welche aus den Ortschaften Berg, Großcampen, Harspelt, Herzfeld, Heckhalen=

feld, Heckhuscheid, Kesfeld, Lützcampen, Sevenich, Steffes=
hausen, Stuppach und Welchenhausen bestand. Die Ge=
meinde besitzt 13 Morgen Schiffel= und Wildland und 1
Morgen Wiesen. Zu Leidenborn ist eine Kapelle, auch ein
Vikariehaus.

Der Weiler Herzfeld, südlich von Leidenborn, gehört
zur Gemeinde Leidenborn.

Kesfeld, ein Weiler, südlich von Großcampen, ist we=
gen des Hafers bekannt, der hier gezogen und häufig zur
Saat gesucht wird. Die Gemeinde besitzt nur 4 Morgen
Gestrüpp und 20 Morgen Schiffelland. Auf einer Höhe,
die Thomben genannt wird, ¼ Stunde östlich von Kesfeld,
hat man Römische Ziegeln gefunden. [1]

Welchenhausen liegt am linken Ufer der Our, unter=
halb Stuppach. Dieser Ort ist das Stammhaus eines an=
gesehenen Geschlechts. Heinrich von Welchenhausen hatte
in der Fehde, welche die Herren von Ahremberg gegen den
Trierschen Erzbischof Werner führten, die Partei der erste=
ren genommen. Deshalb rückte Peter von Cronenburg, als
Verbündeter des Erzbischofs, vor Welchenhausen, eroberte
es und nahm den Heinrich von Welchenhausen mit mehreren
andern Edelleuten gefangen. Sämmtliche Gefangene muß=
ten am 22. Juni 1394 dem Peter von Cronenburg, einen
Mannbrief zu Schönecken ausstellen und Urphede schwören. [2]
Im Jahre 1756 war der Graf von Wiltz Grund= und
Schaftherr zu Welchenhausen. [3] Zu Welchenhausen ist auch
eine Kapelle. Es gehört jetzt zur Pfarrei Lützcampen. Das
Gemeinde=Eigenthum besteht nur in 2 Morgen Gestrüpp
und 1 Morgen Wiesen.

---

[1] Bormanns Beitrag II. Theil. S. 106.
[2] Eiflia illustr. I. Bd. 1. Abth. S. 372. II. Bd. 2. Abth. S. 376.
[3] Ebendas. S. 394.

253. Zur Bürgermeisterei Lichtenborn gehören:

1. Halenbach, Dorf mit	13	Wohnh.	und	61	Einw.	
2. Houf, Weiler....	„	4	„	„	21	„
3. Kinzenburg, Weiler	„	10	„	„	70	„
4. Kopscheid, Weiler	„	10	„	„	71	„
5. Lichtenborn, Dorf...........	„	13	„	„	113	„
a. Eppelbruch, Ge= höfte..........	„	2	„	„	15	„
b. Eulenbruch, Haus	„	1	„	„	7	„
6. Ober=Uettfeld, Weiler	„	9	„	„	91	„
a. Hammert, Haus	„	1	„	„	5	„
7. Stalbach, Weiler	„	2	„	„	21	„

Zusammen... mit 65 Wohnh. und 476 Einw.

Im Jahre 1852 war die Volkszahl auf 610 angewachsen.

Halenbach liegt südwestlich von Lichtenborn. Es gehörte zur Viandener Meierei Binscheid und ist noch jetzt nach Binscheid eingepfarrt.

Houf oder Huf liegt nördlich von Lichtenborn, gehörte auch zur Meierei Binscheid und ist ebenfalls dahin eingepfarrt.

Kinzenburg liegt nordöstlich von Lichtenborn am rechten Ufer der Prüm. Es gehörte zum Hofe Pronsfeld (s. Nro. 259.) Es ist nach Wachsweiler eingepfarrt.

Kopscheid, östlich von Lichtenborn, zwischen Lichtenborn und dem Prümflusse, gehörte zur Herrschaft Neuerburg und ist nach Lichtenborn eingepfarrt. In diesem Kopscheid, und nicht zu Kobscheid, in der Bürgermeisterei Auw, wie ich früher irrthümlich angenommen, besaß Friedrich von der

Neuerburg eine Rente, welche er seinem Enkel Gottfried
von Dollendorf schenkte. [1])

Lichtenborn ist 2 Meilen südwestlich von Prüm und
³/₄ Meilen nordwestlich von Wachsweiler entfernt. Der
Ort liegt sehr hoch. Die Höhe auf der Haide, 150 Ruthen
vom Dorfe entfernt, beträgt 1713 Fuß; die der Straße von
Lichtenborn nach Nieder=Uettfeld 1788; des Weges von Lich=
tenborn nach Heckhuscheid, am Bache bei Nieder=Uettfeld,
1484; Lichtenborn, an der Kirche, 1695. Eine auf Kosten
des Kreises gebaute Kunststraße von Prüm über Nieder=
Prüm und Lünebach führt durch Lichtenborn. Es war der
Plan, sie über Arzfeld auf Dasburg zu führen, welches sehr
vortheilhaft für den Kreis gewesen wäre. Später hat man
die Straße auf Neuenburg führen wollen und die Richtung,
welche man derselben geben will, scheint noch nicht bestimmt
zu sein. Lichtenborn gehörte zum Hofe Pronsfeld. Im
Jahre 1436 schenkte Georg von Byvels seinem Bruder Die=
drich die Pfandschaft zu „Lichtenbrecht", um den Altar im
Hause zu Byvels desto stattlicher erhalten zu können. Die
den heiligen Servatius und Gangolph gewidmete Kirche ist
alt. Das Gewölbe ruht auf einer Säule. Am Gewölbe
ist ein Sechseck (ein sogenanntes Markkreuz oder Marfuß?)
angebracht. Die Collatur der Pfarrei soll dem Herrn von
Brandenburg zugestanden haben. Zu Anfange des 18. Jahr=
hunderts werden die Herren von Büver und von Stassin
als Collatoren genannt. Als Pfarrer werden genannt Jo=
hann Glöckner aus Neuerburg, Johann aus Habscheid,
Michael aus Reuland, Jakob Philippi, Nikolaus Odeler,
Mathias Ferber 1667; Philipp Jacobi, Nikolaus Kolf aus
Leidenborn 1700—1718; Karl Bernhard Wilwerding aus
Esch an der Sauer 1725; Johann Franz Wilwerding 1747

---

[1]) Eiflia illust. I. Bd. S. 352.

—1781; Laurentius Toussaint aus Luremburg 1781—1808; Linz aus Wahlhausen 1808—1811; Schmitz aus Monshausen 1811—1814; Heinrich Veider aus Stockem 1814—1820; Johann Philipp Warweiler aus Bitburg 1820—1833; Barzen 1833. Im Jahre 1852 war die Pfarrei vakant; im Jahre 1853 war Herr Lehnen Pfarrer. Zur Pfarrei gehören jetzt Kopscheid, Lichtenborn, Eppelbruch, Eulenbruch und Stalbach. Lichtenborn ist die einzige Gemeinde in der Bürgermeisterei, welche ein, jedoch unbedeutendes Gemeinde=Eigenthum (14 Morgen Schiffel= und Wildland und 1 Morgen Wiese) besitzt.

Ober=Uettfeld liegt nahe bei Leidenborn an der Grenze der Bürgermeisterei, nordwestlich von Lichtenborn. Nördlich vom Dorfe, wo der Fahrweg in die Straße fällt, beträgt die Höhe 1772 Fuß. Ober=Uettfeld gehörte zum Hofe Pronsfeld und ist nach Binscheid eingepfarrt. Auf dem Steinrich, zwischen Ober=Uettfeld und Nieder=Uettfeld, soll Römisches Mauerwerk gefunden worden sein.

Stalbach oder Stahlbach liegt zwischen Lichtenborn und Nieder=Uettfeld am Stahlbache, von welchem der Ort wahrscheinlich den Namen erhalten hat. Es gehörte zum Hofe Pronsfeld und ist nach Lichtenborn eingepfarrt. Es könnte wohl sein, daß Stalbach das Stalhoven wäre, wo Gerlach von Dollendorf im 14. Jahrhunderte eine Rente besaß, welche er seinem Bruder Gottfried überließ. [1]

254. Die Bürgermeisterei Lünebach besteht aus den Ortschaften:

1. Dackscheid, Weiler mit	12 Wohnh.	und	105 Einw.
2. Eilscheid, Weiler. „	2 „	„	29 „
Zu übertragen... mit	14 Wohnh.	und	134 Einw.

---

[1] Eiflia illust. I. Bd. 1. Abth. S. 352. und 459.

Uebertrag... mit		14 Wohnh.	und	134 Einw.		
3. Eischeid, Weiler..	„	6	„	„	41	„
4. Lierfeld, Weiler..	„	4	„	„	33	„
a. Ginzelbach, Mühle	„	1	„	„	3	„
5. Lünebach, Dorf...	„	70	„	„	475	„
a. Zwei Mühlen....	„	2	„	„	20	„
b. Sittert, Haus...	„	1	„	„	7	„
6. Matzerath, Weiler	„	8	„	„	65	„
a. Hasert, Gehöfte..	„	2	„	„	13	„
7. Merlscheid, Weiler	„	3	„	„	37	„
8. Strickscheid, Weiler..........	„	3	„	„	39	„
a. Bei der Masthor= nermühle, Haus..	„	1	„	„	2	„

Zusammen... mit 115 Wohnh. und 872 Einw., deren Zahl sich im Jahre 1852 auf 1015 belief.

Dackscheid liegt südöstlich von Lünebach, zwischen Eil= scheid und Lascheid. Das Signal bei Dakscheid, Dreiecks= punkt zweiter Ordnung, liegt 1800 Fuß hoch. Dackscheid gehörte bis 1794 zum Hofe Eilscheid in der Herrschaft Prons= feld. Es ist nach Wachsweiler eingepfarrt, hat aber eine Kapelle. Der verdienstvolle Pfarrer Hubert Schmitz zu Dockweiler (s. Nro. 230) war zu Dackscheid geboren.

Eilscheid liegt zwischen Dackscheid und Lierfeld und ist auch nach Wachsweiler eingepfarrt. Zum Hofe Eilscheid gehörten Dackscheid, Eilscheid, Hargarten, Lambertsberg und Lascheid. Der Hof Eilscheid hatte dieselben Verhältnisse, wie die Herrschaft Pronsfeld (s. Nro. 259), nur daß in jenem Hofe sich keine Oranische Unterthanen befanden.

Lierfeld liegt nahe bei Lünebach, südlich von diesem Dorfe. Es gehörte zur Herrschaft Pronsfeld. Die Merl= bachsmühle, jetzt gewöhnlich die Ginzelbachmühle genannt,

liegt am Merlbache, der bei Merlscheid in das linke Ufer
der Prüm mündet. Die Mühle gehörte 1794 einem Kur=
trierschen Unterthan. Lierfeld ist nach Lünebach eingepfarrt.

Lünebach liegt 1¼ Meilen südwestlich von Prüm und
¾ Meilen von Wachsweiler nördlich an beiden Ufern der
Prüm, in deren linkem der Lünebach mündet, von welchem
der Ort den Namen erhalten hat. Die Höhe an der Brücke
über die Prüm wird zu 1064 Fuß angegeben. Die Kunststraße
von Prüm auf Lichtenborn führt durch das Dorf. Lünebach ge=
hörte zur Herrschaft Pronsfeld mit Ausnahme von zwei Häu=
sern (Conen und Beckungs oder Begond), welche zum Amte
Kyllburg gehörten. Im Jahre 1783 bemerkte der Amts=
kellner Richter zu Kyllburg, daß die meisten Leute zu Lüne=
bach nicht wüßten, zu welcher Herrschaft sie gehörten. Auf
dem Auwelsberge, auf dem Wege nach Kinzenburg, waren
noch im Jahre 1824 die Spuren einer Römischen Straße
und die Ueberbleibsel von Gebäuden, Ziegeln u. s. w. zu
erkennen. ¹) Im Jahre 1352 auf St. Jöristag (St. Georg,
23. April) ertheilte Johann, Herr zu Montjoie und Val=
kenberg, dem Henkin Bolensen von Kerpen einen Mann=
brief über acht Gulden jährlicher Renten aus dem Hofe zu
„Lonenbach," welche mit 80 Gulden einzulösen. Marga=
retha von Falkenburg, Frau zu Schönecken (die Wittwe
Hartards von Schönecken), stellte am Tage vor St. Urban
1356 für Johann Melbaum zu Castelburg einen Burg=
mannsbrief und Verschreibung über 12 Mark Kölnisch aus
den Gütern zu „Luyngenbach," bis sie solche mit 120 Mark
wieder eingelöst haben würde, aus. Eine von den beiden
Mühlen (Giretz= und Welschmühle) gehörte dem Prinzen
von Oranien und dem Herrn von Hartelstein gemeinschaft=
lich, war aber in Erbbestand gegeben. Während der Fran=

---

¹) Eiflia illustr. I. Bd. 1. Abth. S. 487.

zöſiſchen Verwaltung erhielt Lünebach, welches bis dahin nach Pronsfeld eingepfarrt war, eine eigene Pfarrei. Zu dieſer gehören jetzt Eilſcheid, Lierfeld, Lünebach mit den Mühlen Merlſcheid und Strickſcheid.

Matzerath liegt zwiſchen Lünebach und Dingdorf, öſtlich von jenem. Es iſt nach Pronsfeld eingepfarrt und gehörte auch ehemals zu dieſem Hofe.

Merlſcheid liegt unterhalb Lünebach am linken Ufer der Prüm, wo der Merlbach in daſſelbe mündet. Zu Merlſcheid gehörten zum Kurtrierſchen Amte Kyllburg die drei Häuſer Peifers, Schreibers und Peters. Der Hof Merlſcheid lag im Bezirke des Hofes Eilſcheid. Was außerhalb „des Edrichs" der drei Häuſer lag, gehörte in Realſachen zum Hofe Eilſcheid. Unter Ederich begriff man aber nur Haus, Scheuer, Stallung und anliegenden Garten oder Pesch.

Strickſcheid liegt nördlich von Lünebach oberhalb des Stahlbachs, der zwiſchen Strickſcheid und Lünebach in das rechte Ufer der Prüm mündet. Strickſcheid gehörte zur Herrſchaft Pronsfeld und iſt jetzt nach Lünebach eingepfarrt. Von allen Gemeinden, welche jetzt die Bürgermeiſterei Lünebach bilden, beſitzt nur die Gemeinde Lünebach Gemeinde-Eigenthum, welches jedoch nur in 7 Morgen Wildland und 7 Morgen Wieſen zu einem Reinertrag von 10 Thlr. beſteht.

255. Zur Bürgermeiſterei Mürlenbach gehören:

		Wohnh.		Einw.	
1. Birresborn, Dorf mit	114		und	702	
a. Dreeshaus, Hof .	„	4	„	„ 21	„
b. Rom, Weiler....	„	9	„	„ 51	„
2. Densborn, Dorf .	„	69	„	„ 423	„
a. Altenhof, Hof...	„	2	„	„ 7	„
b. Rolberg, Hof....	„	1	„	„ 10	„

Zu übertragen... mit 189 Wohnh. und 1214 Einw.

Uebertrag... mit 189 Wohnh. und 1214 Einw.

c. Schafbrücke, Försterhaus........	„	1	„	„	9	„
3. Mürlenbach, Dorf	„	98	„	„	573	„
a. Hanert, Gehöft..	„	7	„	„	29	„
b. Haardt, Gehöft..	„	3	„	„	14	„
c. Steinisch oder Steinertgehöft.......	„	4	„	„	23	„
d. Weissenseiffen, Hof	„	1	„	„	8	„
4. Zendscheid, Dorf.	„	14	„	„	86	„

Zusammen... mit 327 Wohnh. und 1955 Einw.
Im Jahre 1852 betrug die Seelenzahl 2175.

Birresborn liegt südöstlich von Prüm, 2¼ Meile davon entfernt, nordöstlich von Mürlenbach, am rechten Ufer der Kyll, in welches der Salmbach, nachdem er den Fischbach aufgenommen, mündet, in einem angenehmen Thale, von Lavablöcken umgeben, welche auf dem Grauwackengebirge lagern. Bir, Bier, Ber, Beer, ist ein den semitischen Dialekten angehöriges Wort, welches soviel als Wasserplatz, Brunnen, auch wohl Wassersprudel bedeutet. Mehrere Bäche, selbst im Kreise Prüm, heißen Bierbach, Berbach. Birresborn erhielt wahrscheinlich den Namen von der sprudelnden Quelle oberhalb des Orts. Gewiß war es den Römern schon bekannt. Als die alte Kirche, im Jahre 1828, abgebrochen wurde, um eine neue zu bauen, fand man einen Stein mit der verstümmelten und verwitterten Inschrift:

H NO. IIINVS
MADN TIINNV

und unter einem Kehlrande:

PIINCIᵒ NIIRVᴑ . .

Der Stein wurde an einer Ecke der neuen Kirche eingemauert. In der Nähe von Birresborn, in dem Walde zwischen Birresborn und Büdesheim finden sich noch Spuren einer Römerstraße. [1]) In der Schenkungsurkunde Königs Pipin für das Kloster Prüm, vom Jahre 762, wird unter den geschenkten Ortschaften auch Birgisburias in Carasco, im Carosgau, aufgeführt. [2]) (Hontheim I. S. 123.) Cäsarius bemerkt im Prümer Güter-Verzeichnisse, daß das Kloster zu „Birensbure" fünf Mansa besitze und daß die Erben Heinrichs und Wilhelms, Herren von Daun, mit dem Flachszehnten belehnt wären, („tenent apud Birensburne et Morlenbahc linum quod nobis ibi soluunt homines nostri.") Der 34. Abt von Prüm, Walther, aus dem Geschlechte der Grafen von Flandern († 1288), wollte bei Birresborn eine Burg anlegen, die Einwohner brachen aber, wahrscheinlich auf Anstiften Heinrichs, Herrn von Schönecken, das Gebäude ab, unter dem Vorwande, daß solches auf dem Eigenthume der Gemeinde gebaut worden sei. Noch jetzt sieht man bei Birresborn einen Haufen großer Werksteine und Mauerwerk, welche wahrscheinlich von dieser Burg herrühren. [3]) Birresborn war der Hauptort einer Schultheißerei der Abtei Prüm. Außer Birresborn gehörte nur noch der Hof Rom zu dieser Schultheißerei. Der Abt besaß ein Drittel, der Konvent aber zwei Drittel nebst der Mühle. Auch der Zehnten stand dem Konvente, nach den Bestimmungen des Vertrages von 1361, zu. Mit Zehnten und Gütern zu Birresborn waren die Waldecker von Kaimpt von der Abtei Prüm belehnt, verkauften solche aber mit ihren übrigen Gütern in der Gegend 1718 an den Kammerrath Rösgen in Schönecken. Das Freß-Erbe, die freie Erbschaft und das Kremers-Gut waren Bauerlehne.

---

[1]) Eiflia illustr. I. Bd. 1. Abth. S. 33.

[2]) Ueber den Carosgau s. Eiflia illustr. I. Bd. 1. Abth. S. 111 und nachstehend bei Nro. 267, Wallersheim.

[3]) Eiflia illustr. I. Bd. 2. Abth. S. 981.

Das Weisthum zu Birresborn (Grimm II. S. 524, ohne Jahreszahl) weiset die Rechte des Abts und des Vogts. Unter andern enthält das Weisthum folgende Bestimmungen: „Item wannie die herrn wollen hirschauwen (Heerschau zur Heeresfolge, Musterung halten) welcher dem gehoffner erst gebeutt, soll der gehoffner gehorsamb seyn vnd weiter nit zu folgen, dan an die Leuchtebaum an Winrener hardt (Winsheimer=Wald) vnd an Leucherhardt, (Wald von Lauch) vndt mit einer sonnen auß vndt wiederumb heim." Ferner: „Item weist der scheffen den herrn von Prüm vor einen oberst eifferts man vff dem hohen waldt vnd vor einen grundthern, vndt dem vogt den dritten baum; vnd obs sach wurde, daß der vogt den dritten Baum nit wil stehen lassen, sol er den Baum an einen seidenfaden geknupt an den himmel hencken vndt die andern baum nit schrecken." Die Gemeinde Birresborn besitzt bedeutende Waldungen. Ehemals bestanden solche fast nur aus Hochwald, welcher aber zur Bestreitung der Gemeinde=Bedürfnisse, besonders während der Kriegsjahre, stark in Anspruch genommen wurde. Dadurch kam es denn, daß die Waldungen fast alle in Niederwaldungen verwandelt wurden. Da nun die Eichenrinde (Lohe) wegen ihrer vorzüglichen Güte und wegen der Nähe der bedeutenden Gerbereien zu Prüm u. s. w. sehr gesucht wird, so zieht die Gemeinde aus ihren Lohschlägen jährlich eine sehr bedeutende Einnahme. Aus dieser sind eine neue Kirche und ein neues Schulhaus gebaut, ein Beerdigungsplatz außerhalb des Orts angelegt, bedeutende Straßenbauten und andere gemeinnützliche Einrichtungen ausgeführt worden. Die Gemeinde ist die wohlhabendste in der ganzen Umgegend, und schon das äußere Ansehen der Häuser und Straßen verkündigt das. Die Gemeinde besitzt 2978 Morgen Waldungen, 1533 Morgen Schiffel= und Wildland und 47 Morgen in Wiesen und andern Ländereien, zu einem

Reinertrage von 776 Thalern. Der Besitz der Schult=
heißerei=Güter wurde der Gemeinde durch ein gerichtliches
Urtheil bestätigt. Der Umfang derselben betrug gegen 41
Morgen. Die Abtei Prüm hatte eine Zehntscheuer zu Birres=
born, welche am 27. November 1810 für 130 Franken
(34 Thaler) versteigert wurde. Die Kurfürstliche Mühle
wurde am 16. Messidor XI. (5. Juli 1803) für 2400 Franken
(640 Thaler) zugeschlagen. Die Mühlsteinbrüche von Birres=
born hatten ehemals einen großen Ruf, die Arbeiten waren
aber nach und nach eingestellt worden. Im Jahre 1829
wurde ein neuer Mühlsteinbruch eröffnet und eine bedeutende
Anzahl vorzüglicher Mühlsteine, welche an Güte die aus
der Champagne bezogenen übertroffen haben sollen, in der
Umgegend abgesetzt. Im Dorfe Birresborn sind mehrere
Mineralquellen, von welchen die auf dem Reisch und die
im Hause des Anton Weber vorzügliche Beachtung ver=
dienen. Birresborn soll der Sage nach, vor mehreren Jahr=
hunderten schon eine eigene Pfarrei gehabt, solche aber
verloren haben und nach Mürlenbach eingepfarrt worden
sein. Bestimmte Nachrichten darüber haben sich nicht er=
mitteln lassen. In einer Urkunde des Erzbischofs Karl
Kaspar (von der Leyen) vom Jahre 1666, wodurch dem
Kanzler Johann Anethan die Collatur der Pfarrei zu Dens=
born (s. folgend) verliehen wird, ist bemerkt, daß die Pfarrei
zu Densborn, vor Zeiten ein Filial der Pfarre von Birres=
born gewesen sei. Lange Zeit gehörte Birresborn zur
Pfarrei Mürlenbach und der Dienst wurde durch einen
vicarius residens versehen. Im Jahre 1828 baute die Ge=
meinde eine neue Kirche, welche im Jahre 1833 von dem
Bischofe von Hommer eingeweiht wurde. In demselben
Jahre erhielt auch Birresborn eine eigene Pfarrei. Bei
Gelegenheit der Einweihung der Kirche malte der wackere
Maler Johann Bachta zu Koblenz eine neue Kirchenfahne,

den heiligen Nikolaus vorstellend. Bei der Abbildung des
Heiligen scheint der Künstler den ehrwürdigen Bischof Joseph
von Hommer vor Augen gehabt zu haben; die Aehnlich-
keit ist nicht zu verkennen, die berühmte Birresborner
Mineralquelle liegt nördlich eine Viertelstunde von Birresborn entfernt, in geringer Entfernung vom rechten Ufer der
Kyll. Die Quelle entspringt am Fuße eines Grauwacken-
Plateaus und war schon den Römern bekannt, wie die
Münzen beweisen, welche man in der Nähe des Brunnens
gefunden hat. Auch Masenius erwähnt der Quelle in seiner
zu Ende des 17. Jahrhunderts geschriebenen Metropolis und
sagt von derselben: „nec procul (a Murlebach) inde fons
in vulgi salutarem potum frequentatus. Verum alter juxta
Biresborn (hic et ipsa fons dictus nomen cum pago commu-
nicat) aliquanto remotior, qui inter celeberrimos Trevirorum
fontes antonianis suppar aquis, gusta saeviore, etiam praestat,
sale, sulphure, nitro, vitrioloque, ac ferri minera temperatus
adversus venum calculum, obstructiones hepatis ac lienis,
remedium suffecit." Wenn nun auch das Wasser aus der
Quelle schon seit Jahrhunderten in der Umgegend bekannt
war und gegen mancherlei Uebel gebraucht wurde, so fing
man doch im Jahre 1726 zuerst an, das Wasser aus dieser
Quelle nach Trier, Luxemburg, Münstereifel, Aachen und
andern Städten zu versenden. Der Triersche Kurfürst Franz
Georg (Graf von Schönborn) ließ im Jahre 1748 unter
Aufsicht des Stadt- und Land-Physikus Dr. Cohausen zu
Koblenz den Brunnen unten mit eichenen Brettern, oberhalb
mit gehauenen Steinen einfassen, mit einer Mauer umgeben,
und innerhalb dieser Mauer eine steinerne Bank anbringen.
Damals schrieb auch Cohausen seine selten gewordene Schrift:
Periculum Physico-Medicum Orenographiae Bertlicho-Birres-
borno Trevirensis. Das ist: Kurze der Natur und Arzenei-
Satzungen gemäße Beschreibung und Untersuchung zweier

im Erzstift Trier gelegenen Gesundheits-Brunnen, nämlich
des Lau warmen Bertlicher Bads und des kalten Saur-
brunnen in Birresborn in der Eiffel, wie selbige so wohl
in kränklichen als Gesundheits-Stand mit Nutzen können
und sollen gebrauchet werden, mit einigen observationibus
practicis, Entworffen und abgefasset durch Salentinum Ernestum
Eugenium Cohausen, Phil. & Med. Doctorem Stadt und
Land- Physicum wie auch Guarnisons Medicum zu Koblenz,
der Kaiserl. Reichs-Akademie Naturae Curiosorum Mitglied
& Commercii Litterarii norimbergensis Physico-Technico-
Medici Sodalem. Frankfurt am Mayn bey Johann Ben-
jamin Andreä 1748 gr. 8. 160 Seiten. Die Französische
Regierung zog die Verwaltung der Mineralquelle als Do-
mainengut ein, und überwies solche der Hospitien-Verwaltung
zu Trier, welche noch jetzt das Pachtgeld bezieht. Während
der Französischen Verwaltung wurde auch die schadhaft gewordene Einfassung der Mineralquelle wieder hergestellt.
Dies geschah jedoch sehr oberflächlich, man hatte die Quellen
des süßen Wassers nicht gehörig abgedämmt, keine Vor-
kehrungen gegen Ueberschwemmungen der Kyll und gegen
das Zuströhmen des Regens getroffen. Auf meinen wieder-
holten Antrag bei der Königlichen Regierung zu Trier, wurde
im Jahre 1824 eine neue Röhre von Eichenholz eingesenkt,
der Brunnen mit einem Kuppeldache mit Säulen versehen, [1]
auch neben der Quelle eine Wohnung für einen Brunnen-
wärter und ein Schuppen zur Aufbewahrung der Krüge
u. s. w. gebaut. Zur Füllung der Krüge wurde eine eigene

---

[1] S. Harleß, die vorzüglichsten salinischen und eisenhaltigen Gesund-
heitsbrunnen im Großherzogthum Niederrhein. Hamm bei F. Wun-
dermann, 1826 gr. 8. Aus dem Leibarzte Cohausen und dessen Vor-
namen Salentin (nicht Valentin) Ernst Eugenius macht Herr Harleß
zwei Personen.

Maschine angebracht. Die Einsenkung der Röhre geschah in meiner Gegenwart unter Zuziehung des damaligen Kreis-Physikus des Kreises Daun, Dr. Schmitz von Hillesheim. Da die Pacht des alten Pächters Denters, dessen Familie über einhundert Jahre im Genusse der Pachtung gewesen war, und die auch das Dentershaus oder Dreeshaus in der Nähe der Quelle gebaut hatte, abgelaufen war, so wurde die Mineralquelle unter Bedingungen, welche die zweckmäßige Benutzung derselben sicherten, aufs Neue an einen zuverläßigen Mann verpachtet. Der Absatz wurde vor einigen Jahren zu 40,000 Krügen angegeben. Dr. Stucke giebt in seinem, unten[1]) näher angegebenen Werke, die Ursprungs-Formation der Birresborner Mineralquelle als Basalt und Lava, die Qualität als einen Natron haltigen Säuerling an. Nach der Analyse des zu früh verstorbenen Kreis-Physikus Dr. Schmitz zu Hillesheim und des dortigen Apothekers Beling enthält die Birresborner Mineralquelle in 10,000 Theilen:

freie Kohlensäure	45,^{3000},
Kochsalz	7,^{3400},
schwefelsaures Natron	3,^{7200},
kohlensaures Natron	18,^{7500},
kohlensauere Magnesia	3,^{4700},
kohlensauern Kalk	0,^{4400},
kohlensaueres Eisen	2,^{1100},
unauflösliches Eisen	0,^{5000},
Verlust bei der Arbeit	3,^{6700}.

---

[1]) Abhandlung von den Mineralquellen von **Dr.** Stucke, nebst einer Karte von Deutschlands Mineralquellen mit geognostischen Umrissen in vier Blättern, nach der Angabe des **Dr.** Stucke entworfen und gezeichnet von H. Richter, Köln 1831 auf Kosten des Herausgebers bei M. Dumont-Schauberg, gr. 4.

Nach derselben Analyse enthält das Mineralwasser von
Selters in 10,000 Theilen:

$7,^{6244}$ kohlensaueres Natron,

$0,^{3249}$ schwefelsaueres Natron,

$21,^{2051}$ Kochsalz,

$2,^{4313}$ kohlensauern Kalk,

$2,^{0772}$ kohlensaure Magnesia,

$9,^{2008}$ kohlensaueres Eisen=Axibul, und

$0,^{3765}$ Kieselerde.

Der Gebrauch des Birresborner Mineralwassers wird
besonders bei Krankheiten des Magens empfohlen, und ich
kann dessen Wirksamkeit aus eigener Erfahrung bezeugen.
Besonders wirksam fand ich es bei einem zwanzigjährigen
täglichen Gebrauche, mit einem Drittel warmer Milch und
etwas Zucker vermischt.

Der Weiler Rom oder Romerhof liegt östlich von Mür=
lenbach, dicht an der Grenze des Kreises Daun, oberhalb des
Ursprungs des Braunenbachs, ganz von Domainen=Waldun=
gen umgeben. Im 14. Jahrhundert scheint hier ein Dorf
gestanden zu haben. Im Jahre 1343 gestatteten Hartard,
Herr zu Schönecken und Margaretha seine Hausfrau ihrem
Burgmann Ludwig von Tholey, das Dorf „Royme" von
dem Ritter Richard von Stubernheim, dem es Hartard
verpfändet, einzulösen. Im Jahre 1355 versprachen Gerhard
Herr von Schönecken und Ihenette seine Frau, der Frau
Margaretha von Falkenburg (Wittwe Hartards von Schön=
ecken) den ungestörten Besitz des von ihr eingelöseten Dorfes
„Rome" bei Birrisporn, bis sie im Stande sein würden, es
mit 117 Gulden einzulösen. Die Abtei Prüm hatte hier ein
Försterhaus erbaut, um welches sich nach und nach einige Hütten
ansiedelten. Rom ist nach Salm, im Kreise Daun, eingepfarrt.
Der Wald um Rom ist reich an Pflanzen, welche man nicht
überall findet und für den Botaniker in jeder Hinsicht in=

tereſſant. Den Europäiſchen Frauenſchuh (Cypropedium calceolus) ſowie den gelben Eiſenhut (aconitum lycoctenon)
habe ich in großer Maſſe dort gefunden.

Densborn liegt ſüdlich von Mürlenbach am linken Ufer
der Kyll, wo der Treisbach in daſſelbe mündet. Auf dem
Banne von Densborn im Diſtrikte Perlſcheid iſt eine Quelle,
welche im Frühlinge, Herbſte und Winter, bei naſſer Wit-
terung verſiegt, bei großer Trockenheit im Sommer aber
ſtark fließt. Cäſarius nennt Densborn im Prümer Regiſter
Denesbure. Die Abtei Prüm beſaß zu Baldenshart (Balesfeld) und Denesbure 5 Mansus und zu Densborn eine
Mühle. Das Adelsgeſchlecht, welches zu Densborn ſein
Stammhaus hatte, nannte ſich Deynsbur, auch Diensberg [1]
und ſtammte wahrſcheinlich von Burgmännern ab. Schannat
nimmt an, daß Richard III. von Daun Densborn durch
Heirath erworben habe. [2] Dies iſt aber unrichtig. Heinrich
von Daun, Jakobs Sohn, erwarb Densborn durch Kauf
und ließ auf daſſelbe die Würde eines Erbmarſchalls der
Grafſchaft Luxemburg, welche ihm Walram Herzog von Limburg, Graf von Luxemburg und deſſen Gemahlin Irme-
ſinde im Jahre 1223 verliehen hatten, übertragen. Durch
Richards VI., Herrn von Daun und Marſchalls von Densborn Tochter, Anna, kam Densborn und das Erbmarſchalls-
amt gegen Ende des 14. Jahrhunderts an Johann von
Rollingen oder Raville. [3] Am 13. November 1533 wurde
Johann von Rollingen, ein Urenkel jenes Johann, von dem
Trierſchen Erzbiſchofe Johann III. (von Metzenhauſen) mit
ſeinem Theile am Schloß und Herrſchaft Daun und an dem
Dorf Densborn belehnt. Wenn auch Densborn wegen des,

---

[1] Eiflia illustr. II. Bd. 1. Abth.

[2] Eiflia illustr. I. Bd. 1. Abth. S. 394. S. 417. S. 418.

[3] Eiflia illustr. I. Bd. 1. Abth. S. 426.

mit dem Besitze desselben verbundenen Amtes eines Erb=
marschalls, und weil ein Theil des dazu gehörigen Bannes
auf Luremburgschem Gebiete lag, zum Herzogthum Lurem=
burg gerechnet wurde, so hatten doch auch das Erzstift Trier
und der Abt von Prüm Rechte daselbst. Ein Theil des
Bannes lag auf Trierschem Gebiete und die Kyll machte die
Grenze zwischen Luremburg und Trier. Im Weisthum
von 1534 (Grimm II. S. 566) weisen die Schöffen, daß
der Herr „so das sloß vff oder zu sleest" Schultheiß, Schöffen
und Bothen „zu kiesen" der Abt von Prüm aber, sie „zu eyden"
habe. Ein „herre abt zu Proeme" soll sie „by dem rechten
geeren ihrer roecke, (Rockschoß, Zipfel), vnd ein herre des be=
melten schloß Denßbur by dem lincken geeren" nehmen und
sie also mit einander zur Gerichtsbank führen. Die Schöffen
wiesen ferner den Abt von Prüm „für einen grondtherrn"
und den Herrn, der das Schloß Densborn auf und zuschließt
„vor einen vogtherrn im Dorff und Banne zu Denßbur."
Nach dem Prümer Register mußten die Leute von Densborn
(curia de denesburc) dem Kloster Prüm Frohnden und
Handdienste leisten. Da Johann von Rollingen eben so
wenig als sein Bruder Diedrich, Kinder hatte, so scheint
Erzbischof Johann III. noch bei Lebzeiten des Johann von
Rollingen den Philipp von Elz mit dem halben Gerichte
zu Densborn belehnt zu haben, verschrieb dem von Elz aber
statt desselben am 28. Oktober 1534, erst 10 Gulden und ein
halbes Malter Roggen, dann aber die Vogtei zu Sevenich.
Am 10. September 1535 gab Philipp von Elz dem Erzstifte
das halbe Dorf und Gericht zu Densborn zurück; und Mitt=
woch nach Allerheiligen desselben Jahres (3. November 1535)
huldigten die Schöffen und Dienstleute zu Densborn dem
Amtmanne des Erzstifts zu Schönecken, Johann v. Schönberg.
Nach einem Weisthume vom 15. Juli 1536 hatten auch
die Herren von Pyrmont Rechte zu Densborn. Nach dem,

im Jahre 1548 erfolgten Tode des Johann von Rollingen
nahm Erzbischof Johann V. (Graf von Isenburg) den
Antheil an der Herrschaft Daun, welchen die von Rollingen
gehabt hatten in Besitz, und wollte sich auch des Dorfes
Densborn bemächtigen. Die Einwohner von Densborn
weigerten sich aber dem Erzbischofe zu huldigen, und Johann
von Crichingen, der mit Irmgard, der Schwester der Ge=
brüder von Rollingen vermählt war, verlangte in den Be=
sitz von Densborn gesetzt zu werden, welches ihm denn auch
bewilligt wurde.[1] Graf Franz Ernst von Crichingen überließ
durch einen Schenkungsakt vom 4. August 1674 das Erb=
marschallsamt nebst der Herrschaft Densborn, dem Freiherrn
Wolf Heinrich von Metternich zu Burscheid, dessen Tochter
Sophia Theresia sie ihrem Gemahle, dem Freiherrn Kaspar
Hugo von Metternich Müllenark zubrachte.[2] Der Schen=
kungsakt war aber wohl nur zum Scheine ausgefertigt, um
dem von Metternich die Würde eines Erbmarschalls von
Luxemburg zu verschaffen. Schon im Jahre 1666 hatte Johann
Anethan, beider Rechte Licentiat, Kurtrierscher Kanzler und
Rath, die Herrschaft Densborn, wahrscheinlich durch Kauf
erworben und vererbte solche auf seine Nachkommen. Johann
Heinrich von Anethan, welcher 1693 als Bischof von Hiero=
polis und Weihbischof des Erzbischofs von Köln, zu Köln starb
und in der Kirche St. Gereon begraben wurde, nannte sich
einen Herrn in Densborn. Im Jahre 1758 besaßen Johann
Jakob von Anethan, Kurtrierscher Geheimer Rath und
Stadtschultheiß (grand Mayeur de la ville de Trèves) zu
Trier und Maria Beatrix, verwittwete von Anethan, geborne
von Maréchal, letztere als Nutznießerin und als Besitzerin
des Fideikommiß für ihren minderjährigen Sohn, Franz

---

[1] Eiflia illustr. II. Bd. 2. Abth. S. 502.
[2] Ebendas. S. 45. S. 55.

Heinrich von Anethan, die Herrschaft Densborn, jeder von ihnen zur Hälfte, jedoch ungetheilt. Nach einer Ordonnanz der Kaiserin Maria Theresia vom 22. Juni 1752 sollten alle Grundbesitzer im Herzogthum Luremburg behufs Umlage einer Grundsteuer, eine gewissenhafte Angabe ihres Grundbesitzes an Ländereien, Renten u. s. w. machen. Diese Angaben, Erklärungen und Aufnahmen haben sich unter dem Namen des Maria Theresianischen Katasters zum Theil erhalten, und geben ein vollständiges Bild über die damaligen Verhältnisse der Unterthanen im Herzogthum Luremburg. Eine Angabe über die Verhältnisse der Herrschaft Densborn, von dem von Anethan zu Trier und von der Wittwe von Anethan zu Luremburg am 27. resp. 20. Dezember 1758 ausgestellt, befindet sich im Provinzial=Archiv zu Koblenz.

Die von Anethan geben in ihrer Erklärung an, daß sie die Herrschaft Densborn als ein Lehn (fief mouvant) des Herzogthums Luremburg besäßen. Die Herrschaft bestände in der hohen, niederen und mittleren Gerichtsbarkeit mit Zubehör, aus dem Schlosse, Scheune, Stallung, Gärten, Schäferei, Pesche u. s. w., im Rechte der Weide, der Jagd, in dem Vorrange bei Gericht und Tanz, im Rechte Strafen und Konfiskationen zu verfügen, und in dem Rechte ihr Vieh in besonderen Heerden hüten zu lassen. Sie hätten das Recht, die Mitglieder des Gerichts, bestehend in einem Schultheißen oder Meier, sieben Schöffen, einem Schreiber (clerc) und einem Boten (sergent) zu ernennen und durch diese die Gerichtsbarkeit ausüben zu lassen. Die Unterthanen von Densborn wären Leibeigene (de condition servile) und beständen in den Besitzern von 30 Vogteien und einigen Beisassen. Die Unterthanen dürften ohne Erlaubniß der Herrschaft kein Grundstück verkaufen oder veräußern, und müßten der Herrschaft den zehnten Pfennig von jedem Verkaufe oder Veräußerung entrichten. Auch die Gemeinde=

güter dürften nicht ohne Erlaubniß der Herrschaft veräußert werden.

Wenn das Familienhaupt in einer Vogtei sterbe, habe die Herrschaft das Recht der todten Hand (mortmain), welches darin bestehe, daß die Herrschaft das zweite Vieh oder Möbel für sich nehmen könne, nachdem die Erben das beste für sich ausgesucht hätten. Der Herrschaft stehe das Recht zu, dasjenige von den Kindern, welches sie für das geeignetste halte, in die Vogtei zu setzen und zu verheirathen. Diejenigen Kinder, welche außerhalb der Herrschaft heiratheten, müßten eine von dem Schöffengerichte zu bestimmende Ablösungssumme an die Herrschaft bezahlen. Die Unterthanen wären zu Frohnden und Handarbeiten bei den Bauten, zur Bewachung des Schlosses, zur Dienstleistung bei der Klapperjagd, zur Reinigung der Kyll, der Bäche und der Schloßgräben verpflichtet, sobald es von ihnen gefordert werde. Diejenigen Unterthanen, welche Pferde besäßen, müßten jährlich fünf Frohnden bei der Beackerung, Einfahren des Heus und zu andern Zwecken, nach der Bestimmung der Herrschaft leisten. Zur Zeit der Fruchterndte und des Heumachens müßten die Unterthanen, ohne Unterschied, jedesmal einen Tag frohnden. Außer diesen zwei Handfrohnden müßten die Unterthanen jährlich noch fünf Frohndienste, die Pferdebesitzer aber nur drei, nach Willen und Wahl der Herrschaft leisten. Bei Leistung der Frohndienste erhielten die Unterthanen viermal des Tages die Kost, und bei dem Heumachen außerdem jeder noch ein halb Pfund Speck. Dann müsse die Gemeinde noch jährlich vier Moselfahrten thun oder für jede 6 Gulden zahlen. Die Geldabgaben, welche die Unterthanen der Herrschaft unter verschiedenen Titeln zu entrichten hatten, beliefen sich auf 32 Gulden 17 sols. Jede der 30 Vogteien und jedes der übrigen 3 Häuser müsse jährlich ein Huhn geben. Außerdem müßte die Gemeinde noch 7 Hühner, genannt die Angelhühner oder für jedes 6 Albus, ferner 17 Gänse, oder für jede 8 Albus geben, auch 84 Eier und 6 Malter 4½ Sester (bichets) Hafer entrichten. Vom großen und vom kleinen Zehnten beziehe die Herrschaft zwei und der Pfarrer ein Drittel; jene zwei Drittel betrügen 12—13 Malter Roggen und eben so viel Hafer, vom kleinen Flachszehnten 5 oder 6 Pfund. Die Herrschaft erhalte zwei Drittel von den Lämmern und Ferkeln, müsse dafür aber die Widder und Zielschweine stellen und unterhalten. Der Maischaft betrage 17 Gulden 20 Albus und eben so viel der Herbstschaft, von jedem erhalte aber der Vorsteher (prévôt) für seine Mühe (bei dem Einziehen) 20 Albus 6½ déniers. Von den 28 Pfund Flachs, welche die Gemeinde liefern müsse, erhalte der Vorsteher ein Pfund und jeder Schöffe ein Viertel, so daß der Herrschaft noch 25 Pfund verblieben. Jede Vogtei müsse zwei Pfund Flachs oder Hanf spinnen, wozu die Herrschaft das Material gebe. Außerdem habe jede Vogtei für beide Herren 6 Malter 1¼ Sester Hafer zu geben, wovon der Vorsteher und die Schöffen 9¾ Sester bezögen. Die Bannmühle sei zu 5 Malter Roggen und 5 Triersche Thaler, oder statt der letzteren ein fettes Schwein verpachtet. Der Hof Rolleberg bringe 5 Malter Roggen und 3 Gulden an Pacht ein. Von dem Ackerlande, Wiesen und Gärten, welche theils im Gebiete von Luxemburg, theils im Trierschen lägen, wäre der der Frau von Anethan zustehende Theil für etwa 80 Gulden verpachtet, der Herr von Anethan aber lasse seinen Antheil durch seine Leute bauen. Von dem Ackerlande lägen 13 Morgen (journaux) auf dem Luxemburgschen und 5 Morgen auf Trierschem Gebiete. Vom Rottlande (terre sartable) lägen 60 Morgen im Luxemburgschen, 100 Morgen im Trierschen. Das Rottland werde nur selten gewonnen und könne man dessen jährlichen Er-

trag nur auf 2 Malter Roggen und 2 Malter Hafer an=
schlagen. Die herrschaftlichen ungetheilten Waldungen ent=
hielten 500 Morgen (arpents.) Die Herrschaft habe das
Recht, ihren Bedarf an Brand= und Bauholz aus den Ge=
meinde=Waldungen zu entnehmen. Zum Schlosse gehörten
36 Wagen Heu, wovon die eine Hälfte im Luxemburgschen,
die andere im Trierschen gelegen. Außerdem wären noch
einige Wiesen den Unterthanen in Pacht überlassen, und
könnte der Ertrag der im Luxemburgschen gelegenen zu vier
Wagen Heu angenommen werden. Auf dem Banne von
Densborn besäßen die Herren, gemeinschaftlich und ungetheilt
mit dem Besitze der Herrschaft Seinsfeld einen Wald, der
„Dorffgied" genannt. Die Abtei St. Thomas an der Kyll
müsse den Herren von Densborn jährlich einen Honigkuchen
(pain d'épice) geben, weil der Herr von Densborn Vogt=
herr der Abtei sei. Außer der Herrschaft Densborn besaßen
die Herren von Anethan noch einen Antheil an Granddorf
(s. Nro. 283) und Steinborn (Nro. 295), im jetzigen Kreise
Wittlich und die Herrschaft Dohn=Lammersdorf (s. Nro.
233 bei Hillesheim), im jetzigen Kreise Daun. Später
hatte auch die Familie von Hontheim einen Antheil an Dens=
born erlangt und besaß eins der beiden Schlösser, wovon
das eine erst nach 1758 erbaut worden sein muß, weil in
der Erklärung von jenem Jahre immer nur Eines Schlosses
erwähnt wird. Die Familie von Hontheim erlangte den
Antheil an Densborn wahrscheinlich durch die Heirath der
Anna Margaretha von Anethan mit Karl Kaspar von Hont=
heim, den sie zum Vater des berühmten Weihbischofs Johann
Nikolaus von Hontheim machte. [1]) Die beiden Schlösser zu
Densborn befinden sich längst in andern Händen. Die dazu
gehörigen Ländereien sind parcellirt worden und die herr-

---

[1]) Eiflia illustr. II. Bd. 1. Abth. S. 187.

III. 2. Abth.

19

schaftlichen Rechte hörten mit der Besitznahme des Landes durch Frankreich auf. Während der Französischen Verwaltung war Densborn der Hauptort einer Mairie im Kanton Dudeldorf, im Bezirke von Bitburg, im Wälder=Departement. Die Mairie war aber nur auf Densborn und Nolberg beschränkt. Das Gemeinde=Eigenthum besteht in 804 Morgen Holzungen, 58 Morgen Schiffel= und Wildland, und 9 Morgen in Wiesen und andern Ländereien, zu einem Reinertrage von 463 Thalern. Die Pfarrei zu Densborn ist sehr alt und gehörte zum Landkapitel Bitburg. Früher war zu Densborn nur eine Kapelle, welche zur Pfarrei Mürlenbach gehörte. Im Jahre 1289 überwies der Ritter Richard, Marschall von Daun, hinreichende Einkünfte, und auf seine Bitte trennte der Triersche Erzbischof Boemund I. (von Warnesberg) die Kirche zu Densborn von der zu Mürlenbach und verlieh jener Pfarrechte. Der Prümsche Abt Walther und der Konvent ertheilten als Patron der Pfarrei Mürlenbach und der dazu gehörigen Kapellen, ihre Einwilligung dazu in vigilia beati Nicolai (5. Dezember) 1289, behielten sich aber ausdrücklich das Patronatrecht vor. Der Triersche Erzbischof Karl Kaspar (von der Leyen) übertrug am 4. April 1666 die Collatur der Pfarrei Densborn, seinem Geheimen Rathe, Kanzler und lieben Getreuen, Johann Anethan, der Rechten Licentiaten, „welcher vor Jahren die herschaft Denßborn an sich kauft." In der Urkunde wird erwähnt, daß Densborn vor Zeiten nur ein Filial der Pfarre von Birresborn gewesen. Diese Angabe scheint aber, wie ich schon oben bei Birresborn bemerkt habe, auf einem Irrthum oder einem Schreibfehler zu beruhen. Zur Pfarrei gehören jetzt außer Densborn noch Altenhof, Nolberg, Schafbrücke und Zenscheid. Die Kirche ist 1755 erbaut, und die Grabsteine aus der älteren Kirche in die neue gebracht worden. Durch die Länge der Zeit sind aber die auf den

Grabsteinen befindlich gewesenen Wappen und Inschriften ganz verlöscht und unleserlich geworden.

Nolberg liegt südlich von Densborn am Moschbache, der in das linke Ufer der Kyll mündet.

Schafbrücke, ein Försterhaus, südlich von Nolberg, liegt an der Lohsalm, dicht an der Grenze des Kreises Daun, nahe bei Meisburg, zu dessen Kirche sich auch die Bewohner halten, obgleich sie zur Pfarrei Densborn gehören.

Mürlenbach liegt 2½ Meilen südöstlich von Prüm, südlich von Birresborn, am rechten Ufer der Kyll, in welche der durch das Dorf fließende Gottesbach mündet. Auf dem Vorsprunge eines Bergabhanges erheben sich über dem Dorfe die Trümmern einer Burg. Diese war wahrscheinlich auf den Ueberbleibseln eines Römischen Castells gebaut. Xaver Boos behauptete, am Eingange des vormals von dem Förster bewohnten Gebäudes auf der Burg einen Stein mit der Inschrift gefunden zu haben:

|||||| NIVS AMME |||||
..IVO S||| ET IV|||
FIL, IO D
..||||||| C|||T

welche Boos folgendermaßen erklärte:

Junius ammerinus
Vivo sibi et Junio
Filio defuncto
Fieri curavit.

Im Jahre 1824 diente das bezeichnete Gebäude zum Schaafstalle, ich untersuchte dasselbe damals genau, konnte aber den Stein nicht auffinden. Auch konnte ich damals nichts über die Angabe des Professors Minola ermitteln, daß in der zweiten Hälfte des 18. Jahrhunderts zu Mürlenbach Gold- und Silbergeschirr mit Römischen Inschriften

gefunden worden sei. [1]) Im achten Jahrhunderte war die
Burg zu Mürlenbach der Wohnsitz der Bertrada, welche gemeinschaftlich mit ihrem Sohne Charibert, im ersten Jahre
der Regierung des Königs Theoderich, die erste Stiftung
des Klosters Prüm machte, welche ihre Enkelin gleichen Namens, Gemahlin Königs Pipin, erneuerte. Das erste Jahr
der Regierung des Königs Theoderich, des vierten dieses Namens, eines Sohnes Dagoberts III., ist 720, wo er nach
Chilperichs II. Tode König der Franken wurde. Die meisten
Schriftsteller nehmen auch das Jahr 720 als das der ersten
Stiftung des Klosters Prüm an. Die Stifterin Bertrada
war wahrscheinlich eine Fürstin aus Merovingischem Geschlechte. Ihre Enkelin Bertrada war die Tochter Chariberts, Grafen von Laon, wahrscheinlich desselben Chariberts,
welcher in der Urkunde der älteren Bertrada als deren Sohn
genannt wird. Nach Schannats Angabe führte der im
12. Jahrhunderte häufig in Urkunden vorkommende Albertus
Comes de Molbach oder Mulbach, diesen Beinamen von
Mürlenbach. Auf das Zeugniß des Schannat habe auch ich
dies früher angenommen. [2]) Jetzt habe ich mich aber über-
zeugt, daß Schannat sich geirrt hat. Molbach oder Mulbach, von welchem Graf Albert sich nannte, ist das heutige
Maubach in der Bürgermeisterei Bergstein im Kreise Düren.
Alveradis, die Tochter des Grafen Albert, brachte die Grafschaft Molbach, cum nemore oder der comitatus nemoris,
ihrem Gemahle, dem Grafen Wilhelm II., dem Großen,
von Jülich zu. Der spätere Jülichsche Amtsbezirk Wehr-
meisterei entstand aus der Grafschaft Molbach und aus der

---

[1]) Minola: kurze Uebersicht dessen, was sich unter den Römern seit Ju-
lius Cäsar bis auf die Eroberung Galliens durch die Franken am
Rheinstrome Merkwürdiges ereignet. 2. Auflage. Köln 1816, bei J.
Mathieux. gr. 8. S. 309.

[2]) **Eiflia illustr. I. Bd. 1. Abth. S. 897.**

Waldgraffchaft. (Lacomblet Urkundenbuch II. S. 15 und
S. 16.) Graf Wilhelm II. von Jülich empfing die Be=
lehnung über Molbach und die Waldgraffchaft von dem
Pfalzgrafen Konrad. Nach Wilhelms im Jahre 1207 er=
folgten Tode vermählte sich seine Wittwe Alveradis mit
Otto, Herrn von Wickerath. Dieser machte auch Anspruch
auf die Graffchaft Molbach, Pfalzgraf Heinrich belehnte
aber mit derselben, im Jahre 1209, Wilhelm von Henge=
bach, einen Brudersfohn des Grafen Wilhelm II. der dem=
felben auch in der Graffchaft Jülich folgte. Alle diese aus
unverdächtigen Urkunden sich ergebenden Verhältnisse be=
weisen, daß Molbach nicht Mürlenbach sein kann und daß
Schannat sich geirrt hat. Mürlenbach gehörte schon im
Jahre 1222, wo Cäsarius das Güter=Verzeichniß schrieb, zu
den alten Besitzungen der Abtei Prüm, obgleich Cäsarius
es nur am Ende seines Werkes, sowie mehrere andere Höfe
der Abtei mit wenigen Worten erwähnt. Auf der Burg zu
Mürlenbach hielten sich häufig die Aebte von Prüm auf. Der
vorletzte (44.) Abt, Wilhelm, Graf von Manderscheid, ließ
noch 1519 die Burg befestigen und an derselben in Stein
gehauen den Vers anbringen:

Morlebach Laux Christo multas
Collapsa per Annos
Mansio sit fortis refugiique domus.

Die Abtei hatte auch mehrere Burgmänner und ablige
Lehnleute zu Mürlenbach, wie die von Daun, von Brand=
scheid, von Hersdorf und andere mehr. Die Burg verfiel
aber immer mehr, und die Ruinen wurden nebst den zur
Burg gehörigen Höfen, mit Scheune und Ländereien zu Mür=
lenbach und Birresborn von der Französischen Regierung
als National=Eigenthum am 15. Germinal XII. (5. April
1804) für 6150 Frs. (1640 Thlr.) verkauft. Die Kur=
fürstliche Mühle von zwei Gängen mit Zubehör wurde am

16. Meſſidor XI. (5. Juli 1803) für 2050 Frs. (546 Thlr.) versteigert. Ueber dem Burgthore ſah man noch vor einigen Jahren in Stein gehauen eine männliche mißgeſtaltete Figur, an jeder Seite des Kopfes eine Fledermaus. Das Volk nennt dieſe Figur „den Grünpitſcher oder Grünkbetſchel." Auch hat ſich an einem Thurme im Schloßhofe ein Stein mit dem Wappen des Erzbiſchofs Johann VII. (von Schön=berg) und der Jahrzahl 1598, erhalten. Mürlenbach war eine Prümſche Schultheißerei, welche aber nur aus dem Dorfe und der Mühle beſtand. Bei der Theilung der Güter der Abtei im Jahre 1361, zwiſchen dem Abte und dem Konvente, war Mürlenbach dem Konvente zugetheilt und zum Unterhalte der Kranken beſtimmt worden.[1]) Mit dem Zehnten zu Mürlenbach waren die von Kolf zu Bettelho=fen, die von Metternich (1514—1584), im 18. Jahrhun=derte aber (1709—1769) die Grafen von der Leyen belehnt. Ein Haus zu Mürlenbach trugen die von Deinsberg (1514—1560), nach ihnen die von Eltz (1571 und 1583) zu Lehn. Mit einem neuen Burghauſe zu Mürlenbach, neben dem Burghauſe der von Hersdorf und mit andern Gütern, welche die von Brandſcheid und die von Gundersbach beſeſſen hatten, wurde 1514 Arnold Heſſe von Hilbringen, nach ihm die Krichel von Keyl (1555—1584), dann die Familien Feienau oder Feigenau, Silvanus, Molitoris, Hoffmann und Mertes belehnt. Bauernlehne waren das Betſchnirhaus, die Köllers=Erbſchaft, das Krepsgut und die Schlüſſels=Erbſchaft. Wäh=rend der Franzöſiſchen Herrſchaft war Mürlenbach der Haupt=ort einer Mairie im Kanton Kyllburg, im Bezirke Prüm. Die Gemeinde beſitzt 581 Morgen Holzungen, 45 Morgen Schiffel= und Wildland und 4 Morgen in Wieſen und andern Ländereien. Die Schultheißerei=Güter, gegen 54 Morgen,

---

[1]) **Eiflia illuſtr.** I. Bd. 2. Abth. S. 901.

unter welchen das Schultheißerei-Wäldchen, hatte die Ge=
meinde schon während der Französischen Verwaltung in
Besitz genommen und wurde durch ein gerichtliches Urtheil
vom 12. August 1824 darin bestätigt. Mehrere Stockgüter
in Mürlenbach sind zu Holz und Weide im Königlichen Walde
Braunenbach berechtigt. Mürlenbach hatte eine alte Pfarrei,
die zum Landkapitel Kyllburg gehörte. Filiale derselben
waren Birresborn, Hinterhausen, Lissingen, und im 13. Jahr=
hunderte auch Densborn. Jetzt sind noch Kopp und Zend=
scheid eingepfarrt. Die Collatur der Pfarrei stand dem
Abte von Prüm zu. Die der heiligen Lucia und dem hei=
ligen Elegius gewidmete Kirche ist 1484 gebaut worden.
In einem Fenster der Kirche sind die Wappen von Ahr und
von Eltz mit folgender Inschrift angebracht:

„Wilhelm Diedrich, Freyherr von Ahr,
Herr zu Lissingen, Diß, Neroth, Wallenborn, Arras,
Merl undt Bulley,
Anna Amalia von Ahr,
gebohrne Freyin von Eltz zu Rodendorff. Conjuges 1720."

An einem andern Fenster ist das Wappen der von Quadt
mit der Inschrift:

„Der Hochwürdiger Hochwohlgeborener Herr
Johann Sigismund Otto, Freiherr von Quad zu Buschfeld,
Herr zu Nothberg, Bettendorf, Thomm und Lommersdorf,
des hohen Ertz und Thumb Stifts zu Trier Capitular 1726."

Das Pfarrhaus ist 1762 gebaut worden.

Hanert liegt östlich von Mürlenbach, zwischen dem linken
Ufer der Kyll und dem Braunenbache und wird eben sowie
Haardt und Steinisch oder Steinert, welches erst 1833
entstanden, bald zu einem Weiler anwachsen.

Weißenseiffen, an der Grenze der Bürgermeisterei
Wallersheim, ist vor etwa 20 Jahren entstanden. In der
Nähe ist ein Torfstich.

Zendscheid liegt unterhalb Densborn am linken Ufer
der Kyll, durch diese nur von dem gegenüber liegenden Dorfe
Usch im Kreise Bitburg getrennt. Es gehörte bis 1794
zum Kurtrierschen Amte Kyllburg. Die Gemeinde besitzt
114 Morgen Holzungen. Die Triersche Domdechanei besaß
hier eine Wiese, welche die Französische Regierung versteigern ließ.

Nachtrag zu Mürlenbach.

Eine halbe Stunde östlich von Mürlenbach, im Distrikte
Haasenseifen, [1] fand man im Jahre 1840 altes Gemäuer
und in demselben bei dem Nachgraben mehrere interessante
Gegenstände, unter andern auch eine Münze vom Jetricus
junior von Erz. Das wichtigste aber war eine Steinplatte
von oblonger Gestalt, aus oolitischem Jurakalke, drei Zoll
dick, einen Fuß hoch und einen Fuß sieben Zoll lang, mit
der Inschrift:

IN, H. D. D
DEO CAPRIONI
L. TEDDIATIVS
PRIMVS.

Herr W. Chassot von Florencourt hat einige Erläute-
rungen über diese Inschrift gegeben. [2] Das Gebäude, an
welchem sich der Stein befand, war wahrscheinlich ein dem
Gotte Caprio geweihter Tempel. Ueber diesen Gott ist
wenig bekannt, der Name scheint auf einen Beschützer der
Ziegenheerden zu deuten. Der Stein befindet sich jetzt im
Museum zu Trier. Auf einer andern Stelle, auf dem Kloster genannt, nicht weit von dem Haasenseifen, hat man

[1] Jahrbücher des Vereins von Alterthumsfreunden, Heft XIV. 1849.
S. 176.

[2] W. Chassot von Florencourt, Beiträge zur Kunde alter Gottesver-
ehrung rc. Trier bei F. Linz. 1842. gr. 8.

auch Ueberbleibsel Römischer Gebäude gefunden. Auch auf dem Wege von Mürlenbach nach Densborn, am rechten Ufer der Kyll, wurden im Jahre 1832 bei dem Baue eines Weges Ueberbleibsel eines Römischen Gebäudes mit einer Heitzungsanstalt gefunden. Die Farben an den Wänden waren noch gut erhalten.

256. Die Bürgermeisterei Nieder=Prüm wird von folgenden Ortschaften gebildet:

1. Gondenbrett, Dorf.............	mit	38	Wohnh. und	243	Einw.
a. Halbemeile, Haus	„	1	„ „	5	„
b. Walcherath, Haus	„	1	„ „	15	„
2. Herscheid, Dorf..	„	15	„ „	104	„
3. Hontheim, Weiler	„	10	„ „	75	„
4. Nieder=Mehlen, Hof.............	„	2	„ „	22	„
5. Nieder=Prüm, Dorf.............	„	42	„ „	277	„
6. Ober=Mehlen, Dorf	„	12	„ „	98	„
7. Sellerich, Dorf..	„	14	„ „	85	„
a. Schneifelhäuschen, Haus	„	1	„ „	6	„
b. Sellericher Höhe, Weiler	„	3	„ „	20	„
8. Steinmehlen, Weiler	„	8	„ „	57	„
9. Weinsfeld, Dorf.	„	19	„ „	132	„

Zusammen... mit 166 Wohnh. und 1139 Einw.

Zu Ende des Jahres 1852 betrug die Seelenzahl 1233.

Gondenbrett liegt nördlich von Nieder=Prüm an einem Bache, der unterhalb Nieder=Mehlen in den Mehlenbach

fließt, in einiger Entfernung von der von Prüm nach Aachen
führenden Kunststraße. Es liegt auf einer Höhe, wie schon
die Endsilbe brett, die mit Berg gleichbedeutend, anzeigt.
Es war ein altes Besitzthum der Abtei Prüm. Cäsarius
nennt es am Ende seines Güter-Verzeichnisses Gunnenbreht,
ohne die näheren Verhältnisse anzugeben. Es war eine
Prümsche Schultheißerei, zu welcher, außer Gondenbrett,
noch Ober-Mehlen und Wascheid gehörten. Das Weisthum
des Hofes Gondenbrett (Grimm II. S. 539) weiset „den
„gnedigen herrn von Prüm vor einen grundherrn lehnherrn
„vnd einen obersten einsatzmann." Ferner weiset der
Schöffen „wer Schönecken schleust vnd enschleust vor einen
„schirmherrn." — „Jeder vnd alleß, wa rauch vffgehet, ist
„dem grundherrn ein rauchhoen, vnd dem voght ein schirm-
„hoen schuldigh; vnd da ein kindelbetzfraw were, soll man
„den kopf vom schirm- vnd rauchhoen nehmen vnd der fraw
„den rumpf lassen." In dem Vertrage, welchen Heinrich
von Schönecken und dessen Sohn Gerhard mit dem Abte
von Prüm im Jahre 1286 abschlossen, wird erwähnt, daß
die Einsassen von Gondenbrett die Pferde des Abts getödtet
hatten und deshalb Genugthuung leisten sollen.[1] Im Jahre
1342 verschrieb Hartard, Herr zu Schönecken, seinem Burgmanne auf Hartardstein, Stephan von Druve, 200 Mark
Kölnisch und wies ihm, bis zu deren Auszahlung eine Rente
von 20 Mark jährlich, aus dem Hofe zu „Gunnenbreit"
an. Mit einem Zehnten von 5 Malter Korn im Hofe von
Gondenbrett und anderen Renten, die Dhaem von Gundersdorf besessen hatte,[2] wurde 1514 Gerhard Selten von Saulheim von dem Abte Wilhelm belehnt. Durch Anna Dorothea Selten von Saulheim kam das Lehn an Philipp

---

[1] **Eiflia illustr. I. Bd. 2. Abth. S. 983.**
[2] **Eiflia illustr. II. Bd. 1. Abth. S. 140.**

Cuno Kluppel von Elkershausen († 1628) dessen Nachkommen dasselbe zu Anfange des 18. Jahrhunderts mit ihren
übrigen Besitzungen in der Eifel verkauften. Das Rowen-
Erb oder die Münsters-Erbschaft, die Luischen- (Leuschen-)
und die Honerbachs-Erbschaften und das Wahlen-Erbchen
waren Bauerlehne. In dem Kriege, den die Spanier gegen die Niederländer führten, zogen im Jahre 1572 Kaiser-
liche Reuter unter Führung des Grafen von Löwenstein
durch die Eifel und plünderten und raubten. Die erbitter-
ten Landleute sammelten sich in Haufen, und stellten sich
zwischen Gondenbrett und Ober-Mehlen auf, wo sie den
abziehenden Reutern einen Hinterhalt gelegt hatten. Die
Reiter warfen sich nach dem Angriffe der Bauern in das
Thal der Mehlen und erwarteten, in Schlachtordnung aufgestellt, die ihnen unregelmäßig folgenden Haufen des Land-
volks. Dieses wurde bei dem ersten Angriffe der Reiter in
wilde Flucht gejagt und gegen einhundert Mann niedergehauen. Einige Neugierige, welche sich in das Schnecken-
haus (Beinhaus) an der Kirche zu Gondenbrett versteckt
hatten, wurden von den verfolgenden Reitern bemerkt und
getödtet. Dieser Niederlage ungeachtet sammelten sich die
Bauern wieder zwischen Gondenbrett und Hontheim, zün-
deten Nothfeuer auf den Bergen an, um Hülfe der Nachbaren heran zu ziehen und lauerten den Reitern auf. Die
Reiter, welche den Weg über Hontheim und Bleialf hatten
nehmen wollen, wurden durch die muthige Haltung der Landleute veranlaßt, ihren Plan zu ändern, und zogen am Tage
nach dem Treffen in aller Frühe auf Lünebach, wo sie aber
auch Widerstand fanden. Die Gemeinde besitzt 291 Morgen Holzungen, 96 Morgen Schiffel- und Wildland und
2 Morgen Wiesen 2c. Die Schultheißerei-Güter, 17 Morgen, nahmen die Gemeinden Gondenbrett, Ober-Mehlen und
Wascheid gemeinschaftlich in Anspruch und wurden ihnen

solche 1824 zugesprochen. Gondenbrett war früher nach
Olzheim eingepfarrt. Am 19. Oktober 1564 einigte sich die
Gemeinde Gondenbrett mit dem Pfarrer von Olzheim we=
gen einer in der Kapelle zu Gondenbrett zu haltenden Messe.
Der Aebtissin zu Nieder=Prüm stand die Collatur zu. Eine
eigene Pfarrei erhielt Gondenbrett erst während der Fran=
zösischen Verwaltung. Jetzt sind noch Ober=Mehlen und
Wascheid eingepfarrt. Die auf einer Höhe liegende Kirche
war so verfallen, daß sie vor einigen Jahren niedergerissen
und eine neue Kirche gebaut werden mußte.

Herscheid, auch wohl Heischeid und Harscheid, und von
den Franzosen Erscheid genannt, liegt nordwestlich von
Nieder=Prüm und südlich von Sellerich. Es gehörte zur
Prümschen Schultheißerei Sellerich. Mit dem Gebürgs=
Zehnten zu Herscheid waren zu Ende des 15. Jahrhunderts
die von Brandscheid, welche auch den Beinamen Gebürg
führten, belehnt. Durch Heirath kam dieses Lehn an die
von Nassau, von Metternich und von Plettenberg. Die
Junkers=Erbschaft, die Trommen= und die Blomen=Erbschaften
waren Bauernlehne. Die Gemeinden Herscheid, Hontheim
und Sellerich besitzen gemeinschaftlich 1395 Morgen Holzungen,
422 Morgen Schiffel= und Wildland und 10 Morgen Wiesen
u. s. w. Der Schultheißerei=Güter wird unten bei Sellerich
erwähnt werden. Herscheid ist jetzt nach Brandscheid ein=
gepfarrt, ehemals nach Bleialf.

Hontheim oder Huntheim liegt nördlich von Sellerich,
die Kapelle in einiger Entfernung vom Orte, 1488 Fuß
hoch über dem Amsterdamer Pegel. Hontheim gehörte
zur Schultheißerei Sellerich und ist jetzt nach Brandscheid
eingepfarrt, ehemals nach Bleialf. Das Weiers=Gut oder
das Gut auf dem Weiher war ein Bauernlehn. Dem Berge,
auf welchem die Kapelle steht, gegenüber auf einem andern
hohen Berge, sind noch Ueberreste von Gebäuden zu erkennen.

Hier stand das Wohnhaus der angesehenen Familie „vf dem Koffel." Im Jahre 1553 war Anton vf dem Koffel Schultheiß des Hofes Sellerich. Für Hans und Heinrich Koffels waren Anniversarien in der Kirche zu Hontheim gestiftet.

Der Hof Nieder-Mehlen liegt am Mehlenbach, südöstlich von Herscheid. Die größtentheils chaussirte Straße von Prüm nach Bleialf führt durch den Ort. Die Höhe am Ende der Chaussee, bei der Brücke, beträgt 1308 Fuß. Der Hof gehörte zur Schultheißerei Nieder-Prüm. Die Hälfte desselben war Eigenthum des Konvents der Abtei Prüm, welcher hier auch ein Hofhaus hatte. Die andere Hälfte, das sogenannte freie Gut, oder die freie Erbschaft, war ein Bauernlehn, mit welchem die Familie Hockerts belehnt war. Das Gemeinde-Eigenthum besteht in 1 Morgen Holzungen und 26 Morgen Schiffel- und Wildland. Nieder-Mehlen ist nach Nieder-Prüm eingepfarrt.

Nieder-Prüm liegt 340 Ruthen südwestlich von Prüm, am linken Ufer der Prüm, über welche hier eine Brücke führt. Die von Prüm bis Lichtenborn geführte Kunststraße läuft durch Nieder-Prüm. Die Höhe an der Brücke beträgt 1296 Fuß. In den Schichten von unreinem Kalke, welche in dem Grauwackenschiefer bei Nieder-Prüm eingelagert sind, findet man Versteinerungen, an welchen die Kalkschale noch wohl erhalten ist. Dies ist namentlich der Fall mit der Pterina truncata. Das Dorf Nieder-Prüm gehörte zu den ältesten Besitzungen des Klosters Prüm. Cäsarius nennt es Niederprume, giebt aber die näheren Verhältnisse desselben nicht an. Der 29. Abt von Prüm, Gerhard, Graf von Vianden, stiftete hier im Jahre 1190 ein abliges Nonnenkloster, Benedictiner Ordens, welches sich bis zur Französischen Besitznahme des Landes erhielt. Die Geschichte desselben soll im folgenden Bande dieses Werkes gegeben werden. In der Urkunde vom Jahre 1106, durch welche Kaiser Heinrich IV. die Verhältnisse des Klosters Prüm und dessen Vögte ordnete, wird Nieder=Prüm unter den Ortschaften genannt, welche dem Vogte einen ganzen Dienst leisten sollten. Zur Schultheißerei Nieder=Prüm gehörten außer Nieder=Prüm noch Weinsfeld, Nieder=Mehlen und Stein=Mehlen. Das Weisthum zu Nieder=Prüm vom Jahre 1576 (Grimm II. S. 533) weiset die Rechte des Abts und des Vogts. Wenn der „in welches namen das haus Schönecken geschlossen vnd vffgeschlossen wird sall kommen reiten vnd so bald er von seinem pferd absitzt, soll der, welcher des müllenborns haus zu Nieder=Prüm bewohnt, ihme dem vogt zween offen holschen (Holzschuhe) därsetzen vnd wanehe er genante holschen nit hat, soll die lösen mit drey albus, vnd des vogts pferd ein vogtsester euen (Hafer) vorschuben damit er in müllenborns haus bedienen soll sein haußerff." In einem andern Weisthum zu Nieder=Prüm, ohne Jahres=zahl (Grimm III. S. 838) heißt es: „Wann ein vogt vff ein sargebinge kompt geritten, so soll er in Mollenborns Lenharts hauß abstain (absteigen), der sol ime ein sterauff (Steigbügel) halten, das er absten vnd II neuwer holtz schuge in sine fuße stechen oder I albus davor." Die Hilgerts=Erbschaft zu Nieder=Prüm war ein Bauerlehn. Die Französische Regierung ließ am 26. Messidor XI. (15. Juli 1803) alle Klostergebäude mit Stallungen, Scheunen und Gärten, für 8400 Franken (2240 Thaler) versteigern. Die Kurfürstliche Mühle, mit einem Mahlgange, mit Gärten und Zubehör ging an M. Vogel für 1700 Franken (453 Thaler) fort. Die Schneidemühle, welche dem Kloster Nieder=Prüm gehört, wurde für 300 Franken (240 Thaler) versteigert. Eine andere Mühle, mit drei Gängen, mit Garten und Bering, auch Eigenthum des Klosters, am 21. Brumaire XII. (13. November 1803) für 3000 Franken (800 Thaler.)

Die Gemeinde besitzt 85 Morgen Holzungen, 10 Morgen
Schiffel= und Wildland, und 20 Morgen in andern Ländereien.
Hierunter sind auch die Schultheißerei=Güter begriffen, über
deren Besitz lange prozessirt wurde. Die Pfarrei zu Nieder=
Prüm gehörte zum Landkapitel Kyllburg. Das Nonnen=
kloster hatte den Pfarrer, oder vielmehr den Kaplan, welcher
den Pfarrdienst zu besorgen hatte, zu ernennen. Als 1633
der bisherige Kaplan Valentin Walram die Pfarrei Prons=
feld erhielt, nahm der Konvent zu Nieder=Prüm den Heinrich
Martin Wampach zum Kaplan und Seelsorger an, und
versprach ihm 70 Thaler (zu 30 Albus Trierisch) Salär
und die Stolgebühren, mit Ausnahme der österlichen Eier
und Hühner, wogegen der Kaplan den Tisch im Kloster
erhalten sollte. Der Kaplan wohnte auch im Kloster, nach=
dem das Pfarrhaus, welches auf dem Wiedenhofs=Pesch
gestanden hatte, als Katharina von Bentzerath Abtissin war
(1570—1605) von den Holländern zerstört worden war. Die
Steine wurden zum Baue der Kirchhofsmauer verwendet.
Noch jetzt wohnt der Pfarrer im Kloster, dessen übriger
Theil von der Französischen Regierung, wie vorstehend schon
bemerkt, an Privaten verkauft wurde. Im Kreuzgange des
Klosters waren vor mehreren Jahre noch gemahlte Fenster
mit Wappen der Abtissinnen und Klosterdamen und deren
Verwandte zu sehen. Die Klosterkirche, jetzt Pfarrkirche, ist
wegen ihrer Bauart merkwürdig, indem die Pfeiler, welche
das Gewölbe tragen, von Außen angebracht sind. Am 27.
September 1668 befahl Erzbischof Karl Kaspar (von der
Leyen) auf Ansuchen des Schultheißen, der Schöffen und
Unterthanen des Hofes Nieder=Prüm und des Kaplans
Leonardus Stummerius dem Amtskellner zu Schöneck dafür
zu sorgen, daß die verfallene Kirche wieder hergestellt werde.
Am 21. Januar 1677 wurde die wieder in Stand gesetzte
Kirche von dem Weihbischofe Johann Heinrich von Anethan,

Bischof von Hieropolis, zu Ehren B. M. V., St. Gordiani und St. Epimachi eingeweiht.

Als Pfarrer zu Nieder-Prüm finde ich genannt: 1388 Johannes Klingel, Pastor. 1451 Georg Kaldis aus Hillesheim als Pastor, von dem Päpstlichen Legaten Nikolaus bestätigt. 1506 Peter Höfelt, Pastor. 1506 Mathias aus Saarburg, Pastor. 1512 Hubert Strickscheid, Pastor. 1521 Johannes aus Strickscheid, Pastor. 1541 Johannes Dasburg, Pfarrer. 1574 Moritz Ahrweiler, Pastor. 1601 Christoph Rasor, Pastor. 1632 Valentin Walram. 1633 Heinrich Martin aus Wampach, Kaplan. 1668 Leonardus Stummerius, Kaplan. 1739—1771 Paul Jodici, Pastor. 1784 Johann Jakob Michels. 1789 Michael Hoffmann. 1824 Palz, dann Uters. 1852 Thees, Johann, aus Haag. 1853 war die Pfarrei vakant. Zur Pfarrei gehören seit mehreren Jahrhunderten Stein-Mehlen, Nieder-Mehlen und Weinsfeld.

Nieder-Mehlen liegt nordwestlich von Nieder-Prüm, ¼ Meile von Prüm entfernt, an der nach Bleialf führenden Straße. Unter andern Prümschen Lehnstücken wurde Dhaem von Gundersdorf auch mit einem Schaffmanne zu Nieder-Mehlen und einem Theile des Zehnten zu Stein-Mehlen belehnt. Im Jahre 1514 empfing sein Schwiegersohn Gerhard Selten von Saulheim die Belehnung. In demselben Jahre wurde mit einem Theile der Zehnten zu Mehlen und Stein-Mehlen Johann Peisgen zu der Neuerburg, für seine Hausfrau Margaretha von Grymelscheydt, Wittwe des Johann von Atzenrath belehnt. Im Jahre 1522 empfing Claes von Grymelscheit die Belehnung für seine Schwester Margaretha. Nieder-Mehlen ist nach Gondenbrett eingepfarrt. Das Gemeinde-Eigenthum besteht aus 4 Morgen Holzungen und 13 Morgen Wildland, der Reinertrag ist zu 3 Thlrn. angeschlagen.

Ober=Mehlen liegt nördlich von Nieder=Prüm am Mehlenbache, der oberhalb des Dorfes entspringt, längs Nieder=Mehlen und Stein=Mehlen läuft, und unterhalb Nieder=Prüm in das rechte Ufer der Prüm mündet. Ober=Mehlen gehörte zur Schultheißerei Gondenbrett und ist noch jetzt dahin eingepfarrt. Ehemals gehörte es zur Pfarrei Olzheim. Die Gemeinde besitzt 120 Morgen Holzungen und 68 Morgen Schiffel= und Wildland.

Sellerich liegt westlich von Ober=Mehlen, zwischen Hontheim und Herscheid. Der Bachspiegel bei Sellerich hat eine Höhe von 1368 Fuß. Sellerich, Hontheim und Her= scheid bildeten bis 1794 die Prümsche Schultheißerei oder den Hof Sellerich. Das Weisthum zu Sellerich (Grimm II. S. 546 ohne Jahreszahl) weiset den Abt von Prüm als Grund= und Lehnherrn und den „welcher Schönberg schleußt vnd entschleußt" als Vogtsherrn. Der Vogt von Cronen= burg hatte auch Rechte im Hofe Sellerich, und der Schult= heiß von Alf (Bleialf) konnte den Schultheißen von Sel= lerich aufbieten, auf einem von dem Abte bestimmten Platze sich zu gestellen. Die von Welchenhausen trugen zwei halbe Vogteien, die Erpeldinger und die Binstinger, zu Winter= spelt und Sellerich von der Abtei Prüm zu Lehn und ver= erbten solche auf die von Quadt. Wilhelm von Quadt verkaufte die beiden halben Vogteien an Diedrich von Boulich.[1] Im Jahre 1719 wurde noch Philipp Wilhelm von Boulich damit belehnt und 1731 dessen Erbe Rütgen Adolph von Wittmann. Die andere Hälfte der beiden Vogteien scheinen die Brant von Buseck von der Abtei Prüm zu Lehn getragen zu haben.[2] Die Franken=Erb= schaft war ein Bauernlehn. Ottilia von Pallandt, die

---

[1] Eiflia illustr. II. Bd. 2. Abth. S. 223.
[2] Ebendaselbst S. 495.

Tochter des Balthasar von Pallandt zu Reuland, vermachte
unter andern Gegenständen auch den Zehnten zu Sellerich
und Winterspelt, welche Prümsches Lehn waren, ihrer Base;
Maria Magdalena von Sötern, (deren Mutter Johanna
Gertrud von Pallandt, eine Schwester des Balthasar von
Pallandt.) Der Gemahl der von Sötern, der Vicomte
Johann Franz de Berghes, erhielt 1677 die Belehnung,
sowie 1709 sein Sohn Ferdinand und noch 1736 des Letz=
teren Schwester Maria Diana von Berghes. Sellerich ist
jetzt nach Brandscheid eingepfarrt. Ueber den Besitz der
Schultheißerei=Güter des Hofes Sellerich, besonders wegen
der dazu gehörigen Forstparzelle Rotscheid, sind mehrere
leider sehr kostspielige Prozesse geführt worden. Der Flä=
cheninhalt der Schultheißerei=Güter des Hofes Sellerich,
auf welche die Gemeinden Hontheim, Herrscheid und Sellerich
Anspruch machten, betrug 344 Morgen 102 Ruthen 50 Fuß.
Das auf dem Banne von Herscheid gelegene Forstgrundstück
Retscheid ist 12 Morgen 34 Ruthen groß. Eine Wiese,
Sellericher Brühl genannt, ein Stück Wildland von 40
Morgen auf Giebelfeld, und ein anderes von 20 Morgen auf
Hallerich, gehörten auch zu den Schultheißerei=Gütern, deren
Besitz den Gemeinden durch Urtheile in erster und zweiter
Instanz gegen den Fiskus zugesprochen wurde. Außerdem
Fiskus machten auch die Stockbesitzer des Hofes Sellerich
den Gemeinden den Besitz der Schultheißerei=Güter streitig.
Die Gemeinden haben aber den Besitz behauptet und ihr
gemeinschaftliches Eigenthum beträgt nun, wie schon oben
bei Herscheid bemerkt worden ist: 1395 Morgen Holzungen,
422 Morgen Schiffel= und Wildland und 10 Morgen in
Wiesen und andern Ländereien. Die Kurfürstliche Mühle
zu Sellerich mit einem Mühlgange, wurde mit dem dazu
gehörigen Beringe am 21. Nivose XII. (12. Januar 1804)
für 725 Franken (193 Thaler) an M. Vogel versteigert.

Stein=Mehlen ist ein Weiler, nordwestlich von Nieder=
Prüm, unterhalb Nieder=Mehlen, und liegt in einiger Entfer=
nung vom Mehlembache. Die Höhe bei dem Orte ist 1602
Fuß hoch, die Höhe hinter dem Orte (Dreiecks=Punkt) 1682
Fuß. Stein=Mehlen gehörte bis 1794 zur Schultheißerei
Nieder=Prüm und war stets dahin eingepfarrt. Die Ge=
meinde besitzt 4 Morgen Holzungen und 13 Morgen Schiffel=
und Wildland.

Weinsfeld liegt südwestlich von Nieder=Prüm, zwischen
dem Möhnbache und dem Mehlembache. In der Stiftungs=
Urkunde der Bertrada vom Jahre 720 werden als Grenzen
der dem Kloster Prüm geschenkten Besitzungen Melina flu=
men und Winardi curtis bezeichnet. Wahrscheinlich verdankt
Weinsfeld, welches nicht weit vom Mehlembache entfernt
ist, seinen Ursprung jenem Hofe des Winard. Im Jahre
1282 beurkundete der 34. Abt von Prüm, Walther, (Graf
von Flandern) daß ihm die Priorin und der Konvent der
Nonnen zu Nieder=Prüm angezeigt hätten, daß sie, unter
Vermittlung seines Vorgängers, des Abts Gottfried (von
Blankenheim) von dem Ritter Nikolaus von Hersdorf unter
andern Gütern auch deren zu Weinsfeld, erworben hät=
ten, und daß er und sein Konvent dies genehmigten.
Im Jahre 1290 bezeugte Abt Walther, daß Rudolph von
Rommersheim den Zehnten von Feldern und Gärten bei
Weinsfeld zu beziehen habe, mit Ausnahme des Läm=
mer=Zehnten, welcher dem Kloster Nieder=Prüm zustehe.
Im Jahre 1438 mußte Claß „uf der Holzgasse" dem
Probste des Klosters Prüm jährlich zu Martini 1 Malter
Roggen, 2 Hühner und an Gelde 20 Heller entrichten. Im
Jahre 1460 baute Johann auf der Holzgasse, auf seine Ko=
sten, mit Genehmigung des Klosters Nieder=Prüm, dessen
Priorin damals Mechtildis von Cussel war, auf einer wü=
sten Stelle einen Hof, wurde damit von dem Kloster Nieder=

Prüm belehnt und verpflichtete sich, jährlich dem Kloster Nieder-Prüm drei Malter Roggen zu geben, einen Mann mit zwei Pferden zur Moselfahrt und eine Fuhre um Decksteine zu fahren, zu stellen, auch zwei „Wysonge" zu geben. Der Hof wurde das Pellensgut oder Pellensbuschgut genannt, und kam an eine Familie Wierichs oder Wieres. Im Jahre 1604 behauptete die Probstei des Klosters Prüm, daß ihr das Pellensgut zu Kurmuth verpflichtet sei. Im Jahre 1626 machte Nikolaus Wirich eine Stiftung zum Besten der Armen, fundirte solche auf sein Gut und ließ sie von dem Amtmann zu Prüm und Schönecken, Lothar von der Fels bestätigen. Als 1636 Anton Wierichs starb, wollte das Kloster Prüm mehrere zum Pellens- oder Wiresgute gehörigen Ländereien, und den größten Theil der Gebäulichkeiten, Pesch und Garten zur Probstei einziehen. Dagegen protestirte das Kloster Nieder-Prüm. Am 7. Mai 1641 kam ein Vergleich zwischen beiden Klöstern zu Stande, nach welchem das Kloster Nieder-Prüm im ruhigen Besitze der Güter nach den Bestimmungen des Grenzbeganges von 1541 bleiben sollte. Wegen „vielfältiger Troublen" blieb der Hof viele Jahre unbewohnt liegen. Im Jahre 1673 verpachtete das Kloster denselben an Johann Scherer und dessen Ehefrau Else. Das Kloster Nieder-Prüm befand sich noch im Jahre 1794 im Besitze des Pachthofes, welcher am 29. Juli 1808 für 2425 Frs. (646 Thlr.) von der Französischen Regierung versteigert wurde. Bedeutende Ländereien, welche das Kloster Nieder-Prüm noch außer jenem Pachthofe zu Weinsfeld besaß, wurden für 4150 Frs. (1106 Thlr.) am 11. November 1811 zugeschlagen. Die Gemeinde besitzt nur 3 Morgen Holzungen, 6 Morgen Schiffel- und Wildland und 1 Morgen Wiesen. Den Zehnten im Hofe Weinsfeld besaß Christoph von Hersel als ein Lehn der Abtei Prüm. Durch Erbschaft kam solcher an den von

Scheuren, dann an von der Heyden, genannt Belderbusch, und war bereits 1731 durch Kauf von dem Kloster Prüm erworben. Weinsfeld hat eine Kapelle und ist nach Nieder-Prüm eingepfarrt.

257. Die Bürgermeisterei Olmscheid besteht aus folgenden Ortschaften:

	Wohnh.	Einw.
1. Jucken, Dorf..... mit	42	250
a. Jucknestraße, Häuser......... „	2	12
b. Berensrech, Häuser......... „	2	11
c. Huscheid, Häuser . „	2	11
d. Rothumsseif, Häuser......... „	2	11
e. Kockelsberg, Hof.. „	3	14
2. Kickeshausen, Weiler........... „	5	38
3. Amscheid, Dorf.. „	39	217
a. Olmscheiderfurth Haus.......... „	1	7
b. Geicht, Haus.... „	1	4
c. Steinrausch, Häuser „	3	19

Zusammen... mit 102 Wohnh. und 595 Einw. Im Jahre 1852 zählte man 668 Einwohner. Die zur Bürgermeisterei Olmscheid gehörigen Ortschaften liegen an der Grenze des Kreises Bitburg. Olmscheid ist 3¼ Meile südwestlich von Prüm und 1¾ Meilen von Wachsweiler, zu dessen Friedensgerichtsbezirke die Bürgermeisterei gehört, entfernt. Die Höhe an der Kirche beträgt 1601 Fuß, die des Spiegels der Irressen an der Brücke zwischen Olmscheid und Daleiden 1040 Fuß. Ein Römischer Wall, wahrscheinlich eine Fortsetzung der Langmauer, scheint sich über die Höhen bei Olmscheid, über die Our hinüber gezogen und bei Olmscheid ein zu diesem Walle gehöriger runder Thurm gestanden zu haben. Eine sehr große Masse von Steinen liegt hier in einem Kreise umher, bei welchen man auch eine Römische Münze gefunden hat. [1] Es ist dies wahrscheinlich dieselbe Stelle, deren Bormann unter dem Namen Altburg bei Olmscheid, erwähnt. [2] Olmscheid, Jucken und Kickeshausen gehörten zu der vom Schlosse Dasburg abhängigen Viandener Meierei Binscheid. Die alte Pfarrei Olmscheid gehörte zum Dekanate Bitburg. Die Collatur der Pfarrei stand dem Kloster der Trinitarier zu. Die Pfarrei ist jetzt auf die Ortschaften der Bürgermeisterei beschränkt, ehemals waren auch Emmelbaum und Sachsenhausen (in der Bürgermeisterei Ammeldingen im Kreise Bitburg) nach Olmscheid eingepfarrt. Ehemals soll Olmscheid ein Filial von Carlshausen gewesen sein. Gewiß ist es, daß die Pfarrei Olmscheid schon 1760 bestand. Im Jahre 1784 war Bernhard Neumann, O. St. Trinit. Pfarrer zu Olmscheid, im Jahre 1794 schon Peter Simon, der viele Jahre hier fungirte. Die Kirche St. Laurentius zu Olmscheid scheint im 16. Jahrhunderte erbaut worden zu sein. Sie hat keine Pfeiler.

Jucken liegt südlich von Olmscheid. Die Höhe bei der Kapelle beträgt 1534 Fuß. Diese Kapelle ist 1683 erbaut worden. Die bei Jucken und Olmscheid angegebenen Häuser sind erst vor einigen Jahren entstanden, mehrentheils durch Leute, welche nach Brasilien auswandern wollten und ihr Grundeigenthum in andern Gemeinden verkauft hatten, weshalb sie noch mit den Namen Brasilianer in der Eifel bezeichnet werden. Steinrausch entstand 1837, Juckerstraße; Berensrech, Rothumsseif und ein Haus bei Kockelsberg

---

[1] Steininger Geschichte der Trevirer. S. 189.
[2] Bormann Beitrag, II. Theil, S. 111.

entstanden 1839, Huscheid und Geicht erst 1844. Es ist wohl möglich, daß sich aus diesen Etablissements nach und nach Weiler oder gar Dörfer bilden. Kickeshausen liegt nordöstlich von Olmscheid an der Inz. Von allen Gemeinden der Bürgermeisterei besitzt nur die Gemeinde Olmscheid ein geringes Gemeinde=Eigenthum, in 1 Morgen Schiffelland und 3 Morgen in Wiesen und andern Ländereien bestehend.

258. Die Bürgermeisterei Olzheim besteht aus den Ortschaften:

		Wohnh.		Einw.	
1. **Dausfeld**, Dorf.. mit	9	Wohnh. und	75	Einw.	
a. nebst Mühle	„	1	„	„	8	„
2. **Hermespand**, Dorf.............	„	13	„	„	76	„
3. **Klein=Langen= feld**, Dorf........	„	19	„	„	125	„
4. **Neuendorf**, Dorf.	„	13	„	„	82	„
5. **Olzheim**, Dorf....	„	46	„	„	330	„
a. Knaufspesch, Weiler	„	2	„	„	12	„
6. **Wascheid**, Dorf...	„	19	„	„	111	„
a. Halbemeile, Weiler	„	2	„	„	11	„
7. **Wilwerath**, Dorf.	„	15	„	„	94	„

Zusammen... mit 139 Wohnh. und 924 Einw. im Jahre 1843, deren Zahl im Jahre 1852 auf 983 gestiegen war.

Dausfeld liegt in einem Thale am linken Ufer der Prüm, eine halbe Stunde nordöstlich von der Stadt Prüm entfernt. Es gehörte zur Schultheißerei Hermespand. Es könnte vielleicht der in einer Urkunde vom Jahre 1291 vorkommende Ort „Duslet" sein, wo die von Hasselborn Ländereien besaßen. [1]) Die Backes=Erbschaft zu Dausfeld war

---

[1]) Eiflia illustr. II. Bd. 1. Abth. S. 158.

ein Bauernlehn. Die Gemeinde besitzt 96 Morgen Schiffel-
und Wildland zu einem Reinertrage von 10 Thalern. Dausfeld ist nach Weinsheim eingepfarrt.

Hermespand liegt nördlich von Dausfeld am rechten
Ufer der Prüm. Die Höhe an der Brücke über die Prüm
ist 1440 Fuß. Cäsarius nennt es Hermanesbanede. Der
Name soll wohl so viel als Herrmanns = Bende oder
Wiese heißen. Das Weisthum von Hermanspach (welches
wohl ein Schreibfehler ist und Hermanspand heißen soll)
enthält (Grimm III. S. 831) folgende Bestimmung: „item
„wan ein hoiffener hinweg zeucht, mage er mit willen hern
„dinst thun vnd anders wohin ziehen, vnd binden jars vnd
„tag widder kommen, sol man inne widder in sin erbe las-
„sen; kumpt er nit widder vnd die erbeschaft ledig ligt, so
„soll der voigt vff ein weissen foelen sitzen vnd ein vor sich
„setzen vnd ein hinder siche; welchen er dann nidder setzt
„vff die erbschaft vnd den hoffsschultheißen sicher kann ma-
„chen, denselbigen soll er bekennen mit der erbschaft." Zur
Prümschen Schultheißerei Hermespand gehörten noch Dausfeld und Wilwerath. Das Haus bei dem Brühl gelegen,
mit Garten und Pesch, war ein Bauerlehn. Eine freie
Erbschaft zu Hermespand verkauften Graf Karl von Manderscheid-Gerolstein und dessen Gemahlin Anna Salome,
1615 an Georg von Gudesdorf. Die Schultheißerei-Güter
des Hofes Hermespand hatten einen Flächeninhalt von 14
Morgen. Im Jahre 1840 besaß die Gemeinde 64 Morgen
Schiffel= und Wildland, zu einem Reinertrage von 9 Thlrn.
Hermespand hat eine Kapelle und ist nach Weinsheim eingepfarrt.

Langenfeld, zum Unterschiede von dem Orte gleichen
Namens in der Bürgermeisterei Winterscheid, Klein=Langen-
feld genannt, liegt östlich von Olzheim am Langenbache.
Es war eine Zennerei (Centnerei) im Amte Schönecken, zu

welcher außer Langenfeld noch fünf Häuser zu Lasel (siehe
Nro. 244 bei Burbach) und der Hof Irsfeld bei Schönecken
gehörten. Das Gericht bestand aus einem Meier und vier
Schöffen. Das Weisthum von Langenfeld (Grimm II.
S. 591 und 593, wo aber Klein=Langenfeld mit dem west=
lich von Prüm gelegenen Groß=Langenfeld in der Bürger=
meisterei Winterscheid Nro. 268 verwechselt wird) vom Jahre
1517 weiset dem Grafen von Manderscheid, der „Blanken=
heim schleust vnd entschleust, gebait vnd verbait alß vur
eynen rechten vnd gewahren grontheren." Auch im Weis=
thum von 1567 erkennen die Schöffen „den wolgebornen
Hanß Gerardt Grauen von Blankenheim (Manderscheid=
Blankenheim zu Gerolstein) vor einen rechten grundt= vnd
lehnherren" und weisen „iren gnaden gebot vnd verbot."
Jedoch hatte auch der Vogt von Schönecken Theil an der
Gerichtsbarkeit. In den Jahren 1571 und 1591 verglich
sich der Graf von Manderscheid mit dem Erzstifte wegen
des Hofes Langenfeld. Die Gemeinde besitzt 392 Morgen
Holzungen, 46 Morgen Schiffel= und Wildland und 2 Morgen
Wiesen, zu einem Reinertrage von 145 Thlrn. Die Stock=
besitzer machten Ansprüche auf den alleinigen Besitz der Ge=
meinde=Waldungen, wurden aber durch die Urtheile des
Königlichen Landgerichts zu Trier vom 21. Juli 1828, und
des Rheinischen Appellations=Gerichtshofes zu Köln, vom
20. Januar 1831, abgewiesen. [1] Langenfeld hat eine Ka=
pelle und ist nach Olzheim eingepfarrt.

Neuendorf liegt nördlich von Olzheim am Reuther=
bache, der, von Reuth kommend, sich unterhalb des Dorfes
in das linke Ufer der Prüm ergießt. Die chaussirte Straße
von Prüm über Olzheim nach Stadtkyll führt durch Neuen=
dorf. Die Grafen von Manderscheid=Schleiden trugen Neuen=

---

[1] Läis a. a. O. II. S. 344

dorf als ein Mannlehn von der Abtei Prüm zu Lehn. Als
der Mannsstamm der Schleidenschen Linie des Mander=
scheidschen Hauses 1593 erlosch, nahm Graf Philipp von
der Mark das Kirchspiel Neuendorf in Besitz, wogegen
aber Erzbischof Johann VII. (von Schönberg) protestirte,
und am 14. Juli 1593 ein Notariats=Instrument darüber
aufnehmen ließ. Mit dem Zehnten zu Neuendorf, mit
welchem die Grafen von Manderscheid=Schleiden in den
Jahren 1551, 1578 und 1582 von der Abtei Prüm belehnt
worden waren, wurde Graf Christoph Ludwig von Löwen=
stein, Herr zu Scharfeneck, für seine Gemahlin Elisabeth, einer
Tochter des Grafen Joachim von Manderscheid=Schleiden
und für deren minderjährige Schwestern, am 6. August
1593 von dem Erzbischofe Johann VII. belehnt. Im Jahre
1601 empfing Graf Herrmann von Manderscheid=Blanken=
heim die Belehnung über Neuendorf, 1616 Graf Karl von
Manderscheid=Gerolstein und 1627 Graf Johann Arnold
von Manderscheid=Blankenheim. Am 28. Dezember 1663
bestätigte Graf Ferdinand Ludwig von Manderscheid=Gerol=
stein Herkommen und Rechte des Dorfes Neuendorf. Als
im Jahre 1780 Graf Joseph Franz Georg Ludwig, als der
letzte Mann des Hauses Manderscheid starb, zog das Erz=
stift Trier Neuendorf als ein erledigtes Mannlehn ein und
schlug es zum Amte Prüm. Die Gemeinde besitzt 747 Morgen
Holzungen und 45 Morgen Schiffel= und Wildland, zu einem
Reinertrage von 264 Thlrn. Neuendorf hat eine Kapelle
und ist nach Olzheim eingepfarrt. Bei dem Dorfe ist eine
Mineralquelle.

Olzheim liegt 1 Meile nordöstlich von Prüm, an beiden
Ufern der Prüm, an der von Prüm nach Stadtkyll führenden
Straße. Die Höhe an der Brücke über die Prüm beträgt
1541 Fuß. Cäsarius nennt es Olmeze und bemerkt, daß
die Höfe Selrich und Olzheim (curia de Selrihc et Olmeze)

verpflichtet wären, dem Kloster Prüm jährlich zwei Schoppen (sextarios) Honig zu liefern, um Brombeeren (moras) ein=zumachen und Claret zu bereiten. Die Besitzungen, welche das Kloster zu Olzheim hatte, bezeichnet Cäsarius nicht näher. Im Jahre 1367, auf St. Jakobstag, verpfändete Johann, Herr zu Schönecken, seine Höfe zu Olmetze und Wettelndorf Herrn Burchard von Vinstingen für 200 Gulden. Nach dem Weisthume von Olzheim, vom Jahre 1518, (Grimm II. S. 594—596) war der Graf von Blankenheim edler Vogt, und hatte das Vogtgedinge zu Olzheim zu halten: Montags nach heiliger drei Königtag. Die Gemeinde war dafür zu Abgaben verpflichtet, worüber das Weisthum sagt: „item weisen sie (die Schöffen) einem grauen von Blankenheim scholtissen vff nach breitziehend tag zwei schaubroidt vnd zwo quarten weins vnd sechs pont wert fleisch, vnd so viel wachsen licht (Wachslicht) das er sein abentmal darbei koch, vnd seinem pferdt ein vagtfester haber, isset er die, gut, isset er die nicht, so soll er derselbigen auch nit von dann fueren; item dem vogt von Blankenheim weist man vier rosseisen (Hufeisen) vnd zu iecklichem eisen zwölf negel vnd einen beigelen mit ein widerhaag." Der vorletzte Abt von Prüm, Wilhelm von Manderscheid, belehnte im Jahre 1526 die Grafen Johann II. und Arnold von Manderscheid=Gerolstein mit „der Vogthie zu Olzhem." Im Jahre 1538 empfing auch Graf Friedrich, ein dritter Bruder, die Be=lehnung. Die Prümsche Schultheißerei Olzheim bestand nur aus dem Dorf und der Mühle. Letztere gehörte dem Kon=vente, welchem die Einkünfte von Olzheim bei der Theilung, im Jahre 1361, zugetheilt worden waren. Die freie Erb=schaft, auch Eltzen= und Mühlen=Erbschaft, war ein Bauer=lehn, ebenso Knaufs Haus. Letzteres soll auf Knaufspesch gestanden haben, wo zwischen 1820 und 1830 wieder Häuser gebaut worden sind. Das Knaufs Haus war das Geburts=

haus des Priors von Prüm, Cosmas Knauf, welcher im Jahre 1716, in einer eigenen Schrift, die Rechte seines Klosters gegen das Erzstift vertheidigte und deshalb gefangen nach Ehrenbreitstein geführt wurde, wo er auch im Jahre 1740 in der Gefangenschaft starb. Die Pfarrei zu Olzheim ist alt und gehörte zum Landkapitel Kyllburg. Früher war Olzheim ein Filial von Rommersheim gewesen, hatte aber schon im 16. Jahrhunderte eine eigene Pfarrei. Jetzt sind außer Olzheim noch Klein=Langenfeld, Neuendorf, Wilwerath und Reuth eingepfarrt. Im Jahre 1777 gehörten auch noch Hermespand, Wascheid, Gondenbrett und Ober=Mehlen zur Pfarrei. Das Kloster Nieder=Prüm hatte die Collatur. Als Pfarrer werden genannt: Johann aus Strickscheid 1534, Peter Itgerath 1612, Jakob Lamberti aus Kyllburg, Peter Thomae aus Mehlen 1624—1675, Johann Heinrich Halt=zinger oder Hansen aus Halzingen 1675—1677, Simon Funck 1677—1686. Die Bauern wollten ihn nicht eher zulassen, bis er versprochen, keine Neuerungen zu machen, wie es schon von seinem Vorgänger geschehen. Sie mußten ihn aber annehmen und wurden tüchtig gestraft. Quirin Debeur 1686—1692, Nikolaus Habscheid aus Prüm 1692—1727, Johann Hansen von Helzingen 1727—1773, Paul Jodoci 1773, Bochfolz 1824, Laurentius Neumann 1852, Meyers. Die der Abtei Prüm gehörig gewesene Mühle, nebst einer Schneidemühle, Garten und Bering wurde am 22. Ventose XII. (13. März 1804) für 4275 Franken (1140 Thaler) versteigert. Die Gemeinde besitzt 183 Morgen Schiffel= und Wildland und 24 Morgen Wiesen u. s. w.

Wascheid liegt südwestlich von Olzheim, nahe an der Schnee=Eifel. Es kommt in Urkunden auch unter dem Namen Wasserscheid vor. Es gehörte zur Schultheißerei Gonden=brett. Unter andern Gütern und Renten wurde Dham von Gundersdorf und nach ihm, 1514, sein Schwiegersohn Ger=

hard Selten von Saulheim mit einem Schafferbe zu Wasser=
scheid, genannt Lehrhusen, von der Abtei Prüm belehnt.
Von den Selten von Saulheim kam das Gut, durch Erb=
schaft auf die von Elckershausen, genannt Klüppel. Die
Gemeinde besitzt 244 Morgen Holzungen, 111 Morgen
Schiffel= und Wildland und 1 Morgen Wiesen. Wascheid
hat eine Kapelle und ist nach Gondenbrett eingepfarrt.

Wilwerath oder Willwert liegt südlich von Olzheim,
an der Prüm. Es gehörte zur Schultheißerei Hermespand
und ist nach Olzheim eingepfarrt. Die Gemeinde besitzt
123 Morgen Holzungen, 18 Morgen Schiffel= und Wildland
und 5 Morgen Wiesen ꝛc.

259. Zur Bürgermeisterei Pronsfeld gehören:

1. Orlenbach, Weiler mit	2	Wohnh. und	27	Einw.
2. Pittenbach, Dorf.	„	12	„	„	99	„
3. Pronsfeld, Dorf.	„	75	„	„	467	„
a. Loch, Gehöfte....	„	3	„	„	14	„
b. Schloßheck, Gehöfte.........	„	3	„	„	16	„
4. Wazerath, Dorf.	„	17	„	„	165	„

Zusammen... mit 112 Wohnh. und 788 Einw.
Im Jahre 1852 hatte sich die Seelenzahl auf 825 ver=
mehrt. Die Bürgermeisterei gehört zum Bezirke des Frie=
densgerichts zu Wachsweiler.

Orlenbach liegt östlich von Pronsfeld an einem Bache,
der eine Mühle treibt, besteht nur aus zwei Häusern, hat
aber eine Kapelle.

Pittenbach liegt nördlich von Pronsfeld, am rechten
Ufer der Prüm. Die Gemeinde besitzt 1 Morgen Schiffel=
und Wildland und 1 Morgen Wiesen.

Pronsfeld liegt südlich von Prüm, 1 Meile davon ent=
fernt, und eben soweit nordwestlich von Wachsweiler, an
beiden Ufern der Prüm, zwischen Nieder=Prüm und Lüne=

bach. Die Höhe an der Brücke über die Prüm ist 1124
Fuß. Die Kirche liegt ganz entfernt vom Dorfe, auf einer
Höhe. Die Alf mündet bei Pronsfeld in das rechte Ufer
der Prüm. Pronsfeld ist ein alter Ort. Graf Kabelo oder
Gothilo (Gottfried) und seine Gemahlin Irmengart, schenkten
im Jahre 1020 oder 1021 den Hof Pronsfeld (curtem
Pruncefelt), oder vielmehr ihren Antheil an demselben, der
Trierschen Kirche, wie Erzbischof Poppo bekundete. (Hont=
heim I. S. 356.) Graf Bruno von Hengebach hatte das
praedium Prumisfeld dem Kloster Prüm geschenkt. Heinrich
Graf von Limburg machte Ansprüche auf Pronsfeld, fiel in
die Güter der Abtei und raubte und plünderte, und be=
mächtigte sich des predii Prumisfeld. Wolfram, (von Bet=
tingen) 21. Abt von Prüm, beschwerte sich darüber bei
Kaiser Heinrich IV., welcher nun im Jahre 1101 vor Lim=
burg rückte, es belagerte, und den Grafen von Limburg
zwang, Pronsfeld heraus zu geben und das Kloster Prüm
zu entschädigen. (Hontheim I. S. 476.) Ernst behauptet in
seiner histoire de Limbourg II. S. 178, Prumisfeld habe
bei Merkstein in der Herrschaft Herzogenrath gelegen, sei
nicht mehr vorhanden, aber ein Distrikt in der Gegend werde
noch Prumerenfeld genannt. Es scheint mir aber doch, daß
Pronsfeld der Gegenstand des Streites war; gewiß ist es,
daß die Herren von Reiferscheid die aus dem Hause der
Herzoge von Limburg stammten, noch in späteren Zeiten
Rechte zu Pronsfeld hatten. So verkaufte unter andern
Johann IV., Herr von Reiferscheid, 1360 einen Theil des
Hofes Pronsfeld an Burchard von Binstingen. [1]) Im Jahre
1784 gehörte der Hof oder die Meierei Pronsfeld dem Erz=
stifte Trier, dem Prinzen von Oranien als Grafen von
Vianden, und statt des Herrn von Hartelstein (von Wilt=

---

[1]) **Eiflia illustr.** I. Bd. 2. Abth. S. 624 und S. 923.

berg) dem von Olimart, einem abligen Rathsherrn zu
Luxemburg gemeinschaftlich. Die Landesherrlichkeit stand dem
Herzogthume Luxemburg und dem Erzstifte gemeinschaftlich
zu. Der Kurfürst von Trier hatte als erster Hofesherr die
Erlasse, welche den Hof betrafen, zuerst zu unterschreiben,
nach ihm der Prinz von Oranien, dann der Herr von
Hartelstein. Jeder von den drei Hofsherren hatte seinen
Meier zu Pronsfeld. Auch stand jedem derselben die Gerichtsbarkeit über seine Unterthanen und das Recht zu, von
denselben Schatzung und Zug und Folge zu fordern. In
Civilsachen ging die Berufung der Trierschen Unterthanen
an die Kurtrierschen Appellations-Instanzen, von den Oranischen und Hartelsteinschen aber an den Provinzial-Rath
zu Luxemburg. Zur gemeinschaftlichen Herrschaft Pronsfeld
gehörten folgende Ortschaften:

1. Eischeid (jetzt in der Bürgermeisterei Lünebach); 2. Hollenich (in der Bürgermeisterei Habscheid), die Mühle gehörte
dem Kurfürsten und dem Herrn von Hartelstein gemeinschaftlich und war in Erbpacht ausgethan; 3. Kinzenburg;
4. Lichtenborn (in der Bürgermeisterei Lichtenborn); 5. Lierfeld (in der Bürgermeisterei Lünebach) mit der Merlbacher-
mühle, welche letztere einem Kurtrierschen Unterthan gehörte; 6. Lünebach nebst einer Mühle, welche dem Prinzen
von Oranien und dem Herrn von Hartelstein gemeinschaftlich gehörte und erblich verpachtet war. Zwei Häuser zu
Lünebach (Cönen und Beckung oder Begon) gehörten zum
Amte Kyllburg; 7. Masthorn (Bürgermeisterei Hallscheid);
8. Matzerath (Bürgermeisterei Lünebach); 9. Nieder-Habscheid; 10. Ober-Habscheid (Bürgermeisterei Hallscheid);
11. Ober-Uettfeld (Bürgermeisterei Lichtenborn); 12. Orlebach; 13. Pronsfeld; 14. Pittenbach (in der Bürgermeisterei
Pronsfeld); 15. Stalbach (in der Bürgermeisterei Lichtenborn); 16. Strickscheid (in der Bürgermeisterei Lünebach);

17. **Watzerath.** Auch der Hof Eilscheid, bestehend aus den Ortschaften Dackscheid und Eilscheid (Bürgermeisterei Lünebach), Hargarten, Lambertsberg und Lascheid (in der Bürgermeisterei Wachsweiler) gehörte in criminalibus zum Hofe Pronsfeld. Im Hofe Eilscheid waren aber keine Oranische, sondern nur sechszehn Triersche und drei Hartelsteinsche Unterthanen. Erstere standen eben sowie die Trierschen Unterthanen im Hofe Pronsfeld unter dem Amt Schönecken. Der Hof Merlscheid lag im Bezirke des Hofes Eilscheid, gehörte aber zum Amte Kyllburg. (Siehe Nro. 254 bei Lünebach.) Nach dem Landrechte „des Hofes Pronzfeld" vom Jahre 1476 (Grimm II. S. 552) sollte bei Jahrvogtsgedinge der Vogt des Hauses Schönecken voran in der Bank sitzen, neben demselben der Scholtheiß des Herrn von Nassau (Vianden) und dann der Scholtheiß von Reiferscheid. Wann die vorgenannten drei in der Bank gesessen sind, soll in derselben Bank der Lehnherr des Hauses Hartelstein sitzen. Bei den Lehnherren sollen vier Edelmänner sitzen. Nach dem Weisthume von 1616 waren diese vier Edelmänner der erste von den Gütern von Enschringen, der zweite von Junker Classen von Rattenheim, der dritte wegen der Gotten Güter, der vierte von wegen der Güter des Johann von der Ahr. Nach dem Weisthume von 1476 hatten von den 21 Schöffen die Herren von Schönecken (Trier) und von Hartelstein zusammen 7, der Herr von Nassau 10½ und der Herr von Reifferscheid 3½ zu ernennen. Im Jahre 1489 verkauften Graf Diedrich III. von Manderscheid=Schleiden und dessen Sohn, Graf Johann von Manderscheid=Blankenheim als Vormünder der Kinder des verstorbenen Grafen Kuno von Manderscheid=Schleiden, die Reiferscheidschen Güter und Gefälle im Hofe Pronsfeld an Gerhard von Kaltenborn und dessen Gattin Katharina, für 700 Gulden. Der Kauf war wahrscheinlich auf Wiederkauf, eine Art der Verpfändung,

geschehen, denn im Jahre 1582 werden die Reiferscheidschen
Güter in der Herrschaft Schönecken und im Hofe Pronsfeld
unter den Gütern aufgeführt, über welche Graf Diedrich VI.
von Manderscheid=Schleiden für sich und für die Kinder seines
verstorbenen Bruders Joachim die Belehnung von dem Erz=
bischofe Johann VII. (von Schönberg) empfing. Im Jahre
1593 wurde ein Haufen Trierscher Truppen, welche Erzbischof
Johann VII. zur Vertheidigung seines Landes gegen die Nie=
derländischen Freibeuter zusammen gezogen hatte und der
in der Mitte des Dorfes Pronsfeld auf dem sogenannten
Schweinepesch lagerte, von einem Trupp Niederländer, der
vergebens St. Veit belagert hatte, überfallen, gegen ein=
hundert Mann getödtet und die übrigen auseinander ge=
sprengt. Die Gebliebenen wurden auf dem Kirchhofe hinter
der Sakristei und dem Chore begraben. Auf dem Koborn
(Kuhborn), der Pfarrkirche von Pronsfeld gegenüber, einem
Punkte, von welchem man eine schöne und weite Fern=
sicht hat, wurden im Jahre 1839 die Ueberbleibsel Römi=
scher Gebäude entdeckt. Ein Theil der Heizungseinrichtung
(hypocaustum) war noch ganz gut erhalten. Auch auf der
Schloßhecke hat man Römisches Mauerwerk gefunden. Die
den heiligen Remigius und Eligius gewidmete Pfarrkirche
liegt ganz entfernt vom Dorfe auf einer Höhe. Diese Lage
ist für die Einwohner des Dorfes sehr unbequem, war aber
wegen des früher sehr ausgebreiteten Sprengels, der alle
Ortschaften des Hofes Pronsfeld, nur Lichtenborn ausge=
nommen, in sich begriff, nothwendig. In der Kirche ist das
Wappen der Herren von Wiltberg über dem Hochaltar an=
gebracht. Auch befinden sich einige Grabsteine, deren In=
schriften nicht mehr lesbar sind, in derselben. Im Jahre
1294 in octav. b. Martini hyemalis gaben Walram von
Montjoie und Johann von Reiferscheid, beide aus dem
Stamme der Herzoge von Limburg und Heinrich von Schön=

III. 2. Abth.

ecken, aus dem Geschlechte der Grafen von Vianden, das
Patronatrecht der Kirche zu Pronsfeld dem Kloster Nieder-
Prüm. Der Triersche Erzbischof Boemund I. (von Warnesberg) genehmigte die Schenkung. Im Jahre 1659 befreite der Official zu Trier die Einsassen von Habscheid
und Hollenich von der Verpflichtung, von Martini bis Halbfasten die Pfarrkirche zu Pronsfeld zu besuchen, wenn in
ihren Kapellen keine Messe gelesen würde. Für die hohen
Festtage, Christtag, Dreikönigetag u. s. w. galt aber diese
Begünstigung nicht. Am 2. Mai 1680 beschlossen die Pfarrgenossen unter der Bedingung, daß sie von der geistlichen
Behörde von der bisher Statt gehabten Prozession nach
Echternach, die zu vielem Skandal und Unordnung Veranlassung gegeben, absolvirt würden, eine Sonn- und Feier-
tagsmesse in der Kirche zu Pronsfeld zu stiften und nachdem sie die Frühmesse in der Pfarrkirche zu Pronsfeld gehört,
am Pfingstmontag eine Prozession nach der Filiale Habscheid und am Dienstage nach Lünebach anzustellen. Die
Pfarrei gehörte zum Landkapital Kyllburg. Jetzt sind nur
noch sämmtliche Ortschaften der Bürgermeisterei Pronsfeld
und der Weiler Matzerath aus der Bürgermeisterei Lünebach nach Pronsfeld eingepfarrt. Ehemals gehörten (noch
im Jahre 1777) Matzerath, Lierfeld, Lünebach, Masthorn,
Hollenich, Ober- und Nieder-Habscheid, Ober-Uettfeld und
Stalbach zur Pfarrei Pronsfeld. Im Dorfe ist eine Kapelle. Während der Französischen Verwaltung gehörte die
Mairie Pronsfeld zum Kanton Arzfeld, im Bezirk Bitburg,
im Wälder-Departement.

Watzerath liegt am linken Ufer der Prüm zwischen
Weinsfeld und Pittenbach, nördlich von Pronsfeld. Der
Spiegel der Prüm an der Brücke zu Watzerath hat 1181
Fuß Höhe. Die Gemeinde besitzt nur 3 Morgen Schiffel-
und Wildland. Das Gemeinde-Eigenthum von Pronsfeld

besteht in 5 Morgen Schiffel= und Wildland und 11 Morgen in Wiesen und andern Ländereien.

260. Die Bürgermeisterei Prüm besteht nur aus:

1. Prüm, Stadt.... mit 321 Wohnh. und 2290 Einw.

   a. Calvarienberg,

      Kapelle........ „ 1 „ „ 2 „

   b. Tafel, Weiler.. „ 3 „ „ 13 „

   c. Walcherath,

      Weiler........ „ 2 „ „ 9 „

   d. Wenzelbach, Haus „ 1 „ „ 8 „

    Zusammen... mit 328 Wohnh. und 2322 Einw.

Im Jahre 1852 betrug die Seelenzahl 2345. Prüm liegt 8½ Meilen von Trier nordwestlich, 4½ Meilen von Bitburg entfernt, an der Prüm, welche den durch die Stadt laufenden Tettenbach aufnimmt. Die Höhe des Spiegels der Prüm an der Brücke hat 1182 Fuß; die Höhe bei dem Hause des Kaufmanns Bernardi (ehemals Cattrein) beträgt 1371; an der Kapelle auf dem Calvarienberge 1778; die Prümer Held, eine bewaldete Höhe zwischen Prüm und Schönecken, am Wegweiser, 1618; die Straße von Prüm nach Trier, gegen Rommersheim, 1599; Straße von Prüm nach Sellerich, wo die Straße nach Stadtkyll abgeht, auf der Höhe gegen den Calvarienberg, 1618. Prüm liegt unter 24 Grad 7 Minuten der Länge und 50 Grad 13 Minuten der Breite. Versteinerungen kommen häufig vor, besonders Venulites concentricus, Orthis semiradiata Terebratula prisca. Auch Eisenerz findet sich, jedoch nicht so bedeutend, daß gebergt werden könnte. Im 8. Jahrhunderte gehörte ein Theil des Ortes Prüm oder der Gegend umher der Bertrada, wahrscheinlich einer Fürstin aus Merovingischem Geschlechte, welche auf der Burg bei Mürlenbach wohnte. (Siehe Nro. 255.) Im Jahre 720 stiftete

Bertrada zu Prüm ein Kloster des Benediktiner=Ordens zu
Ehren der heiligen Maria, der heiligen Peter und Paul,
des heiligen Johannes und schenkte unter andern Gütern
dem Kloster auch medietatem de Prumia. Angloaldus war
der erste Vorsteher dieses Klosters, doch beginnt man die
Reihe der Aebte gewöhnlich mit Assuerus, welcher dem Kloster
vorstand, nachdem König Pipin auf Bitte seiner Gemahlin
Bertrada, einer Enkelin der ersten Stifterin gleichen Na=
mens, im Jahre 760, die Stiftung erneuert und reich dotirt
hatte. Die Geschichte des Klosters und der Aebte desselben
wird dem folgenden Theile dieses Werkes vorbehalten und
hier nur Das berührt, was die Stadt Prüm selbst betrifft.
Die alte Kirche stand auf einer Wiese in einiger Entfer=
nung vom Orte und wurde daher ad St. Benedictum in
prato genannt. Ein steinernes Kreuz bezeichnet die Stelle,
wo der Hochaltar gestanden, vor welchem Kaiser Lothar I.
seine Ruhestätte fand, als er 855, nachdem er die Regie=
rung niedergelegt hatte und Mönch im Kloster Prüm ge=
worden war, starb. Nach dem Abbruche der alten Kirche
wurden die Mönche auf dem Platze begraben, jetzt dient
derselbe zum allgemeinen Begräbnißplatze. Häufig hat man
steinerne Särge hier gefunden, welche vielleicht ehemals die
Ueberreste von Fürsten und Prälaten bargen und jetzt zu
Wasserbehältern (Regensärgen) dienen. In der cartula do-
nationis vom 23. Juni 720 wird Prüm eine villa regalis
genannt, und es war hier wahrscheinlich ein Pallast der
Franken=Könige. [1]) Kaiser Karl der Große soll sich häufig
in Prüm aufgehalten haben. Auf einer Anhöhe, in dem
nordöstlich von der Stadt liegenden Walde Tettenbusch,
welche der Burgring genannt wird, sind die Spuren von
Gräben noch deutlich zu erkennen. Hier soll der Sage nach

[1]) **Eiflia illustr. I. Bd. 1. Abth. S. 97.**

die Burg gestanden haben, in welcher Karl bei seiner An=
wesenheit in Prüm gewohnt. Zu Ende des vorigen Jahr=
hunderts entdeckte ein Hirte, welcher die Kuhheerde am Burg=
ringe weidete, eine Glocke von ziemlichem Umfange. Die
Form derselben ist die einer Pauke (tympanum), der ältesten
Form der Glocken, sie hatte einen besondern Ton und schien
Silber zu enthalten. Im Jahre 1820 bediente man sich
dieser Glocke noch zu Prüm, wo man sie im Glockenthurme
angebracht hatte. Als man das Glockengeläute veränderte,
verkaufte man die alte Glocke, welche 790 Pfund wog, zu
9½ Sgr. pro Pfund, am 15. Oktober 1822 an die Kirche
zu Groß=Campen und bestimmte den Erlös zur Anschaffung
einer Stadtuhr. ¹) Eine Inschrift hatte die Glocke nicht.
Durch den Vertrag von Verdün im Jahre 843 kam Prüm
an Lothringen. Bei dem Raubzuge der Normannen im
Jahre 881 wurde Prüm sehr mitgenommen, im Jahre 892
eben sowie das Kloster ganz zerstört. Mit diesem erstand
aber auch der Ort wieder aus der Asche und nahm, durch
das Kloster begünstigt, sich immer mehr auf. Dazu trug
auch die Gründung einer zweiten geistlichen Stiftung im
Orte, des Kollegiatstiftes B. M. V. durch den 17. Abt von
Prüm, Uroldus, aus dem Geschlechte der Herren von Daun,
im Jahre 1017, nicht wenig bei. Auch über diese Stiftung
sollen im folgenden Bande Nachrichten gegeben werden. In
dem Kriege zwischen Spanien und den Niederlanden, zu
Ende des 16. Jahrhunderts, wurde Prüm von den Hollän=
dern mehrmals heimgesucht. Im Jahre 1587 machte ein
Haufen Niederländischer Freibeuter, nachdem sie das Kloster
Echternach geplündert hatten, auch einen Angriff auf Prüm.
Die Bürger von Prüm hatten sich durch Zuzug aus den
Landgemeinden verstärkt und wehrten sich tapfer und streckten

---

¹) Prümer gemeinnützige Blätter, Jahrgang 1822. S. 316.

mehrere der Angreifenden nieder. Durch Verrath gelang
es aber den Holländern, in den Flecken einzudringen und
denselben zu erobern. Ein Theil der Vertheidiger wurde
niedergehauen, die übrigen in die Flucht gejagt. Die Hol=
länder bemächtigten sich nun des Orts, plünderten und
raubten und zogen mit großer Beute ab. Nach dem Ab=
zuge des Feindes wurden vier von den Verräthern er=
griffen und geköpft.

Als Echternach am 24. Mai 1596 nochmals von Hollän=
dischen Freibeutern geplündert worden war, zogen diese,
am 25. von da nach Prüm, hauseten auch hier arg, und
zogen dann nach Breda. Im Juli 1691 wurde ein Deta=
chement von 400 Franzosen, welches von Montroyal ent=
sendet war, um Kontributionen einzutreiben und das bei
Prüm campirte, von Brandenburgischen Truppen, die zu
Aachen standen, überfallen, theils niedergemacht, theils in
die Flucht gejagt und die Sieger erbeuteten die ganze
Bagage und viele Pferde.[1] Es fehlte aber an innern Un=
ruhen, Zwistigkeiten und Zerwürfnissen auch schon in früheren
Zeiten nicht in Prüm. Christoph, Graf von Manderscheid,
45. und letzter Abt von Prüm, war am 28. August 1576
gestorben und sogleich (schon zwei Tage darauf) setzte sich
der Triersche Erzbischof Jakob III. (von Eltz) in Folge der
durch eine Päpstliche Bulle ausgesprochenen Incorporation,
im Besitz der Abtei. Schon bei Lebzeiten des Abts Christophs
und auf dessen Antrieb hatte aber der Konvent, oder doch
der größte Theil desselben beschlossen, den Grafen Arnold
von Manderscheid=Blankenheim zum Abte zu wählen. Graf
Arnold stand aber in Verdacht, daß er sich zur Lehre Luthers
bekenne. Mehrere Mönche zum Prüm, selbst der Prior Peter
Stösser aus Güsten und der Konventual Gerhard von Mecken=

---

[1] Theatr. Europ. XIV. S. 43.

heim aus Ahrweiler, waren Anhänger dieser Lehre. Ihr Beispiel wirkte auf die Gemeinde, von welcher sich mehrere zur Reformation bekannten. Erzbischof Jakob III. schritt mit Kraft und Macht ein. Um die zur Reformation übergetretenen Mönche und Bürger zur katholischen Kirche zurückzuführen, wurde Peter Binsfeld (der nachherige Weihbischof) im Jahre 1577 nach Prüm gesandt und erreichte auch nach zwei Jahren seinen Zweck.[1] Für den Verlust, welcher Prüm dadurch erlitt, daß es aufhörte die Residenz eines Abtes zu sein, suchten die Administratoren den Ort so viel als möglich zu entschädigen. Der erste derselben, Erzbischof Jakob III., überwies schon am 25. Juni 1577 „der Gemeinde des Fleckens Prüm" zur bessern Erhaltung ihrer Mauern und Thürme seinen Antheil an den hohen Bußen daselbst, sowie an der Weinaccise auf seine Lebenszeit. Erzbischof Johann VII. (von Schönberg) vergönnte dem Flecken, jedes vierte Jahr den Bannwein zu verzapfen und den Nutzen zum Besten der Gemeinde zu verwenden (1584). Im Jahre 1586 bewilligte dieser Erzbischof dem Flecken Prüm einen freien Markt an jedem Donnerstage in der Woche. Im letzten Jahre der Regierung dieses Fürsten, 1599, erregten die Prümer Weiber einen Aufruhr, der aber schnell unterdrückt wurde. Diese Weiber waren, weil man ihre unerlaubten Eingriffe in den Waldungen und Wiesen nicht gestatten wollte, in das Kloster eingedrungen und hatten mehrere Mönche gemißhandelt. Im Jahre 1613 mußten sich die Klosterbrüder wegen der ungesunden Luft (propter aeris contagionem) nach Schönecken begeben. Auch im Jahre 1633 wüthete, sowie früher schon in den Jahren 1348 und 1519, die Pest zu Prüm. Sie wurde besonders durch die umherziehenden Soldaten verbreitet. Man nannte sie damals die

---

[1] Holzer de proepiscopis Trevir. S. 80 u. s. w.

Ungarische Krankheit. Ueberhaupt litt die Stadt durch den dreißigjährigen Krieg (1618—1648), wie durch die Kriege im 17. und 18. Jahrhunderte, deren Schauplatz die Trier-schen Länder nur zu oft waren. Grimm hat uns (III. Theil S. 832) das Weisthum des Fleckens Prüm, aus einem Schöffenbuche vom Jahre 1640 mitgetheilt. Es weiset die Rechte des Abts zu Prüm, unter andern auch das Recht der Fischerei, bemerkt aber dabei, „wannehe es sache wehre, daß man ein schwanger fraw het, oder sonst ein kranker wehre, der mag sunder fahr (ohne Gefahr) fischen mit einem fueß in der bach, mit dem andern uff dem landt, damit der kranke gelafft (gelabt) werde." Im Weisthume werden der Rietzstraße und des Johannesborns erwähnt. Am 10. Mai 1730 reisete Kurfürst Franz Georg (von Schönborn) nach Prüm, nahm die Anstalten zum Baue des Klosters und der Kirche in Augenschein und ließ sich huldigen. Sein Nach-folger Johann Philipp (von Walderndorf), nahm am 1. Dezember 1756 die Huldigung der Unterthanen des Ober-amts an. Nach dem Tode dieses Fürsten weigerte sich der Konvent von Prüm, die Zwischenregierung des Domkapitels, im Jahre 1768, anzuerkennen. Das Domkapitel sah sich genöthigt, 800 Mann Truppen mit sechs Stücken Geschütz gegen die aufsetzigen Mönche marschieren zu lassen, die nun der Uebermacht wichen und am 8. Februar 1768 die Waffen streckten und sich unterwarfen. Im folgenden Bande werde ich auf diesen Prümer Krieg wieder zurückkommen. Prüm war bis zur Auflösung des Deutschen Reiches der Hauptort des Oberamts Prüm, welches aus den Aemtern Prüm, Schönecken und Schönberg bestand. Zum Amte Prüm ge-hörten das Städtlein Prüm 15 Schultheißereien oder Höfe (Birresborn, Bleialf, Büdesheim, Gondenbrett, Hermespand, Mürlebach, Nieder-Prüm, Olzheim, Rommersheim, Schwirtz-heim, Seffern, Sellerich, Wallersheim, Wettelndorf und

Winterspelt) die Daunsche Meierei zu Bleialf und sechs
Zennereien (Lissingen, Hinterhausen, Kopp, Nieder=Hersdorf,
Ober=Lauch und Oos. Im Jahre 1777 zählte man im
Amte Prüm 6217 Seelen in 1190 Hausstätten und 1129
Rauchfängen. Jeder der 15 Höfe hatte ein Gericht, welches
aus dem Schultheißen und sieben Schöffen bestand. Zu
Birresborn, Kopp, Gondenbrett, Hermespand, Mürlebach,
Nieder=Prüm, Rommersheim, Wilwerath, Olzheim, Seffern,
Wallersheim und Wetteldorf waren Meier, welche aber nichts
mit der Gerichtsbarkeit zu schaffen hatten. Ihre Obliegen=
heit war die herrschaftlichen Renten einzutreiben. Sie wur=
den von der Kurfürstlichen Rentkammer ernannt und von
derselben oder von dem Amtskellner vereidet. Dies war
auch der Fall bei den Hofschultheißen von Bleialf und dem
Meier des Daunschen Hofes daselbst. Die übrigen Hof=
schultheißen wurden von der Landes=Regierung ernannt und
von derselben oder von dem Oberamte beeidiget. Statt der
Besoldung hatte jeder Schultheiß den Genuß von bestimmten
Ländereien, welche die Schultheißerei=Güter genannt wurden.
Schon die Französische Regierung zog einen Theil dieser
Güter als Domainen ein und verkaufte solche. Die be=
theiligten Gemeinden remonstrirten dagegen und behaupteten,
daß die Schultheißerei=Güter ursprünglich den Gemeinden
gehört hätten und von denselben nur zum Niesbrauch der
Schultheißen bestimmt worden wären. Während der Fran=
zösischen Verwaltung machte das aber keinen Unterschied,
denn nach dem famosen Gesetze vom 20. März 1813, mußte
auch der Erlös aus den Gütern, zu deren Verkauf die
Gemeinden gezwungen wurden, in die Staatskasse fließen.
Anders gestaltete sich die Angelegenheit, nachdem die Pro=
vinz von Preußen in Besitz genommen worden war. Die
Regierung machte zwar auch Ansprüche auf die Schultheißerei=
Güter, welche noch nicht verkauft worden waren, weil sie

dieselben als Domainen betrachtete, indessen wurden solche, nachdem durch Urtheile der Gerichtsbehörden die Verhältnisse zu Gunsten der Gemeinden klarer hervortraten, den Gemeinden überlassen. Die Sitzungen des Oberamts und der zu denselben gehörigen drei Aemter wurden wöchentlich im Amtshause gehalten. Dieses war von dem Kurfürsten Johann Hugo (v. Orsbeck) im Jahre 1708 erbaut worden und diente auch zur Wohnung des Ober-Amtmannes. In der letzten Zeit des Erzstifts wurde diese Stelle gewöhnlich aus der Familie Beissel von Gymnich besetzt. Der letzte Ober-Amtmann war der Freiherr Franz Hugo Edmund Beissel von Gymnich zu Schmidtheim. Außer ihm bestand das Amts-Personal noch aus zwei Amts-Beisitzern, von welchen der eine zugleich Kurfürstlicher Rentmeister und Amtskellner des Amtes Schönecken war, aus drei Amts-Advokaten, einen Amts-Physikus und zwei Amts- und Stadt-Medicis. Der Ober-Amtmann war zugleich Mannrichter und hatte als solchen noch einen Mannrichterei-Verwalter zur Seite. Das Ober-, Stadt- und Landgericht (oder Land- und Obergericht) bestand aus dem Ober-Amtmann, dem Land- und Ober-Schultheißen (der 1794 zugleich Amts-Advokat war) und sieben Schöffen, auch einen Land- und Ober-Gerichtsschreiber. Letzterer war zugleich Schultheiß eines Hofes. Auch mehrere Schöffen des Obergerichts waren zugleich Hofs-Schultheißen. Das Obergericht hielt seine Sitzungen auf dem Rathhause, als solches aber 1768 abbrannte, im Hause des Land- und Ober-Schultheißen. Das Ober- und Landgericht hatte in den Civilsachen concurrente Jurisdiction mit dem Oberamte, übte die Kriminal-Gerichtsbarkeit im ganzen Oberamte Prüm aus, sowie die Polizei in der Stadt und im Oberamte, über Maaß und Gewicht und Mühlen und konnte auf Strafen erkennen (jus Mulctandi.)

Im 17. Jahrhunderte war das Land=Obergericht noch eine Appellations=Instanz, von welcher die Berufung unmittelbar an das Reichs=Kammergericht ging. Die Mannrichterei hatte nur die Erhaltung und Erhebung der Lehne zu besorgen und in Lehnssachen zu erkennen. In den Civil= und Personalsachen der Vasallen hatte die Mannrichterei (Oberamt) konkurrente Gerichtsbarkeit mit dem Land= und Obergerichte. Das Kämmereigericht des abteilichen Konvents war früher zu Rommersheim gewesen, dann aber nach Prüm verlegt worden, wo es seine Sitzungen im Abteigebäude hielt. Das Gericht bestand aus einem Schultheiß, sieben Kammerschöffen und einem Gerichtsschreiber. Dieses Kämmereigericht hatte nur die Civil=Gerichtsbarkeit über den Theil der Stadt, welcher zum Klosterberinge gehörte; ferner die Gerichtsbarkeit in erster Instanz zu Ober=Lauch, und über die Klosterhöfe zu Nieder=Hersdorf, Nieder=Mehlen und Schwirtheim. Zwischen dem Kämmerei=Gerichte, dem Amte und dem Obergerichte kam es öfter zu Streitigkeiten über die Grenzen der Jurisdiction. Am 8. August 1750 war deshalb schon ein Vergleich abgeschlossen worden, aber nicht zur Ausführung gekommen. Am 23. Mai 1765 wurde daher zwischen dem Kurfürstlichen Amtsverwalter zu Prüm einerseits und dem Syndikus der Abtei nebst zwei Conventualen als Deputirten des Konvents andererseits zu Koblenz ein Vergleich abgeschlossen, und in demselben wurden die Grenzen der Gerichtsbarkeit des Kämmereigerichts bestimmt. Diese erstreckte sich in der Stadt Prüm etwa auf den dritten Theil des Orts. Der Kurfürst genehmigte den Vergleich am 4. Juni 1765. Zu Prüm gab es außer den oben angeführten Behörden auch noch eine sogenannte Schatzmannschaft. Diese war eine Kommission, welche aus dem jedesmaligen Ober=Amtmann, dem Ober=Schultheiß, zwei Bürgermeistern, drei Schöffen des

Obergerichts und drei Deputirten der Bürgerschaft bestand. Letztere wurden alle drei Jahre dazu gewählt. Die Schatzmannschaft hatte die Polizei-Ordnung zu besorgen und alle drei Jahr die Schatzung umzulegen. Die Stadt war für diesen Zweck in sieben Rotten getheilt. Das Amtshaus wurde im Jahre 1848 theils als Landwehr-Zeughaus, theils als Kantons-Gefängniß benutzt. Von der Burg oder dem alten Schlosse, welches den Aebten zur Wohnung gedient und zu dessen Bau der 42. Abt, Robert, Graf von Virneburg († 1515) den Grund gelegt hatte, ist noch ein vor dem Klostergebäude, nahe bei dem Amtshause liegender Theil vorhanden. Während der Französischen Verwaltung wurde dieses Gebäude zur Wohnung der Gensdarmerie, dann als Arrestlokal benutzt. Abt Robert baute auch das sehr verfallene Klostergebäude wieder auf. Zu Anfange des 18. Jahrhunderts war aber dasselbe schon wieder verfallen und Kurfürst Franz Georg (Graf von Schönborn), Administrator von Prüm, begann 1748 den Bau eines neuen Klostergebäudes. Am 6. Mai 1748 wurde der Grundstein gelegt. Franz Georgs Nachfolger, Johann Philipp (von Walderndorf) setzte den Bau bis 1756 fort. Dann litt der Bau eine Unterbrechung, und der Bau des vierten Flügels des Gebäudes war noch nicht vollendet, als die Franzosen das Land in Besitz nahmen und das Kloster aufhoben. Das Amt Prüm hatte ein besonderes Maaß und Gewicht. Die Prümer Elle ist gleich 0,^{8639} Preußisch; das Prümer Weinmaaß um vier Schoppen ist gleich 1,^{3255} Quart Preußisch; das Fruchtmaaß war ein Malter zu 12 Sester zu 4 Viertel. Ein Malter Roggen war gleich 4 Scheffel 15,^{1962} Metzen Preußisch; ein Malter Hafer 7 Scheffel 2,^{5933} Metzen Preußisch; das Handelsgewicht zu 100 Pfund war gleich 100 Pfund 15 Loth 3,^{8120} Quentchen Preußisch. Prüm hat jetzt sechs Krahm- und Viehmärkte, die zum Theil der Stadt

schon seit Jahrhunderten verliehen sind, und vier Schweine=
märkte. Einen Donnerstags=Wochenmarkt erhielt die Stadt,
wie schon oben bemerkt, 1586. Auch Erzbischof Lothar ver=
lieh der Stadt 1617 einen Wochenmarkt, der aber 1819 nicht
mehr bestand. Spätere Versuche, den Wochenmarkt wieder
herzustellen, hatten geringen Erfolg. Einer der ältesten
Jahrmärkte ist der, welcher zu Jakobi (25. Juli) gehalten
wird. Schon im Jahre 1729 wandten sich die Vorsteher
des Fleckens Prüm an das Domkapitel zu Trier, welches
damals, nachdem Erzbischof Franz Ludwig Pfalzgraf zu Neu=
burg zum Erzbischofe von Mainz gewählt worden war, die
Regierung des Erzstifts Trier führte, mit der Bitte zu ver=
ordnen, daß der Jahrmarkt stets am Jakobstage gehalten
und nicht verlegt werden möge. Im Jahre 1768 wurde
der größte Theil des Orts durch eine Feuersbrunst in Asche
gelegt. Das Rathhaus und das Hospital brannten da=
mals nieder und wurden nicht wieder aufgebaut. Im Jahre
1770 besaß der Freiherr von Portzheim zu Arlon ein ad=
liges Lehnhaus mit Scheune und Stallung auf dem alten
Markte. Das Haus war Zubehör eines Schönecker Burg=
lehns und schon ganz verfallen. Auf der Stelle der alten
Gebäude waren fünf Häuser gebaut worden, deren Besitzer
dem Herrn von Portzheim einen jährlichen Erbzins zahlen
mußten. Eine adlige Familie, wahrscheinlich von Burg=
männern abstammend, nahm den Namen von Prüm an.
Aus diesem Geschlechte war Bruyn (Bruno) von Prüm,
der zu Münstereifel wohnte und am 20. März 1379 sein
Schönecker Burglehn, bestehend aus Haus und Hof, zu Prüm
und Gütern in Hermespand an Jakob von Junckerath ver=
kaufte. Thomas Molch oder Mulich, Erbkämmerer der Abtei
Prüm, welcher ein Schönecker Burglehn (1396) besaß und
1406 starb, führte auch den Beinamen von Prüm. [1] Außer

---

[1] Eiflia illustr. II. Bd. 2. Abth. S. 209.

Herrn Wilmar, der vor mehreren Jahren als Königlich Niederländischer Civil-Gouverneur des Großherzogthums Luxemburg starb, ist mir kein ausgezeichneter Mann bekannt, der zu Prüm geboren worden. [1] Wie den übrigen Theil

---

[1] Eiflia illustr. II. Bd. 2. Abth. S. 96.

Johann George Wilmar wurde im Jahre 1768 zu Prüm geboren. Er war der Sohn des Amtsverwalters Johann Kaspar Wilmar. Nachdem Wilmar den nöthigen Elementarunterricht erhalten hatte, kam er in das Gymnasium (collége) zu Luxemburg, dann in das zu Löwen. Im letzteren zeichnete er sich im philosophischen Kursus so aus, daß er im Jahre 1780 die zweite Stelle erhielt. Im Jahre 1783 wurde er zum Licentiaten der Rechtswissenschaft promovirt und noch in demselben Jahre, (am 13. Mai) als Advokat bei dem hohen Rathe, (conseil souverain) zu Luxemburg zugelassen. Da er beabsichtigte, sich dem Staatsdienste im Herzogthume Luxemburg zu widmen und sich um eine Anstellung zu bewerben, so suchte er die Naturalisation nach, welche ihm durch ein Patent vom 10. Februar 1791 bewilligt wurde. Als die Franzosen das Herzogthum Luxemburg in Besitz nahmen, wurde Wilmar von denselben als substituirter National-Agent, später als Präsident des Kriminalgerichts angestellt. Napoleon ernannte ihn zum Unter-Präfekten des Bezirks Bittburg. Nach den Ereignissen des Jahres 1814 wurde Wilmar am 4. April durch das General-Gouvernement zum Direktorialrath des Wälder-Departements berufen, versah die Stelle eines Kommissarius des Königs der Niederlande, wurde am 18. Oktober 1815 provisorisch und am 29. Mai 1817 definitiv zum Gouverneur des Großherzogthums Luxemburg sowie zum Staatsrath ernannt. Dieser Stelle stand er bis zu seinem, am 1. Januar 1831 erfolgten Tode vor. Man sagt, daß er an seinem Arbeitstische mit der Feder in der Hand gestorben sei. Wilmar war ein ausgezeichneter Rechtsgelehrter, und als Verwaltungsbeamter von musterhafter Rechtschaffenheit. In der Revolutionszeit von 1795 und in den darauf folgenden Jahren, trat Wilmar oft den Mißbräuchen der Gewalthaber mit Kraft entgegen und zeigte sich als einen freimüthigen und unabhängigen Mann. Wenn er bei den Ereignissen des Jahres 1830

des Erzstifts nahmen die Franzosen im Jahre 1794 auch
Prüm in Besitz. Die Abtei und das Kollegiatstift wurden
aufgehoben. Alle Gebäude und Ländereien der geistlichen
Korporationen wurden als National=Eigenthum versteigert.
Die Gebäude der Abtei wurden nebst dem Garten unter
gewissen Bedingungen der Gemeinde überlassen. Das Brau=
haus mit Zubehör wurde für 750 Frs. (200 Thlr.) ver=
steigert; eine Mühle mit 4 Gängen nebst Bering für 12,600
Frs. (3360 Thlr.); die Lohmühle für 3250 Frs. (866 Thlr.);
ein der Abtei Prüm zugehörig gewesenes Haus mit Bering
für 635 Frs. (169 Thlr.); der Kurfürstliche Hengststall mit
Scheune, Hof und Stallung wurde am 22. Vendemiaire XII.
(15. Oktober 1803) für 3700 Frs. (986 Thlr.) versteigert.
Auch sieben Häuser, welche dem Kollegiatstifte gehört hatten,
kamen zur Versteigerung. Das Dechanei=Gebäude, das
schönste Haus im Orte, jetzt der Gasthof zum Stern, wurde
für 4075 Frs. (1086 Thlr.), ein anderes Haus mit Stal=
lung und Garten für 1100 Frs. (293 Thlr.); ein Haus
mit Stallung, Garten und Bering für 1625 Frs. (433 Thlr.);
ein Haus mit Hof, zwei Gärten und Bering, den sogenann=
ten Revender für 4075 Frs. (1080 Thlr.); ein kleines Haus
mit Stall und Bering für 500 Frs. (133 Thlr.); ein Haus
mit Stall und Bering für 1450 Frs. (386 Thlr.); ein Haus
mit Zubehör für 9400 Frs. (2500 Thlr.) versteigert. Der
Revender hatte seinen Namen wahrscheinlich, weil sich dort,
als die Kanoniker noch zusammen lebten, das refectorium,

---

nicht mehr so kräftig auftrat, so war das wohl eine Folge seines
Alters, und seiner durch überhäufte Arbeiten und Sorgen veranlaß=
ten Körperschwäche. Ein jüngerer Bruder des Gouverneurs, wie
der Vater, Kaspar genannt, soll sich in Oesterreichischen Kriegsdien=
sten ausgezeichnet und eine hohe Charge erlangt haben und in einem
Treffen getödtet worden sein.

gemeinschaftlicher Speisesaal, befunden hatte. Später war
es die Wohnung des Scholasters, und in einem feuchten
Gewölbe, welches später zum Spritzenhause diente, wurde
die Schule gehalten. Endlich wurde sogar die Stiftskirche,
welche zugleich Pfarrkirche für die Gemeinde war, für 2000
Frs. (533 Thlr.) zum Abbruch verkauft. Jede Spur ist
von dieser Kirche verschwunden und eine Straße führt über
die Stelle, wo sie stand. Prüm wurde bei der Organisation zum Sitze einer Unter-Präfektur im Saar-Departement
bestimmt, zu dessen Amtsbezirke die Kantone Blankenheim,
Daun, Gerolstein, Kyllburg, Lissendorf, Manderscheid, Prüm,
Reiferscheid und Schönberg, 43 Mairien enthaltend, gehörten. Auch erhielt Prüm ein Tribunal erster Instanz, unter
welchem die Friedensgerichte der vorstehend genannten neun
Kantons standen. Zum Kanton Prüm gehörten acht Mairies,
Büdesheim, Dingdorf, Nieder-Prüm, Olzheim, Prüm, Rommersheim, Schönecken und Wallersheim. Die Bevölkerung
des Bezirks Prüm wurde im Jahre 1799 zu 31,573 Seelen
angegeben, und 1809 zu 45,176, weil offenbar die erstere
Angabe unrichtig war. Die Seelenzahl des Kantons Prüm
wurde im Jahre 1799 zu 4699 Seelen, im Jahre 1809 zu
5635 Seelen, die der Mairie Prüm, die nur aus der Stadt
Prüm bestand, im Jahre 1798 zu 1722 Seelen (in 304
Häusern), und im Jahre 1809 zu 1783 Seelen angegeben.
Am 4. Juli 1803 schwoll in Folge eines Wolkenbruchs das
Flüßchen Prüm so mächtig an, daß es zehn Fuß hoch über
sein gewöhnliches Bette übertrat. Mehrere Häuser wurden
von den Fluthen niedergerissen, die steinerne Brücke und die
Gerbereien am Flusse zerstört. Ein Familienvater und ein
junges Mädchen wurden von den einstürzenden Mauern
ihrer Wohnungen erschlagen. Fünf Personen (zwei Män-
ner, eine Frau und zwei Kinder), welche sich in das obere
Stockwerk eines von den Wellen unterspühlten Hauses ge-

flüchtet hatten, würden dem Tode nicht entgangen sein, wenn nicht zwei muthige Männer, L'Huillier, ein Angestellter der Unter=Präfektur, und der Sergeant Flutelot, sie mit eigener Lebensgefahr gerettet hätten. Während der Französischen Verwaltung hatte Prüm eine Kantons=Pfarrei, welche zum Bisthume Trier gehörte, dessen Bischof ein Suffragan des Erzbischofs von Mecheln war. Zu Prüm stand ein Lieutenant der Gendarmerie von der Kompagnie des Saar=Departements in der 25. Legion. Das Tribunal bestand aus einem Präsidenten, einem Richter, einem Untersuchungs=richter, drei Substituten, einem Prokurator und dessen Substituten und einem Greffier. Die drei Substituten der Richter fungirten zugleich als Advokaten. Einem Hypo=thekenamt stand ein Konservateur vor. Die Forst=Inspektion gehörte zur 28. Konservation (zu Koblenz.) Die Verwaltung der droits reunis geschah durch einen controleur principal und einen receveur principal. Auch fehlte es nicht an einem entreposeur particulier für den Verkauf des Tabaks, und einem receveur particulier. Bei dem Anrücken der Heere der Verbündeten im Jahre 1814 verließen die Französischen Behörden größtentheils Prüm. Statt des entflohenen Unter=Präfekten wurde ein Kreisdirektor angestellt. Der Kreis Prüm bildete nun von 1814 bis 1816 einen Theil des Rhein= und Mosel=Departements im General=Gouvernement des Nieder= und Mittel=Rheins. Dieser neu gebildete Kreis bestand aus den zwölf Kantonen Pfalzel, Schweich, Wittlich, Blankenheim, Daun, Gerolstein, Kyll=burg, Lissendorf, Manderscheid, Prüm, Reiferscheid und Schönberg. Bei der Organisation im Jahre 1816 wurde Prüm Hauptort eines Kreises, wie derselbe noch jetzt in 29 Bürgermeistereien eingetheilt, besteht. Zwar wurde das Gericht und später auch das an dessen Stelle gekommene Untersuchungsamt aufgehoben, die Forst=Inspektion und die

III. 2. Abth.

Bau-Inspektion wurden verlegt, dagegen erhielt Prüm den Stamm eines Landwehr-Bataillons, welches dessen Namen trug. Dadurch kam jährlich eine Summe von wenigstens 10,000 Thalern, die für einen kleinen Ort bedeutend genug ist, in Umlauf. Die Uebungen der Landwehr gaben den Einwohnern, besonders den Krämern, Schenkwirthen und Handwerkern Gelegenheit zum Gewinn.

Außer dem Landrathsamte hat Prüm noch ein Hypothekenamt, ein Friedensgericht, eine Post-Expedition, ein Eichungsamt und ein Unter-Steueramt. Die Kreiskasse ist vor Kurzem aufgehoben worden, sowie das Postamt, welches 1847 errichtet worden war. Zum jetzigen Dekanate Prüm gehören folgende in fünf Definitionen vertheilte Pfarreien: Goedenbrett, Gondelsheim, (Bischöfliche Pfarrei), Nieder-Lauch, Nieder-Prüm, Olzheim, Prüm, Rommersheim, Stadtkyll, Weinsheim. Auw, Bleialf, Brandscheid, Groß-Campen, Habscheid, Harspelt, Lützcampen, Winterspelt, Birresborn, Büdesheim, Densborn, Duppach, Fleringer, Mürlebach, Wallersheim (Bischöfl. Pf.), Wetteldorf. Arzfeld, Burbach, Lasel, Lichtenborn, Lünebach, Pronsfeld, Ringhuscheid, Wachsweiler. Ringhuscheid, Dahnen, Daleiden, Dasburg, Eschfeld, Irrhausen, Olmscheid und Preischeid. Vom 6. bis zum 8. November 1833 kam Seine Majestät der König, damals noch Kronprinz, durch den Kreis und geruhten vom 7. zum 8. November in der Wohnung des damaligen Landrathes, Verfassers dieses Werkes, im Abteigebäude zu übernachten.[1] Es waren schöne Tage, in welchen sich die Freundlichkeit und die Huld des hohen Herrn und die Anhänglichkeit und

---

[1] Einige Nachrichten über die Reise Sr. Königl. Hoheit des Kronprinzen durch den Kreis Prüm vom 6. bis zum 8. November 1833. Trier, gedruckt bei H. Leistenschneider. 2. Auflage, zum Besten der Armen, gedruckt bei J. S. L. Söchtig in Schleiden.

Liebe des Volkes erfreulich aussprachen. Prüm hatte auch alle Ursache, sich der Anwesenheit des Königssohnes zu erfreuen und demselben freundlich entgegen zu kommen, denn nicht nur von dem Könige Friedrich Wilhelm III., sondern auch von dessen Nachfolger, des jetzt regierenden Königs Majestät hatte die Stadt so manchen Beweis der Gnade und Huld erhalten. Unter Preußischer Regierung haben die Gerbereien oder Lederfabriken zu Prüm einen Absatz erhalten, wie sie ihn in früheren Zeiten gar nicht kannten. Das Gewerbe begann erst in der zweiten Hälfte des 18. Jahrhunderts sehr klein. Einige thätige Schuhmacher fingen an, ihren Bedarf an Sohlleder selbst zuzubereiten. Das Leder, welches sie nicht selbst verarbeiten konnten, trugen sie in die nächst gelegenen Städte, wo es wegen der Güte und Wohlfeilheit guten Abgang fand. Die niedrigen Preise der Lohe und des Arbeitslohns ermunterten zur Ausbreitung des Gewerbes, welches von Jahr zu Jahr zugenommen hat. Während der Französischen Verwaltung war der Absatz wegen der Konkurrenz mit den Niederländischen Fabriken sehr beschränkt; seit der Preußischen Besitznahme finden die Prümer Sohlleder Absatz in den entferntesten Provinzen der Monarchie. Die Fabrikanten beziehen jetzt die Messen zu Frankfurt a/M., Leipzig, Braunschweig und Naumburg. Im Jahre 1840 wurden zu Prüm in 1171 Gruben 19,700 Stück Amerikanische Wildhäute zu 8300 Centner Leder, zu einem Werthe von 315,400 Thlr. verarbeitet. — Alle Begünstigungen, welche der Stadt Prüm zu Theil geworden waren, konnten es dennoch nicht hindern, daß am 18. Mai 1849 das Landwehr=Zeughaus zu Prüm durch eine bewaffnete Bande, von dem Advokaten Victor Schily aus Trier, einem gebornen Prümer, geführt, geplündert und ausgeleert wurde. Die Bande bestand mehrentheils aus schlechtem Gesindel aus Trier, Bitburg und Wittlich, dem sich Leute von glei=

chem Gelichter aus Prüm anschloßen. Die Kompagnie des
Landwehr=Bataillons, welche zur Vertheidigung des Zeug=
hauses hingereicht hätte, verbrüderte sich mit den Plünderern
und diese Landwehrmänner bewiesen nicht den Muth und
die Treue, durch welche sich in jener verhängnißvollen Zeit
der größte Theil der Preußischen Landwehr so rühmlichst
auszeichnete. [1]) Die Offiziere der Landwehr wagten es nicht,
den Meuterern muthig entgegen zu treten und den Batail=
lons=Kommandeur zu unterstützen. Mehrere dieser Offiziere
sollen dem Spektakel theilnahmlos zugeschaut haben. Auch
von Seiten der Bürger und Beamten geschah kein Schritt,
um die schmähliche That zu verhindern und das Ansehen
der Gesetze aufrecht zu erhalten. Die Anführer der Bande,
Victor Schily, Peter Imandt aus Trier, ein sogenannter
Literat aus Wadern, der damals sich zu Trier aufhielt, und
Joseph Nels aus Bitburg flohen nach verübter That über
die Grenze. Dr. Karl Grün, aus Lüdenscheid, ehemals
Schullehrer, dann Doktor der Philosophie und Verfasser
mehrerer Schriften, deren Tendenz der Umsturz des Staates
war, beschuldigt, die Plünderung des Zeughauses durch
seine aufregende Reden und Wühlereien veranlaßt zu ha=
ben, wurde mit 22 Genossen und mehreren Betheiligten
(20), (9 von Trier, 9 von Bitburg, 12 von Wittlich und
7 von Prüm, wovon aber 7 sich durch die Flucht der Ver=
folgung entzogen hatten,) am 7. Januar 1850 wegen
Hochverraths und Plünderung des Zeughauses zu Prüm,
vor ein Geschworenengericht in Trier gestellt. In der
11. Sitzung vom 19. Januar 1850 wurden von den Ge=
schwornen der Grün und 15 Mitangeklagte freigesprochen,
einer (Wilhelm Joseph Collmann, Maurer aus Berncastell)

[1]) Siehe die kleine aber sehr gehaltvolle Schrift: Die Preußische Land=
wehr und ihre Bedeutung. Koblenz, bei Karl Bädecker, 1852. gr. 8.

zur Todesstrafe,[1]) 6 (Johann Baptist Wachsweiler, Blau=
färber aus Bitburg, Bernhard Reissen aus Prüm, Peter
Sprink aus Wittlich, Augustin Spanier aus Prüm, Niko=
laus Jacquinot, Handelsmann und Gastwirth, aus Prüm,
und Peter Niles, Drechsler aus Wittlich) zu fünfjähriger
Zwangsarbeit und zu 60 Thlr. Geldbuße verurtheilt.[2])
Von der meuterischen Landwehr=Kompagnie wurden drei
(Steilen von Prüm, Manstein von Gladt und Alken) durch
ein kriegsrechtliches, vom Könige bestätigtes Urtheil zum
Tode verurtheilt und erschossen, gegen viele andere wurde
Festungsstrafe erkannt. Der Bataillons=Kommandeur wurde
zu zwei Jahre Festungsarrest verurtheilt und aus dem Dienste
entlassen, auch gegen den Premier=Lieutenant von der Linie,
welcher bei dem Landwehr=Bataillon kommandirt gewesen
war, wurde auf zweijährigen Festungsarrest erkannt. Der
Stamm des 3. Bataillons des 30. Landwehr=Regiments
wurde nach Trier verlegt, dahin auch das Zeughaus gebracht
und das Bataillon führt nun nicht mehr den Namen von
Prüm. — Die Hospital=Stiftung zu Prüm ist sehr alt und
war schon im Jahre 1307 vorhanden. Dies beweist eine Urkunde
des Abts Richard von Springiersbach von diesem Jahre, die
Stiftung eines Hospitals bei seinem Kloster betreffend, worin
er einer ähnlichen Stiftung erwähnt, welche der Dechant
des Stifts U. L. F. zu Prüm, Wilhelm, zu Prüm gemacht
und dazu seine Güter zu Reil und Bridel geschenkt habe.[3])
Das Hospital besaß ein Haus, welches aber bei dem großen
Brande 1768 niederbrannte und nicht wieder aufgebaut

---

[1]) Durch die Gnade Sr. Majestät des Königs wurde die Todesstrafe
später in lebenslängliche Zuchthausstrafe umgewandelt.

[2]) Siehe Kriminal=Prozedur gegen **Dr.** K. Grün und 22 Genossen rc.
Trier 1850, gr. 8. Lintzsche Buchhandlung.

[3]) F. X. Boos Eusalia. Heft **III.** S. 39.

wurde. In dem bei dem Hause befindlichen Garten wurde
später ein Schulhaus gebaut, welches die Gemeinde aber,
als die Schulen in das Kloster verlegt wurden, an Privaten
verkauft hat. Das Hospital besaß auch drei Gärten, eine
Wiese, einen Zehnten zu Brandscheid und Güter und Wein-
und Oelrenten zu Reil. Der jedesmalige Dechant des Kol-
legialstifts U. L. F. führte die Verwaltung des Hospitals.
Im Jahre 1805 wurden die Einkünfte des Hospitals zu
150 Thlr. angegeben. Im Jahre 1847 betrug das Kapi-
talvermögen 7000 Thlr. Eine Fruchtrente zu Fleringen,
zu 322 Thlr. abgeschätzt, ertrug jährlich 16 Thlr. Auch
flossen die Abgaben von Tanzbelustigungen und die Hunde-
steuer in die Hospitalskasse. Für die Verwaltung bestand
eine besondere Kommission, deren Präses der Bürgermeister
war. Die Pfarrei ist sehr alt und gehörte zum Landkapitel Kyllburg. Die Kirche war so prachtvoll, daß sie die
goldene genannt wurde. Pabst Leo III. († 816) soll sie
selbst geweiht haben. Das kunstvoll ausgeführte Gewölbe
war mit einer Kuppel von vergoldetem Kupfer bedeckt und
besonders zeichnete sich der Hochaltar durch seine Pracht
aus. Im Jahre 1361 war die Kirche aber schon verfallen,
wie sich aus der Verhandlung über die Theilung der Klo-
stergüter zwischen Abt und Konvent ergiebt. (Hontheim II.
S. 213.) Die Verwaltung der Pfarrei hatte das Kloster
dem Kollegiatstifte U. L. F. übertragen und der Pfarrer
wurde zu den Canonicis extracapitularibus gezählt. Streitigkeiten, welche zwischen dem Stifte und der Gemeinde
wegen des Pfarrdienstes entstanden waren, wurden im Jahre
1534 durch einen Vergleich beseitigt, welchen Abt Wilhelm
am 14. November 1534 und Erzbischof Johann III. (von
Metzenhausen) am 3. August 1535 bestätigten. (Hontheim II. S. 654.) Die Stiftskirche war zugleich die Pfarrkirche, als aber die Französische Regierung das Kollegiat-

stift aufhob, wurde die Stiftskirche, wie schon vorstehend
bemerkt worden, auf Abbruch verkauft und der Gemeinde
die Klosterkirche als Pfarrkirche überwiesen. Von den Grabsteinen, welche sich ehemals in der Stiftskirche befanden,
sind nur noch zwei übrig geblieben, der des Abts Robert
und der einer Gräfin von Virneburg, welche letztere die
Stifterin eine Kapelle bei der Stiftskirche war. Beide
Steine habe ich nach der Klosterkirche, der jetzigen Pfarrkirche, bringen lassen. Diese schöne Kirche, welche schon in
der Ferne dem Orte ein stattliches Ansehen giebt, ist mit
dem Klostergebäude von dem Trierschen Erzbischofe und Kurfürsten Franz Georg (von Schönborn) und dessen Nachfolger, Johann Philipp (von Walderndorf) erbaut worden.
Kurfürst Klemens Wenceslaus weihte die Kirche erst 1779
ein. Der Baumeister der Kirche und des Klosters soll Witsch
geheißen haben. Eine der schönsten Orgeln, deren Bau
allein 6000 Thlr. gekostet haben soll, war eine Zierde der
Kirche. Die Franzosen rissen muthwillig die Orgelpfeifen
auseinander und schmolzen sie in der Kirche, obgleich man
sich erbot, ihnen den Werth zu zahlen, wenn sie die Orgel
unbeschädigt ließen. Das Gehäuse der Orgel steht noch
über dem Chore der Kirche, als Erinnerung an den Van-
dalismus der sogenannten großen Nation, welche ehemals
als Mustervolk der feinen Sitte gelten wollte. Die steinerne
Kanzel mit dem Wappen des Erzbischofs Johann VII. (von
Schönberg † 1599) ist aus der älteren Kirche hierher versetzt worden. Bei dem Hochaltare hängen zwei Gemälde,
welche sich auf die Legende des Nithard beziehen. Dieser
Nithard, ein angesehener und reicher Ritter in Frankreich,
soll im Jahre 882, weil er keine Kinder von seiner Gattin
Erchanfrida hatte, einen Pfeil mit der Bestimmung abge-
schossen haben, daß diejenige Kirche, auf deren Gebiet dieser
Pfeil fliegen würde, seine bedeutenden Besitzungen erhalten

solle. Die Engel trugen den Pfeil nach dem Kloster Prüm in dem Augenblicke, wo Abt Ansbald am Hochaltare stand. Das Kloster Prüm erhielt nun das reiche Erbe und die schönen Güter, unter andern Hucquigny (Huhcengi nennt es Cäsarius.) Die beiden Gemälde sind nicht ohne künstlerischen Werth. Sie sollen von Karl Stauder aus Konstanz, einem Maler, der im 17. Jahrhundert gelebt, gemalt worden sein, jedoch mag ich diese Angabe nicht verbürgen. Auch ein drittes Gemälde, eine Grablegung darstellend, von einem unbekannten Maler, verdient Beachtung. Von den beiden oben erwähnten, aus der Stiftskirche herrührenden Grabsteinen ist der eine der des 47. Abts von Prüm, Roberts, Grafen von Virneburg. Der Abt ist darauf im Mönchsgewande mit Stola, mit gefalteten Händen, im linken Arme den Stab, auf dem Haupte die Mytra tragend vorgestellt. Auf einer Säule zu seiner Rechten steht eine männliche Figur, welche eine Fahne mit dem Virneburgischen Wappen (sieben Rauten, vier und drei) trägt. Auf der Säule zur Linken hält eine weibliche Figur eine Fahne mit einem Adler (das Wappen der Saffenburger.) Am rechten Fuße hält ein aufrecht stehender Löwe ein Wappenschild mit einem Adler und ein anderer Löwe zur Linken einen Wappenschild mit drei auf einem Querbalken hintereinander stehenden Vögeln. (Sombreff.) Auf den vier Seiten des Steines ist folgende Umschrift:

HIC IACET REVERENDVS IN XTO
|||STRIS DVS ROPERTVS EX COMITIBVS DE VIRNBVRG
|||AS ||UMIENS||
OBIIT ANNO DNI 1513 OCTAVO DIE APRIL
ORATE DEV PRO EO.

(Hic jacet reverendus in Christo Illustris Dominus Ropertus ex Comitibus de Virnburg Abbas Prumiensis. Obiit anno Domini 1513 Octavo die April orate deum pro eo.)

Auf dem andern Steine ist ein Frauenzimmer mit langem Rocke, eine Haube auf dem Kopfe, mit gefalteten Händen, über dem Kopfe zwei Wappenschilder, zu den Füßen ein Hund, [1]) dargestellt, mit folgender Inschrift:

Nobilis et generosa dna Francisca de Rodemachern comitissa de Virnenburg fundatrix hvjus capellae uxor qvondam Nobilis et generosi dni Wilhelmi comitis de Virnenburg.

Obiit Anno dm MCCCCLXXXIII penultia die mensis februarii.

(Nobilis et generosa Domina Francisca de Rodemachern, Comitissa de Virnenburg, fundatrix hujus capellae uxor quondam nobilis et generosi Domini Wilhelmi Comitis de Virnenberg. Obiit anno domini 1483 penultima die mensis Februarii.)

Diese Franziska war eine Tochter des Johann von Rodemachern und der Irmgard von Bolchen oder Boulay. Sie wurde im Jahre 1446 mit dem Grafen Wilhelm von Virneburg, einem Vatersbruder des Abtes Ruprecht vermählt. Ihren Gemahl überlebte sie zehn Jahre und stiftete, wie die Inschrift auf dem Grabsteine beweiset, bei der Stiftskirche eine Kapelle, in welcher sie ihre Ruhestätte fand.

Als Pfarrer an der Kirche zu Prüm sind bekannt: Jakob Arimont 1689, der viel von den Französischen Soldaten zu erleiden hatte, Anton Knauf 1702, gestorben im März 1736, Johann Jakob Stoll, Decanus 1736, Theodor Trapp 1760,

---

[1]) Die Abbildung von Hunden auf Grabsteinen ist nicht selten und keineswegs ohne Bedeutung. Olivier de la Marche († 1501) berichtet in seinen Memoiren, daß die zu den Füßen der Statue auf Grabmälern dargestellten Hunde anzeigen sollen, daß der Todte natürlichen Todes im Bette gestorben sei. Auf den Grabsteinen Derer, welche auf dem Schlachtfelde, (im Zweikampfe, überhaupt nicht natürlichen Todes) starben, findet man keine Hunde zu den Füßen dargestellt. Rhein. Antiquarius III. I. 2. S. 247.

Karl Anton Merck, Kanonikus 1762, Valentin Ballmann
1768, Felix, Thomae, Rincker, Zeininger, Simon, Lehnen,
Edel, Montz. Ehemals fand zu Prüm am Himmelfahrtstage eine springende Prozession, gleich der zu Echternach,
Statt. Der Chronist Otler erzählt ein Wunder, welches
sich bei dieser Prozession, im Jahre 1316, ereignet haben
soll. Dies beweiset wenigstens, daß die Prozession schon
im 14. Jahrhunderte bestand. Sowie bei der Prozession
am dritten Pfingsttage zu Echternach, hatte die Pfarrei
Wachsweiler auch bei der zu Prüm, am Himmelfahrtstage
den Vorang und Vortanz. Die Prozession veranlaßte auch
zu Prüm einen großen Zulauf des Volks und brachte besonders den Gast- und Schenkwirthen eine bedeutende Einnahme. Als Kurfürst Clemens Wenceslaus durch die Ver-
ordnung vom 18. Dezember 1777 die tanzende Prozession
zu Echternach untersagte, dehnte er dies Verbot durch eine
schon am 24. November 1777 an das General-Vikariat er-
lassene Verfügung, auch auf die Himmelfahrts-Prozession
zu Prüm aus. Auch am Charfreitage wurde zu Prüm eine
Prozession, bei großem Volkszulaufe gehalten. Die Kreuzigung Christi wurde dramatisch und in Kostüme vorgestellt.
Bei dieser Gelegenheit entstanden häufig Händel, wenn die
als Juden mit langen Bärten verkleideten Prümer von dem
Volke geneckt wurden und dann derb zuschlugen. Auch diesen
Unfug verbot Kurfürst Clemens Wenceslaus durch eine Ver-
ordnung vom 25. März 1782. In einem Erlasse vom 12.
April desselben Jahres befahl die Kurfürstliche Statthalter-
schaft die Aufrechthaltung des Verbots und verfügte unter
andern: „daß die schon von dem Send gerügte unanständige
Kleidung, Entblößung der Arme und Beine, anstößige Sprüche
und der Gebrauch der Pferde bei der Prozession, wie die
vorhergehende ganze Vorstellung auf der Bühne künftig
durchaus zu unterlassen seien." Magistratus politicus habe

auf die Befolgung mit seines Amts Einschlagung zu halten. Da nun auch andere Ungebühren bei dieser Prozession unterliefen, „daß gelegenheitlich und zum Theil unter derselben sogenannte Flagellanten — Juden, welche die Vorstellerin der seligsten Mutter Gottes mißhandeln — als Teufel verkleidete Personen einhergehen, Unordnungen und Lärm machten", so wurde dem Pastor, den Sendschöffen und dem Stadtrathe ernstlichst anbefohlen, diese Vorstellungen nicht mehr zu gestatten und sollte bei der Prozession nur das Bildniß unsers Heilandes im Grabe umgetragen werden dürfen. Im Jahre 1821 hat sich zu Prüm auch eine evangelische Gemeinde gebildet. König Friedrich Wilhelm III. hatte um diese Zeit angeordnet, daß in allen Orten, wo sich Landwehr=Bataillonsstämme befänden und keine evangelische Kirche vorhanden wäre, Maßregeln zur Abhaltung des Gottesdienstes für die Offiziere und Mannschaften des Stämmes, welche sich zur evangelische Kirche bekannten, getroffen werden sollte. Dies gab mir eine längstgewünschte Gelegenheit, die im Kreise und dessen Nachbarschaft wohnenden Evangelischen zu veranlassen, sich mit der Bitte, um Gründung einer evangelischen Kirche an den König zu wenden. Der fromme und wohlwollende Monarch ging auf die Bitte ein. Schon am 14. Oktober 1821 wurde in einem Schulzimmer die erste evangelische Predigt zu Prüm, von dem damaligen Konsistorialrath Küpper in Trier (den 1. April 1850, als General=Superintendent der Rhein=Provinz zu Koblenz gestorben) gehalten. Unter dem 23. Dezember 1821 befahl der König, daß für die evangelischen Einwohner der Kreise Prüm, Daun und Bitburg zu Prüm, eine Tochtergemeinde von Trier gestiftet, ein Saal im Abteigebäude (der Kurfürstensaal genannt, weil Kurfürst Clemens Wenceslaus 1779 bei Einweihung der Kirche in diesem Saale gespeiset), gemiethet und zur Feier des evan-

gelischen Gottesdienstes eingerichtet werden sollte. Der Pre=
diger der evangelischen Gemeinde zu Trier sollte viermal
des Jahres zu Prüm predigen und die übrigen Pfarramts=
Verhandlungen vornehmen. Auf die Bitte der Gemeinde
bewilligte der König im Jahre 1828 die Gründung einer
selbstständigen evangelischen Pfarrei und wies mit König=
licher Großmuth die dazu erforderliche Mittel an. Am 12.
April 1829 wurde Christian Wilhelm Schmidt aus Lobeda
(nachher Garnison=Prediger zu Luxemburg, dann Pfarrer
zu Eilsleben, im Kreise Neu=Haldensleben in der Provinz
Sachsen), als erster evangelischer Pfarrer zu Prüm einge=
führt.¹) Ihm folgte nach einigen Jahren Rudolph Smend
aus Lengerich, diesem 1841 Bornemann und diesem der
jetzige Pfarrer Herr H. Keefer. Die evangelische Pfarrei
zu Prüm, deren Sprengel sich bis zum Jahre 1852 über
die evangelischen Glaubensgenossen in den Kreisen Bitburg,
Daun und Prüm, in einem Umkreise von 41 ☐Meilen, worin
263 Evangelische wohnten, erstreckte, gehört zur Synode
Trier. Im Jahre 1853 zählte man im Kreise Bitburg 106,
im Kreise Daun 55 und im Kreise Prüm 102 Evangelische.
Im Jahre 1852 ist für die Evangelischen im Kreise Wittlich
eine besondere Gemeinde gegründet und sind dieser die
Evangelischen im Kreise Daun überwiesen worden. Außer
den noch bestehenden Elementarschulen, bei welchen, im
Jahre 1853, drei Lehrer und eine Lehrerin angestellt
waren, besaß Prüm, über zwanzig Jahre lang, eine hö=
here Schul=Anstalt. Der Gemeinde Prüm waren nämlich
die Gebäude der vormaligen Abtei, nebst Gärten und Zu=

---

¹) S. Bährens Kirchen=Kalender für die evangelischen Geistlichen und
Kirchenvorsteher im Königlich Preußischen Rheinland und Westphalen
für das Jahr 1830. Erster Jahrgang. Essen bei G. D. Bädeker.
S. 152.

behör, von der Französischen Regierung unter der Bedin=
gung geschenkt worden, daß die Gemeinde eine école sécon-
daire errichten und dazu die Einkünfte aus jenen Gebäuden
verwenden solle. Als die Franzosen im Jahre 1814 die
Provinz räumen mußten, war die Schule noch nicht errichtet.
Aus Besorgniß, daß die Schenkung, weil die daran ge=
knüpfte Bedingung noch nicht erfüllt, für ungültig erklärt
und die Grundstücke als Domainen eingezogen werden könn=
ten, wurde in aller Eile ein sogenanntes Progymnasium
errichtet. Aus diesem entstand später eine Bürgerschule.
Im Jahre 1833 betrugen die Einkünfte des Schulstiftungs=
Fonds 900 Thaler, die Ausgaben für Gehalt eines Lehrers,
für Reparaturen 2c. 630 Thaler. Der Stiftung stand eine
besondere Verwaltungs=Kommission vor, welche aus dem
Landrathe als Präses, dem Staats=Prokurator bei dem
Untersuchungsamte, dem Friedensrichter, dem Bürgermeister,
zwei Gemeinderäthen und dem Lehrer bestand. Der Lehrer
führte den Titel eines Schul=Direktors und sollte in der
Deutschen und Französischen Sprache, Arithmetik, Geometrie,
Geographie, Geschichte und Naturlehre unterrichten. Reli=
gionsunterricht sollte durch die Pfarrer der beiden Konfessionen
ertheilt, in der lateinischen Sprache nur Privatunterricht,
besonders, gegeben werden. Im Jahre 1833 zählte die
Schule 24 Schüler. Nach und nach sank die Zahl der Schüler
bis auf vier und es blieb nichts Anderes übrig als die, für
eine so geringe Zahl von Schülern, zu kostspielige Schul=
anstalt eingehen zu lassen. Die Gemeinde Prüm nahm die
Einkünfte für ihre Elementarschulen in Anspruch. Im Jahre
1852 gelang es den Bemühungen des kommissarischen Land=
raths Herrn Bournye, aller Schwierigkeiten, welche gemacht
wurden ungeachtet, nochmals die Errichtung eines Progym=
nasiums zu Prüm zu Stande zu bringen. Es wurde bei
demselben ein Rektor und mehrere Lehrer angestellt und die

Eröffnung der Schule fand im Juni 1852 Statt. Im Oktober desselben Jahres zählte die Anstalt schon 20 Schüler und soll die Anzahl seitdem bedeutend zugenommen haben. Ein ferneres Gedeihen ist der Anstalt sehr zu wünschen, denn nichts thut, wie überall, so besonders in der Eifel mehr Noth, als gute Schulen, in welchen die Kinder nicht blos unterrichtet, sondern auch erzogen werden, wo ihnen die Liebe zu König und Vaterland eingeflößt, die Grundsätze der Disziplin, der wahren Pietät und der Duldsamkeit beigebracht werden. In früheren Jahren (bis 1804) wurde der Schulunterricht, eben sowie der Pfarrdienst, von den Kanonikern des Stifts U. L. F. besorgt. Die Aufsicht über die Schule lag besonders dem Scholaster des Kollegiatstifts ob. Ein dumpfes finsteres Gewölbe in der Dienstwohnung desselben, im Revender, wurde, wie schon vorstehend erwähnt worden, als Schullokal benutzt. Mit Genehmigung des Erzbischofs Johann III. (von Metzenhausen) wurde im Jahre 1539 der Altar St. Johannis Evangelist in der Kollegiatkirche, dem Stifte incorporirt, damit die davon herrührenden Einkünfte zum Besten der Schule verwendet werden könnten. Während der Französischen Verwaltung erhielt Prüm auch eine Apotheke. Bis dahin hatten die beiden praktischen Aerzte zu Prüm die Arzneimittel für ihre Kranken selbst bereitet. Ehe die Apotheken zu Wachsweiler und Stadtkyll und in den angrenzenden Kreisen errichtet wurden, hatte die Apotheke zu Prüm einen sehr bedeutenden Absatz. Prüm hat seit mehreren Jahren auch eine Buchdruckerei und eine Steindruckerei. Schon im Jahre 1815 hatte der Buchdrucker M. Rodt eine Buchdruckerei zu Prüm angelegt, in welcher auch ein Prümer Taschenkalender für den Jahrgang 1816 gedruckt wurde. Die Buchdruckerei hatte aber nur kurzen Bestand und war im Jahre 1819 nicht mehr vorhanden. Außer dem schon erwähnten bedeutenden Gewerbe der Ger-

berei beschäftigten sich die Einwohner von Prüm mit Hand=
werken und Ackerbau. Schon im Jahre 1590 verlieh Erz=
bischof Johann VII. den Schneidern zu Prüm eine beson=
dere Ordnung. Erzbischof Lothar (von Metternich) erließ
1615 eine Ordnung für die Schneider in der Abtei Prüm.
Durch denselben Erzbischof erhielten die Wollenweber zu
Prüm, im Jahre 1602 eine Ordnung, 1617 die Krämer=
zunft. Im Jahre 1677 bestätigte Erzbischof Johann Hugo
(von Orsbeck) die Zunftartikel der Krämer zu Prüm, 1678
die Artikel der Wollenweber und 1680 die der Schneider.
Die Tuchfabrikation ist nur unbedeutend und die Tuchmacher
verfertigen nur Tücher für die Jahrmärkte der nachgelegenen
Ortschaften. Da Prüm nur einen sehr beschränkten Bann
hat (482½ Morgen Ackerland, 327 Morgen Wiesen, 129
Morgen Gärten und 488 Morgen Schiffelland), so ist der
Ackerbau nur unbedeutend. Alle Häuser der Stadt sind von
Steinen, die meisten mit Schiefer, wenige nur mit Ziegeln
gedeckt. Im Jahre 1848 wurden zu Prüm zehn Kram= und
Viehmärkte (worunter zwei, zwei Tage hintereinander), und
ein Schweinemarkt gehalten. Die Gemeinde besitzt nur 2
Morgen Ländereien als Gemeinde=Eigenthum. Hoch über
der Stadt erhebt sich der Kalvarienberg. In Urkunden
kommt derselbe unter dem Namen Kahlenberg vor. Den
jetzigen Namen erhielt der Berg erst, nachdem die Stationen
zur Andacht der Gläubigen, auf dem zum Berge führenden
Wege, gesetzt worden waren. Schon frühzeitig mag eine
Kapelle auf dem Berge gestanden haben. Später, als die
Einsiedlei auf dem Zanderberge bei Kopp einging, wurde
die Einsiedlei nach dem Kalvarienberge neben der Kapelle
verlegt. Die Kapelle erhielt auch einen Ablaß und wurde
häufig besucht. Die Französische Regierung verkaufte die
Kapelle nebst ihrer Umgebung als Domaine am 22. Vende=
miaire XII. (15. Oktober 1803) für 700 Franken (186

Thaler.) Um den bevorstehenden Abbruch zu verhüten, traten 140 Einwohner von Prüm, im Jahre 1832 zusammen und kauften die Kapelle von dem damaligen Besitzer für die Summe von 300 Thalern, aus freiwilligen Beiträgen. Diese betrugen zusammen 465 Thaler, so daß die Kapelle ganz wieder in Stand gesetzt werden konnte und noch eine Summe von 52 Thalern übrig blieb, für die fernere Instandhaltung. Arme Handwerker und Tagelöhner, welchen ein Geldbeitrag zu schwer fiel, leisteten Handwerks- und Handlangerdienste. Auch Spanndienste wurden unentgeltlich geleistet. So wurde die Kapelle erhalten, welche weit und breit gesehen werden kann und eine Zierde der Umgegend ist. Die bei der Kapelle befindliche Wohnung wird von einer armen Familie bewohnt, welcher die Aufsicht obliegt. In der Kapelle wird ein Partikel des h. Kreuzes aufbewahrt und verehrt. Vor der Stadt liegt ein Hügel, welcher „der todte Krieger" genannt wird und diesen Namen davon erhalten hat, daß während des dreißigjährigen Krieges Schwedische Soldaten, welche zu Prüm lagen, hier begraben wurden. Nahe dabei ist das Wendelshäuschen, ein dem h. Wendelin gewidmetes Heiligenhäuschen, wo bei Viehkrankheiten geopfert wird.

Tafel, nördlich von Prüm, am Wege nach Olzheim, ist vor etwa 25 Jahren entstanden.

Zu Walcherath wurde das erste Haus im Jahre 1840, zu Wenzelbach 1841 gebaut.

Zu Walcherath stand ehemals ein Hof gleichen Namens, von welchem sich noch ein Weiher erhalten hat. Den Hof zu Walcherath, hinter des Gotteshauses Kammerwald am Tettenbüsch, zu welchem auch eine Hofstatt binnen Prüm mit Zubehör und Güter zu Gondenbrett und Rommersheim gehörten, trugen die von Benzerath von der Abtei Prüm zu Lehn. Im Jahre 1530 empfing Gerhard von Bentzeradt die Belehnung und seine Nachkommen empfingen solche in den Jahren 1549, 1561, 1578, 1584 und 1596. Die Erben des Wilhelm von Bentzeradt verkauften den Hof Walcherath an Hans May in Prüm, dessen Sohn Jakob 1654 damit belehnt wurde. Noch im Jahre 1768 wurden Anna Margaretha May genannt, Anna und Maria Veling, geborene Weber, von dem Kurfürsten Clemens Wenceslaus, mit dem Walcherather Hofe, wie solchen ihr Großvater und Urgroßvater besessen hatten, belehnt. Im Lehnbriefe wurde bemerkt, daß zu dem Lehne eine Wiese und Wildland gehört, welche der Konvent zu Prüm, zu Anlegung eines Fischweihers, am Tettenbusche benutzt hätte, wogegen aber ein Stück Garten, bei der Stallung des Heinrich Weber, als Aequivalent zum Lehn gezogen worden sei. Den Hofplatz zu Prüm, der auch zu dem Lehn gehörte, verkaufte Gerhard von Bentzeradt an den Bürger Heinrich unter der Hallen in Prüm, welcher 1535 die Belehnung empfing. Noch im Jahre 1785 wurden Johanna Margaretha Anna geborene May, Peter Theves und Maria Veling geborene Weber, mit dem Platze am Wohnhause auf dem Markte zu Prüm und anderen Lehnstücken belehnt.

261. Die Bürgermeisterei Ringhuscheid besteht aus den Ortschaften:

1. Belscheid, Weiler.	mit	3	Wohnh.	und	40	Einw.
2. Hölzchen, Weiler.	„	5	„	„	52	„
3. Krautscheid, Weiler............	„	12	„	„	106	„
4. Mauel, Dorf.....	„	20	„	„	144	„
a. Urmauel, Hof....	„	1	„	„	11	„
b. Watznach, Weiler.	„	2	„	„	12	„
Zu übertragen...	mit	43	Wohnh.	und	365	Einw.

Uebertrag... mit 43 Wohnh. und 365 Einw.						
5. Merkeshausen, Eisenhüttenwerk....	„	4	„	„	21	„
6. Nieder=Pier= scheid, Dorf...	„	19	„	„	116	„
nebst Mühle.......	„	1	„	„	8	„
a. Zaunsmühle,....	„	1	„	„	2	„
7. Ober=Pierscheid, Dorf............	„	19	„	„	126	„
a. Philippsweiler, Dorf...........	„	33	„	„	162	„
b. Röllersdorf, Weiler	„	10	„	„	56	„
c. Luppertsseifen, Dorf..........	„	5	„	„	19	„
d. Dehnseifen, Dorf	„	2	„	„	22	„
8. Ringhuscheid, Dorf.......... ..	„	33	„	„	182	„

Zusammen... mit 170 Wohnh. und 1779 Einw.
Im Jahre 1852 betrug die Seelenzahl 1263.

Belscheid liegt nördlich von Ringhuscheid, zu dessen Pfarrei es auch gehört. Das Gemeinde=Eigenthum besteht nur in vier Morgen Waldungen.

Hölzchen liegt nordwestlich von Belscheid. Es ist nach Arzfeld eingepfarrt und hat eine Kapelle, St. Lucia, deren schon in einer Urkunde vom Jahre 1466 erwähnt wird. Zwischen Hölzchen und dem Hofe Windhausen (im Kreise Bitburg) ist ein Sumpf, wo ehemals der Sage nach ein Tempelhaus gestanden haben soll. Bei näherer Untersu= chung würde man vielleicht die Ueberbleibsel Römischer Ge= bäude finden.

Krautscheid liegt nordwestlich von Ringhuscheid, an der nach Neuerburg führenden Straße. Auf einer Höhe,

eine halbe Stunde nördlich von Krautscheid, an einer Was=
serquelle, bemerkt man Erhöhungen und Bausteine, welche
verschüttete Gebäude an dieser Stelle vermuthen lassen. ¹)
Krautscheid war der Hauptort einer danach genannten Meierei,
welche zur Herrschaft Neuerburg gehörte. Die Meierei be=
stand aus den Ortschaften Belscheid, Hölzchen, Krautscheid,
Mauel mit dem Hofe Urmauel, Ober= und Nieder=Pierscheid,
Ringhuscheid, den Höfen Windhausen und Wehrhausen (jetzt
in der Bürgermeisterei Ammeldingen im Kreise Bitburg) und
in einem Theile von Arzfeld. Krautscheid könnte vielleicht
Croscheit sein, dessen Bessel erwähnt. (Siehe Anmerkung
über den Carosgau bei Rommersheim S. 364.) In einer
Urkunde vom Jahre 1728 erscheint ein Herr d'Olimar als
Schaftherr zu Krautscheid, im Jahre 1755 werden der Graf
von Manderscheid und der Rath Honoré, beide Mitherren
der Herrschaft Neuerburg, ²) als Schaftherren von Kraut=
scheid genannt. Es waren damals sieben Vogteien in diesem
Dorfe. Die Besitzer dieser Vogteien machten im Jahre
1826 Anspruch auf den ausschließlichen Besitz der Wal=
dungen und erhielten auch ein günstiges Urtheil am 2. De=
zember 1830. Die Gemeinde appellirte gegen dieses Urtheil
des Königlichen Landgerichts zu Trier bei dem Rheinischen
Appellhofe. ³) Die Gemeinde besitzt jetzt 87 Morgen Hol=
zungen und 13 Morgen Schiffelland zu einem Reinertrage
von 53 Thlrn. Krautscheidt ist nach Ringhuscheid einge=
pfarrt, hat aber eine, 1780 gebaute, dem h. Wendelin ge=
widmete Kapelle.

Mauel liegt östlich von Ringhuscheid, am rechten Ufer
der Prüm, die dazu gehörige Mühle gegenüber, am linken
Ufer. Diese Mühle und eine Rente zu Plüttscheid ver=

---

¹) Vormanns Beitrag. II. Theil S. 111.
²) Siehe I. Bd. 2. Abth. (III. 1. Abth. 2. Abschn.) S. 540.
³) Läis a. a. O. II. S. 357.

pfändete Gerhard von Rademachern, Herr zu Cronenburg und Neuerburg, im Jahre 1460 an die Brüderschaft des h. Sakraments in Neuerburg. Im Jahre 1463 schloß er einen Vergleich wegen dieser Pfandschaft. Am 20. März 1345 stellte Ludolph von Bidburg einen Lehnrevers über ein Drittel „des Dorfes Mauwel in der Parochie Grüomeldescheit" aus. Der Name Mauel ist wahrscheinlich aus der Zusammenziehung „zum Awel" wie bei andern Ortschaften gleichen Namens entstanden.[1]) Mauel ist jetzt nach Wachsweiler eingepfarrt. Das Gemeinde=Eigenthum besteht in neun Morgen Holzungen. Bei der Theilung des Geweberwaldes erhielten die Michelsmänner zu Mauel 201 Morgen.[2])

Merkeshausen, am rechten Ufer der Prüm, unterhalb Philippsweiler und östlich von Ringhuscheid, ist ein in der zweiten Hälfte des 18. Jahrhunderts angelegtes Eisenhüttenwerk, das einzige im Kreise Prüm. Im Jahre 1840 wurden 900,000 Pfund Roheisen und 205,000 Pfund Stabeisen verfertigt und das Roheisen zur weiteren Verarbeitung nach der Quint geführt, deren Besitzern, Gebrüder Krämer, auch Merkeshausen gehört. Merkeshausen ist nach Allscheid im Kreise Bitburg eingepfarrt.

Nieder=Pierscheid liegt am rechten Ufer der Prüm, unterhalb Wachsweiler. Die Nieder=Pierscheidermühle und die Zaunsmühle gehören zur Gemeinde und sind mit dieser nach Wachsweiler eingepfarrt. Die Gemeinde besitzt nur fünf Morgen Schiffel= und Wildland.

Ober=Pierscheid liegt zwischen Mauel und Ringhu=

---

[1]) Bei dem Dorfe Mauel, an der Urft, im Kreise Schleiden, ist diese Herleitung nachgewiesen.
  Siehe Kaltenbachs Regierungsbezirk Aachen. S. 135.
[2]) Siehe I. Bd. 2. Abth. (III. 1. Abth. 2. Abschn. S. 557.)

scheid. Die sehr alte St. Simeonskapelle liegt auf einer Höhe und ist weit umher zu sehen. Es ist nach Ringhuscheid eingepfarrt. In einer Entfernung von etwa fünf Minuten vom Dorfe, bei einem Sumpfe, wurde im Jahre 1830 Römisches Mauerwerk ausgegraben. Im Jahre 1692 besaß der Freiherr Johann von der Horst, Herr zu Hamm, Duren und la Deuze, den achten Theil des Zehnten zu Pierscheid, Rollinger-Erb genannt. Im Jahre 1719 verpfändete Anna Appollonia, Gräfin von Lannoy, geborene von der Horst, Frau zu Hamm, diesen Antheil am Zehnten dem Pastor Mathias Anthony zu Oberweis für 110 Spezies-Reichsthaler. Das Gemeinde-Eigenthum ist unbedeutend und besteht nur in drei Morgen Schiffel- und Wildland.

Philippsweiler scheint erst nach 1817 entstanden zu sein. Röllersdorf ist älter. Luppertzseifen und Dehnseifen sind erst im Jahre 1833 entstanden.

Ringhuscheid liegt 2½ Meilen südwestlich von Prüm und ½ Meile von Wachsweiler, zwischen Ober-Pierscheid und Krautscheid. Zur Mairie Ringhuscheid im Kanton Arzfeld, im Bezirk Bitburg, im Wälder-Departement gehörten während der Französischen Verwaltung außer den, die jetzige Bürgermeisterei bildenden Ortschaften, noch Wehrhausen und Windhausen. Die alte Pfarrei an der St. Martinskirche gehörte zum Landkapitel Bitburg. Die Collatur der Pfarrei besaßen die Herren von Malberg, zu Anfange des 18. Jahrhunderts schon die von Veyder.

Als Pfarrer werden genannt: Jakob Hollnich, Leonhard Steinberger aus Arzfeld 1643—1697, Franz Hickhausen 1697—1727, Johann Gregor Tandel aus Bettingen 1727—1767, Engelbert Manderfeld aus Münstereifel 1767—1791, Johann Baptist Billen aus Nattenheim 1791—1800, Johann Mathias Lauer aus Berncastell 1800—1818, Nikolaus Schottler aus Daleiden 1818, Barbe 1848, Reis 1852.

Eingepfarrt sind jetzt: Belscheid, Krautscheid, Watznach, Ober-Pierscheid, Philippsweiler, Röllersdorf, Luppertsseifen, Dehnseifen und Ringhuscheid, ferner aus dem Kreise Bitburg die Ortschaften Berkoth, Hausmannsdell, Heinischseif, Uppershausen und Terresseif. Die Kirche ist im Jahre 1820, theils aus Mitteln der Kirche selbst, theils aus Beiträgen der Gemeinde erweitert worden. Von Ringhuscheid ziehen sich nach Arzfeld, Daleiden und Hofingen die Reste eines Steinwalles hin. Steininger[1]) vermuthet, daß diese Steinwälle eine Fortsetzung der oft erwähnten Langmauer sind. In den Thälern soll man keine Spuren mehr von diesem Steinwalle bemerken, sie waren gewiß dort auch vorhanden, sind aber durch die Bebauung der Thäler längst vertilgt worden. Dagegen soll der Steinwall auf dem Bergrücken meistens in einer geraden Linie fortlaufen und die Steine sollen ziemlich regelmäßig auf einander gesetzt sein. Bei Nieder-Pierscheid und zwischen Merkeshausen und Philippsweiler hat man am rechten Ufer der Prüm Römische Mauertrümmer im Boden gefunden.[2]) Nicht nur an Rhein und Mosel, sondern auch auf den hohen Thalrändern der kleineren Flüsse, Prüm, Kyll, Lieser, Nims u. a. m. legten die Römer Stationen an und hatten in der Entfernung von ½ bis ¾ Stunden befestigte Posten, die in einer geraden Linie fortliefen, wie die noch vorhandenen Ueberbleibsel von Römischem Mauerwerke beweisen.

262. Die Bürgermeisterei Rommersheim bilden:

1. Elverath, Dorf..	mit	8	Wohnh.	und	65	Einw.
2. Giesdorf, Dorf..	„	10	„	„	71	„
Zu übertragen...	mit	18	Wohnh.	und	136	Einw.

---

[1]) Steininger Geschichte der Trevirer. S. 188.
[2]) Jahrb. d. B. v. A. F. Heft III. S. 62.

Uebertrag... mit 18 Wohnh. und 136 Einw.

3. Gondelsheim,

Dorf............ „ 29 „ „ 170 „

4. Rommersheim,

Dorf............ „ 42 „ „ 303 „

a. auf der Schlack,

Weiler........ „ 2 „ „ 11 „

b. Rommersheimer

Held, Haus.... „ 1 „ „ 11 „

c. Weinsheimer

Held, Haus.... „ 1 „ „ 8 „

5. Weinsheim,

Dorf........... „ 35 „ „ 240 „

a. Brühlborn, Haus „ 1 „ „ 7 „

Zusammen... mit 129 Wohnh. und 886 Einw.
deren Zahl im Jahre 1852 schon 920 Seelen betrug.

Elverath liegt südlich von Prüm zwischen Nieder=Prüm
und Ober=Lauch. Als der 29. Abt von Prüm, Gerhard,
aus dem Geschlechte der Grafen von Vianden, im Jahre
1190 das Nonnenkloster zu Nieder=Prüm stiftete, schenkte
seine Schwester Adelheid, die Wittwe des Grafen Albert
von Molbach, dem neugegründeten Kloster ihren von ihren
Voreltern ererbten Antheil an Elverath „de allodio quod
„a proavo, avo et patre legitime possederat, partem unam
„videlicet villulam, quæ Heveraid appellatur, cum omnibus
„appendicis etc." (Hontheim I. S. 618. S. auch I. Bd.
2. Abth. S. 898.) In der Urkunde von demselben Jahre,
durch welche Erzbischof Johann I. die Stiftung bestätigte,
wird Elverath „allodium quoddam Hoveraid" genannt.
Elverath gehörte zum Hofe Rommersheim und ist auch noch
jetzt dahin eingepfarrt. Cäsarius erwähnt des Ortes nicht.
Im Jahre 1347, Dienstag vor St. Lukastag, verpfändeten

Hartard, Herr zu Schönecken, und seine Hausfrau Marga-
retha, das Dorf Elverath und ihre Leute zu Prüm ihrem
Burgmanne Wirich Pulcy von Elverath für 250 goldene
Schilde. Ein adliges Geschlecht führte den Namen von
Elverath. Im Jahre 1363 bestätigte Burchard, Herr zu
Vinstingen und Schönecken dem Jakob von Eylvenrait den
Besitz des Burglehns zu dem Haue „und den Busch" Kassich
bei Langvelt (Langenfeld), mit welchen Jakob von E. von
Hartard von Schönecken belehnt worden war. Die Jung-
frauen-Hofleute-Güter zu Elverath gehörten zu einem Schö-
necker Burglehne, mit welchem Jakob Stempel 1677 von
dem Kurfürsten Johann Hugo (von Orsbeck) belehnt wurde.
Im Jahre 1777 waren nur fünf Feuerstätten zu Elverath.
Die Gemeinde besitzt 74 Morgen Holzungen, 2 Morgen
Schiffelland und 7 Morgen in Wiesen und anderen Ländereien, zu einem Reinertrage von 22 Thalern.

Giesdorf liegt am linken Ufer der Nims. Die Kunst-
straße von Prüm nach Schönecken führt durch den Ort. Die
Höhe der Brücke am Zusammenflusse des Klingelbaches und
der Nims zu Giesdorf wird zu 1273 Fuß angegeben. Bei
Giesdorf kommen mehrere Versteinerungen vor, unter andern Terebratula prominula und die sonst seltene Terebratula Camellosa (Steininger.) Cäsarius nennt im Prümer
Güter-Verzeichnisse einen Ort Gundensdorpht, in welchem die
Abtei Prüm Güter besaß, ich bin aber zweifelhaft, ob es
Giesdorf ist, weil Cäsarius von zwei Mühlen spricht, von
welchen die eine an der Nims, die andere an der Prüm
gelegen. Nun liegt aber Giesdorf an der Nims und $\frac{3}{4}$
Meilen von der Prüm entfernt, es ist also nicht wahrscheinlich, daß eine zu Giesdorf gehörige Mühle an der Prüm
lag, indessen führt Cäsarius Gudensdorpht gleich vor Dy-
dendorpt, Dingdorf auf, und noch 1794 gehörte Giesdorf
zum Hofe Dingdorf im Amte Schönecken. Zu Giesdorf

war ein Hofhaus, welches dem Kollegiatstifte zu Prüm ge=
hörte, von der Französischen Regierung als Domaine ein=
gezogen und am 21. Nivose XIII. (11. Januar 1805) für
3125 Frs. (833 Thlr.) verkauft wurde. Die Zandt=Erb=
schaft zu Giesdorf verkaufte „Drunen Hans von Goedes=
dorf" und dessen Gattin, im Jahre 1549 an Oehler Thoniß
zu Schönecken. [1]) Giesdorf ist nach Rommersheim einge=
pfarrt. Die Gemeinde besitzt 105 Morgen Holzungen, 107
Morgen Schiffel= und Wildland und 110 Morgen in Wie=
sen und andern Ländereien, zu einem Reinertrage von 65
Thalern.

Gondelsheim liegt östlich von Prüm zwischen Weins=
heim und Schwirtzheim. Auch hier findet man Versteine=
rungen, namentlich Terebratula prisca und Caeptena depressa.
Gondelsheim gehörte bis 1794 zur Meierei Weinsheim im
Amte Schönecken. Das Weisthum zu Gundelsheim und
Weinsheim vom Jahre 1539 (Grimm II. S. 530) weiset,
„welcher herr Schönecken schleußt den weisen wir vor einem
„hoheren," ferner „der vier hern guter frey." Im Jahre
1492, am Sonntage Judica, verglichen sich Wilhelm, Wolf
und Johann, Gebrüder von Löwenstein, mit dem Erzbischofe
Johann II. von Trier wegen der Nattenheimer Güter zu
Gondelsheim. Ein Hof zu Gondelsheim gehörte zu einem
Complex von Gütern, mit welchen Johann von Herßfelt,
genannt Durgen, im Jahre 1514 belehnt wurde, wie schon
seine Voreltern es gewesen. Im Jahre 1589 wurde Jo=
hann von Bentzenradt mit diesen Gütern, die er von Jo=
hann von Herßfelt geerbt, für sich, seinen Bruder Balthasar,
seinen Schwager Diedrich Lantzeroth und Jakob Waltpot
belehnt. Noch 1769 empfing Heinrich Hartard von Bentze=
rath, Fürstlich Speyerscher Oberst=Stallmeister, die Beleh=

---

[1]) Eiflia illustr. II. Bd. 2. Abth. S. 280.

nung über diese Güter. Ein Hof, der unter verschiedenen
Namen, als Kaphentges=, Weiffhentges=, Witthentges= und
Weißhentgeshof in den Mannbüchern der Abtei Prüm vor=
kommt, war ein Bauerlehn. Die Gemeinde besitzt 715 Mor=
gen Holzungen, 199 Morgen Schiffel= und Wildland und
2 Morgen Wiesen, zu einem Reinertrage von 279 Thalern.
Die Kirche von Gondelsheim zeichnet sich durch ihre schöne
Bauart aus. Der Sage nach soll ein Abt von Prüm, des=
sen Namen aber nicht angegeben wird, die Absicht gehabt
haben, ein Kloster zu Gondelsheim zu errichten und des=
halb die schöne Kirche erbaut haben. Im Jahre 1599
brannte das Dach der Kirche und des Thurmes ab, wurden
aber durch freiwillige Beiträge wieder hergestellt. In der
Kirche wurden ehemals Reliquien der heiligen Jungfrauen
und Märtyrinnen Fides, Spes und Charitas, Töchter der
heiligen Sophie, welche im Jahre 130 nach Christi Geburt
unter der Regierung des Kaisers Adrian den Märtyrertod
gestorben sein sollen, verehrt. Rhay erwähnt dieser Reli=
quien in der Kirche zu Gondelsheim. [1]) Auch Wiltheim er=
wähnt der Verehrung der heiligen drei Jungfrauen zu
„Gundesheimium" und bringt solche mit dem Kulius der
drei Marien (eher wohl Matronen oder Mütter) in Ver=
bindung, welcher in den Ardennen sehr verbreitet war. [2])
Gondelsheim und Schwirzheim bildeten in Folge eines Ver=
trags der beiden Gemeinden eine gemeinschaftliche Pfarrei.
Der Pfarrer wohnte zu Gondelsheim. Gondelsheim war
vor 1794 wahrscheinlich ein Filial von Weinsheim und er=
hielt erst später, eben sowie Schwirzheim, eine eigene
Bischöfliche Pfarrei. (Siehe Schwirzheim bei Büdesheim
S. 212.)

---

[1]) J. Rhay. S. J. Animae illustra Juliae, Cliviae etc. etc. p. 122
[2]) A. Wilthem Luciliburg. Rom. p. 48.

Rommersheim liegt eine halbe Meile südöstlich von Prüm, in einiger Entfernung von der nach Schönecken führenden Straße. Die Umgegend von Rommersheim ist sehr reich an Versteinerungen. Man findet hier: Orthis, Orthoceras lateralis, Terebratula porrecta, Cyrtoceratiles Leptaena depressa, Terebratula puguus, Spirifer glaber, Spirifer heteroclytus (De Franzii), Terebratula Campomanes, Acroculia, Ortis striatula, Calceola sandalina, Cypressocrinites Crassus (Steininger); Terebratula ferita, Orthis resupinata, Pileorsis (Schnur), Orthis testudimaria, Terebratula impressa. Im Kalke von Rommersheim (auch zu Ober-Lauch und Fleringen) findet man die seltene Terebratula Lamelosa, Pentamerus galeatus, Spirifer speciosus und Concentricus, Terebratula prisca, T. Curvata und T. Goldfussii, Favosites spongites Leptena depressa und Steinkerne von Orthis striatula. Rommersheim wird in Urkunden Romari villa genannt, indessen scheint doch der Namen auf Römischen Ursprung zu deuten. Gewiß ist es, daß Römer einst hier wohnten. Im Jahre 1833 wurde in der Nähe von Rommersheim, bei den Kalköfen, ein Römischer Begräbnißplatz entdeckt und unter andern Geräthen eine schön geformte und verzierte Urne von rothem Thone gefunden, welche ich an das Museum zu Trier gesandt habe. Schon bei der ersten Stiftung des Klosters Prüm im Jahre 720 gab Bertraba diesem Kloster einen Theil von Rommersheim „de Romairo villa de nostra portione Medietate." (Hontheim I. S. 112.) In der Urkunde, in welcher König Pipin die Stiftung des Klosters Prüm im Jahre 762 erneuerte, schenkte er demselben auch den andern Theil von Rommersheim „res „proprietatis nostrae in pago Charos, in villa quae dicibur „Rumersheim." (Hontheim I. S. 68.) Hiernach gehörte also Rommersheim zum Charos oder Carosgau, der wahrscheinlich seinen Namen von seinen frühern Bewohnern, den

Cacresern, einem Stamme der Trevirer, empfing. [1]) König
Lothar verlieh im Jahre 861 dem Abte Ausbald von Prüm
das Recht, in Rommersheim Markt und Münze anzulegen,
„licentiam in loco, qui vocatur Romari-Villa, non procul ab
„eodem monasterio sito, mercatum et monetam ad utilitatem
„ejusdem loci fieri." (Hontheim I. S. 198.) Cäsarius
zählt im Prümer Güter=Verzeichnisse die bedeutende Güter
auf, welche das Kloster in „Rumersheym" besaß. Er er=
wähnt auch des „Broil," wahrscheinlich desselben Brühls,
der später zu den Schultheißerei=Gütern gehörte und von
der Französischen Regierung als Domaine verkauft wurde.
Zu Rommersheim, einer der ältesten Besitzungen der Abtei
Prüm, hatte dieselbe ihr Kämmereigericht, aus edeln und
unedeln Schöffen bestehend, das höhere Gericht, an welches
der Appell von den Urtheilen der Untergerichte in der Abtei
und in der Vogtei gingen und von welchen nur die Beru=

---

[1]) S. Eiflia illustr. I. Bd. 1. Abth. S. 111. Bessel glaubt, daß
der pagus Corascus, Carosgau, eine kleinere Abtheilung des Vit=
gaues, (in pago Bedensi) gewesen sei und in demselben die Abtei
Prüm nebst den derselben gehörigen Ortschaften diesseits der Kyll
gelegen habe. Auch hält er dafür, daß sich der Name des Cores=
gaues in den Ortschaften **Cresset et Croscheit prope Neuer-**
burg sive novum Castrum in Arduenna erhalten habe. Croscheit
könnte vielleicht Krautscheid in der Bürgermeisterei Ringhuscheid sein,
welches ehemals zur Herrschaft Neuerburg gehörte, nur ist es mir
zweifelhaft, ob sich das Carosgau bis dahin erstreckt haben sollte.
Als Ortschaften des Carosgaues führt Bessel Huosca (Cos bei Bü=
desheim, vielleicht auch Huscheid an der Nims) und **Vallemaris villa**
(unzweifelhaft Wallersheim) an. Chronic. Gottwic. p. 884. Die
Urkunde, deren ich in der Eiflia illustr. I. Bd. 1. Abth. S. 111
erwähnt und als deren Datum das Jahr 830 angegeben habe,
(praeceptum Ludovici im Jahre XVII. der Regierung desselben)
setzt Bessel in das Jahr 831.

fung an das Reichs-Kammergericht gehen konnte. Später wurde das Kämmereigericht nach Prüm verlegt und dessen Wirksamkeit sehr beschränkt. Auch wurden nicht mehr Edelleute zum Schöffengerichte genommen. Das Siegel, dessen sich das Gericht zuletzt bediente, stellt den heiligen Hubert mit einem Bogen nach dem, ein Kreuz in der Mitte des Geweihes tragenden, Hirsche zielend vor, mit der Ueberschrift: „S. Hubertus." Die Umschrift lautet: „Rommerscheimer Gerichts-Siegel 1766." In frühern Zeiten wurde das Kämmereigericht im Walde Baselt bei Flevingen unter Vorsitz des Abts und im Beisein des Vogts (des Herrn von Schönecken), gehalten. [1]) Das älteste Weisthum von Rommersheim vom Jahre 1298, vielleicht eins der ältesten die man kennt, hat sich erhalten. Eine Abschrift desselben theilte ich im Jahre 1829 dem damaligen Geheime-Rathe (nachherigen Minister) von Kampz mit, der solche in 67 Hefte der Jahrbücher der Preußischen Gesetzgebung, Berlin 1829, abdrucken ließ. Auch Grimm hat (II. Bd. S. 515) dieses Schöffen-Weisthum von 1298, sowie ein späteres sehr abgekürztes vom Jahre 1550. (III. Bd. S. 830.) Das Geding wurde aber 1298 nicht im Baselt, sondern zu Rommersheim von dem Ritter Thielman von Cronenburg als Schultheißen des Abts in Gegenwart des Grafen von Vianden, der Herren von Blankenheim, zu der Schleiden, von Kerpen, von der Neuerburg, des Marschalls von Densborn, Herrn von Daun, „vnd vort viel lehnberige manne edel „vnd vnedel in de egute Ebtin gesessen" gehalten.

Mehrere adlige Familien wohnten zu Rommersheim und hatten Güter daselbst. Eine jener Familien nahm auch den Namen von Rommersheim an. [2]) Zu den am angeführten

<hr />

[1]) Eiflia illustr. I. Bd. 2. Abth. S. 978.
[2]) Eiflia illustr. II. Bd. 2. Abth. S. 8. S. 208. S. 255. S. 545 und S. 554.

Orte über die Familie von Rommersheim gegebene Nach=
richten bemerke ich noch nachträglich, daß Clais (Nikolaus)
von Rommersheim, am St. Valeriustage 1380, von Jo=
hann Herrn zu Schönecken und Hartradstein mit den Gütern
zu Rommersheim belehnt wurde, mit welchen früher Hein=
rich von Mertzig belehnt gewesen. Im Jahre 1341, Frei=
tag vor Magdalena, überwies Hartard von Schönecken dem
Diedrich von Rommersheim für 40 Kölnische Gulden, welche
er demselben schuldig geworden war, den Zehnten zu Dydin=
dorp (Dingdorf.) Unter vielen andern Gütern trugen die von
Hersel [1]) auch den Wavershof, das Püllen=Gut, den Mer=
scheidhof und das Jungfern=Erbe zu Rommersheim von der
Abtei Prüm zu Lehn. Schon im Jahre 1514 empfing Johann
von Hersel, Amtmann zu Zülpich, die Belehnung mit diesen
Gütern, sowie zuletzt, 1655, Johann Christoph von Hersel.
Dieser verkaufte den größten Theil der Rommersheimer
Güter an Agnes Morbach, Wittwe des Lauwer (Gerbers)
Amtsmeisters Nikolaus Anethan zu Trier, welche 1663 die
Belehnung empfing. Mit einem andern Theile wurden 1664,
nach dem Tode des Johann Christoph von Hersel, dessen
Verwandte Johann Hugo von Scheuer und Maria Ottilia
von Scheuer, Wittwe von Belderbusch, belehnt. Die Be=
lehnung über diesen Antheil erhielt noch 1771 Joseph Franz
von Zandt zu Lissingen, wegen seiner Gemahlin Antonetta
Lucia von Belderbusch. Den Wavershof oder wenigstens
einen Theil desselben hatten die von Bentzerabt von dem
von Bourtzig geerbt. Zu Anfange des 18. Jahrhunderts
war dieses Lehn aber schon in den Händen der Familie
Cornesse durch Kauf gekommen. Mit dem Neumanns=

---

[1]) Herrmann von Hersel hatte die Güter in Rommersheim wahrschein=
lich durch seine Gattin Katharina von Rommersheim erhalten. S.
Eiflia illustr. II. Bd. 1. Abth. S. 171.

(Niemens= oder Nimmels=) Hause zu Rommersheim wurde
1514 Diedrich von Ahr zu Hersdorf belehnt. Durch Hei=
rathen kam dieses Lehn an die von Frankenstein, von Boitz=
heim, von Esch, von Kellenbach und von Benzerath. Letz=
tere empfingen noch 1769 die Belehnung. Den Bollers=
hof hatte das Kloster Nieder=Prüm von Johann Heinrich
von Portzheim gekauft und empfing in den Jahren 1713,
1718, 1731, 1751, 1756 und 1768 die Belehnung. Die
Französische Regierung verkaufte diesen Hof am 21. Nivose
XIII. (11. Januar 1805) für 2505 Frs. (668 Thlr.) Der
schon erwähnte Brühl, der zu den Schultheißerei=Gütern
gehört hatte, wurde für 1885 Frs. (502 Thlr.) versteigert.
Die übrigen Schultheißerei=Güter wurden durch ein gericht=
liches Urtheil vom 12. August 1824 der Gemeinde zuge=
sprochen, und die Königliche Regierung zu Trier verzichtete
in einer Verfügung vom 27. Mai 1825 auf alle Ansprüche
des Fiscus darauf. Die Stockbesitzer zu Rommersheim be=
haupteten, daß die Gemeinde=Waldungen zu den Stockgütern
gehörten und erhielten auch am 21. Juli 1828 ein günsti=
ges Urtheil bei dem Landgericht zu Trier. Dieses wurde
aber durch ein Urtheil des Appellhofes zu Köln vom 20.
Januar 1831 zu Gunsten der Gemeinde reformirt. [1]) Die
Gemeinde Rommersheim besitzt jetzt 494 Morgen Waldun=
gen, 159 Morgen Schiffelland und 7 Morgen Wiesen u. s. w.
zu einem Reinertrage von 396 Thalern.

Zwischen Rommersheim und Fleringen auf dem Banne
der ersteren Gemeinde lag der Hof Cleberg, dessen Ge=
bäude schon längst niedergerissen sind. Dieser Hof war
schon im Jahre 1515 ein Bauernlehn. Im Jahre 1777
wurde Lambert Nimmels (Neumann) damit belehnt. Bis
1794 bestand die Schultheißerei Rommersheim im Amte Prüm.

---

[1]) Läis a. a. O. II. S. 349.

Außer Rommersheim gehörte nur noch Elverath zu derselben. Im Jahre 1777 waren zu Rommersheim 25 Hausstätten mit eben so viel Rauchfängern, und zu Elverath deren 5 vorhanden. Die Pfarrei zu Rommersheim, die sehr alt ist, gehörte zum Landkapitel Kyllburg. Der Triersche Erzbischof Eberhard weihte die Kirche im Jahre 1063 und bestätigte das Kloster Prüm im Besitze der Zehnten. (Hontheim I. S. 405.) Als Abt Gerhard im Jahre 1190 das Kloster Nieder-Prüm stiftete, verlieh er demselben auch die Kirche zu Rommersheim mit deren Filialen. (Hontheim I. S. 618.) Der Sprengel der Pfarrei an der Kirche St. Maximim zu Rommersheim erstreckte sich sehr weit. Schweich, Mehring, Föhren, Befond, Longen, Naurath und Erlebach gehörten zur Pfarrei. Der Pfarrer von Rommersheim ließ den Dienst in diesen weit entfernten Filialen durch Vikarien versehen, bis Mehring und die andern Ortschaften (Schweich erst 1590) eigene Pfarreien erhielten. Im Jahre 1382 wurde die Bruderschaft B. Martini Episcopi und Beatae Mariae Virginis zu Rommersheim gestiftet. Die Pfarrei wurde bis 1794 von dem Kloster Nieder-Prüm besetzt. Das Kloster überwies 1642 den Wavershof zu Rommersheim dem Pfarrer zum Wiedenhof. Außer Rommersheim sind jetzt nur noch Elverath und Giesdorf eingepfarrt.

Weinsheim liegt ¾ Meilen von Prüm in nordöstlicher Richtung entfernt. Das Flüßchen Nims entspringt aus einem Brunnen im Dorfe und fällt, nach einem Laufe von 7 Meilen, bei Irrel in die Prüm. Es werden hier unter andern Versteinerungen Aulopara serpens und Luomphalus gefunden. Weinsheim wird vom Volke, auch wohl in Urkunden, Winzem genannt. Das Wimesheim, dessen Cäsarius erwähnt, ist ein anderer Ort gleichen Namens, der im Kreise Kreuznach liegt. Weinsheim war eine Meierei im Amte Schönecken, welche ein Gericht, aus einem Maire und

sieben Schöffen bestehend, hatte. Gondelsheim gehörte zur
Meierei. Im Jahre 1335, am 12. März, trugen Hartard,
Herr zu Schönecken, und Margaretha, seine Frau, ihren
Hof zu Winsheim und ihr Gut zu Gudesheim (Gondels=
heim) dem Trierschen Erzbischofe Balduin, für 400 Pfund
zu Lehn auf. In einer Urkunde des Trierschen Erzbischofs
Balduin vom Jahre 1343, werden „Winsheim" und „Gun=
delsheim" unter den alten Lehnen aufgeführt, welche Har=
tard von Schönecken von dem Erzstifte Trier zu Lehn trug.
Gerhard, Herr zu Schönecken, und Johannetta (von Rode=
machern), seine Hausfrau, versprachen in einer, Donner=
stag vor heiligen Margarethen 1355 ausgestellten Urkunde
die Zehnten zu Weinsheim, welche Margaretha, Frau zu
Falkenburg (Wittwe Hartards von Schönecken), aus frem=
der Hand eingelöst hatte, derselben so lange ungestört zu
lassen, bis sie im Stande wären, solche mit 400 Gulden
einzulösen. Das Weisthum zu Gondelsheim und Weins=
heim vom Jahre 1537 (Grimm II. S. 530) ist schon bei
Gondelsheim erwähnt worden. Vom Bohnenhofe zu Weins=
heim ist ein besonderes Weisthum vom Jahre 1565 vor=
handen. (Grimm II. S. 531.) Dieser Hof gehörte wahr=
scheinlich zu den freien Gütern der vier Herren, deren in
dem Weisthume von 1537 erwähnt wird. Zu diesen ge=
hörte wahrscheinlich auch der Hof Hasselborn zu Weins=
heim. Im Jahre 1615, am 6. November, verkauften Graf
Karl von Manderscheid=Gerolstein und seine Gemahlin, die
Gräfin Anna Salome von Manderscheid=Schleiden, ihr Vier=
tel des Hofes Hasselborn zu Weinsheim für 200 Gulden
an Tompers Clas und Konsorten. Am 30. November
desselben Jahres verkauften sie drei Theile ihres Hofes
Hasselborn bei Weinsheim und eine freie Erbschaft zu Her=
mespand an Georg von Godestorf. Im Gemeindewalde
von Weinsheim, im Distrikte Burgring, liegt ein großer

Haufen Bruchsteine, die von einem Gebäude herzurühren scheinen. Es ist wohl möglich, daß hier die Gebäude des Hofes Hasselborn lagen. Im II. Bd. 1. Abth. S. 158 der Eiflia illustr. habe ich Nachrichten von einem Adelsgeschlechte Hasselborn gegeben. Ich wußte damals noch nicht, wo das Stammhaus desselben lag, und ist meine irrige frühere Angabe danach zu berichtigen. Die dort erwähnten Ländereien zu „Duslet" waren wahrscheinlich zu Dausfeld. Im Jahre 1777 zählte man zu Weinsheim 18 Hausstätten, zu Gondelsheim deren 7. Die Gemeinde Weinsheim besitzt 608 Morgen Waldungen, 191 Morgen Schiffelland und 1 Morgen Wiesen zu einem Reinertrage von 274 Thalern. Die alte Pfarrei an der Kirche St. Willibrod zu Weinsheim gehörte zum Landkapitel Kyllburg. Der Besitzer der Herrschaft Hartelstein war Collator der Pfarrei. Die im Jahre 1706 erbaute Kirche wurde am 9. Juli 1717 von dem Weihbischofe Johann Mathias von Eyß geweiht. Der Thurm derselben ist schon 1703 gebaut worden. Im Jahre 1729 stifteten Johann Mayer, Pastor in Weinsheim, und Mathias Leonardi, Pastor zu Trotten (?) eine Frühmesse zu Weinsheim. Jetzt sind Dausfeld und Hermespand nach Weinsheim eingepfarrt.

263. Zur Bürgermeisterei Schönecken gehören:

		Wohnh.		Einw.
1. Neuland, Dorf .. mit	14	„	und	89 „
a. Schweisthal, Hof und Mühle	„ 2	„	„	23 „
2. Schönecken, Flecken	„ 223	„	„	1205 „
a. Ichterhof........	„ 1	„	„	2 „
b. Irsfelderhof	„ 1	„	„	13 „
3. Seiwerath, Dorf	„ 16	„	„	107 „

Zu übertragen... mit 257 Wohnh. und 1419 Einw.

Uebertrag... mit 257 Wohnh. und 1419 Einw.

a. Dürrbachs=Brücke. „ 3 „ „ 22 „

4. Wetteldorf, Dorf „ 62 „ „ 314 „

Zusammen... mit 327 Wohnh. und 1775 Einw.

Im Jahre 1852 betrug die Einwohnerzahl 1863.

Neuland liegt südwestlich von Schönecken am rechten Ufer der Nims zwischen Heisdorf und Lasel. Es gehörte zur Prümschen Schultheißerei Wetteldorf. Im Jahre 1777 waren nur 8 Hausstätten daselbst vorhanden. Die von Enschringen trugen im 16. Jahrhunderte einen Hof zu Neuland von der Abtei Prüm zu Lehn. Im Jahre 1343 verpfändete Hartard von Schönecken unter andern Gütern auch das Dorf Neuland dem Peter Hybis, Bürger zu Bitburg. Es ist nach Wetteldorf eingepfarrt.

Auch der Hof Schweisthal ist dahin eingepfarrt, welcher ehemals ebenfalls zum Hofe Wetteldorf gehörte, mit Ausnahme der Mühle, die zur Meierei Dingdorf im Amte Schönecken gehörte. Im Jahre 1784 stand der Hof einem Unterthanen zu, der theils vom Kurfürsten, theils von den Knebel von Catzenelnbogen und den von Zandt zu Lissingen Güter, theils in Erbpacht, theils auf Zielsahr einhatte. Unter andern Gütern war Georg von der Hart auch mit einem Hofe zu Schweisthal im Jahre 1516 von dem Prümschen Abte Wilhelm belehnt worden. Durch Heirath kam dieser Hof an die von Hoverdingen, genannt Sauerzapf. Gerlach von Auwach, dessen Mutter eine Schwester des Friedrich von Hoverdingen, genannt Sauerzapf, war, erbte die Güter von diesem seinem mütterlichen Oheim und empfing 1579 die Belehnung darüber. Wilhelm Joseph Lothar von Auwach, mit welchem der Mannsstamm dieses Geschlechts im Jahre 1747 erlosch, setzte in seinem Testamente Maria Eva Franzisca Knebel von Katzenelnbogen, geborne Wald=

pot von Baffenheim=Olbrück, welche eine Schwester seiner
Mutter Maria Anna Theresia Waldpot von Baffenheim
war, zur Erbin seiner Güter, unter diesen auch der Brucker
Lehngüter zu Schweisthal ein. [1]) Im Jahre 1770 erhiel=
ten Philipp Franz Freiherr von Knebel, deffen Schwestern
Maria Anna Katharina Elisabeth, vermählte von Keffel=
statt, Theresia Isabella, vermählte von Brabeck, und Char=
lotte, vermählte von Hohenfeld, sowie deren Vetter Kon=
stantin von Mauchenheim, genannt Bechtolsheim, die Be=
lehnung von dem Kurfürsten Clemens Wenceslaus. —
Eine adlige Familie nahm den Namen von Schweisthal
an. Jakob Anton von Schweisthal war im Jahre 1732
Ober=Amtmann und Kanzlei=Direktor zu Schleiden. Die
Familie besaß auch einen Antheil an der Herrschaft Neuer=
burg.

Schönecken liegt südöstlich von Prüm, eine Meile da=
von entfernt, am linken Ufer der Nims. Die Höhe von
Schönecken beträgt an der Nims 1194 Fuß; an der Burg
1441; an der steinernen Brücke über die Nims, oberhalb
Schönecken, am Wege nach Prüm (Osterbrücke) 1205. Die
Straße von Trier nach Aachen führt durch Schönecken. Die
Gegend bei Schönecken ist eine der reichsten Fundorte von
Versteinerungen in der ganzen Eifel. Hier findet man
Terebratula microchyncha, J. prominula, Spirifer curvatus,
Orthis irregularis, O. lepis, O. minuta, Terebratula lepida
Phacops latiferus, Orthis Eifliensis (Steininger), Calymene
Macrophtalme (oder Phaecops), Spirifer Speciosus. Der Do=
lomit ist bei Schönecken sehr stark, der darunter liegende
Kalk aber nur schwach entwickelt. Im letztern könnte
sich vielleicht hin und wieder Marmor finden, jedoch nicht
so mächtig, daß die Kosten der Anlegung eines Bruches

---

[1]) **Eiflia illustr. II. Bd. 1. Abth. S. 38.**

gedeckt werden würden. Schönecken kommt öfter unter dem Namen Bellacosta vor. Wiltheim sagt in vita Yolandae S. 27 davon: „Est Bellacosta vetus arx Prumiae propinqua Bellacostarum equitum prisca patriaque sedes, Condita a Comitibus Viennensibus a quibus Bellacostani trahere originem. Eckhard und Hontheim halten Schönecken für das palatium regium Scolinare, in welchem König Lothar I. im Jahre 855 eine Urkunde ausstellte. [1]) Das novum castrum Sconeiche, welches, wie Cäsarius erzählt, Konrad von Boppard, welcher Gembrigke (Gemmerich bei Nastetten) inne hatte, bewohnte, ist wahrscheinlich Schöneck auf dem Hunsrücken. [2]) Die Burg Schönecken in der Eifel besaßen die Grafen von Vianden als Schirmvögte der Abtei Prüm. Als Jolantha, die Tochter des Grafen Heinrich I. von Vianden und Namur, und der Margaretha von Courtenay, darauf bestand, Nonne zu Marienthal zu werden, wurde sie zu Schönecken gefangen gehalten. Ihr Bruder Heinrich, der nachherige Bischof von Utrecht, befreite sie aus dem Gefängnisse. [3]) Heinrich, der Sohn des Grafen Friedrich von Vianden, von seinem Oheime, dem Grafen Philipp von Vianden benachtheiligt, zwang den Letztern 1264, ihm das Schloß Schönecken mit der Schirmvogtei und deren Zubehör, unter andern einen Theil des Hofes Pronsfeld abzutreten. Heinrich nannte sich nun einen Herrn von Schönecken. Sein Mannsstamm erlosch mit seinem Enkel Johann im Jahre 1370. Johanns ältester Bruder Hartard, der Erbauer von Hartelstein, war schon 1350 ohne Kinder gestorben, sowie der zweite Bruder Gerhard, der mit Johanna von Rodermachern vermählt gewesen war, 1355. Hartards

---

[1]) Eiflia illustr. I. Bd. 2. Abth. S. 955.

[2]) Ebendaselbst.

[3]) Bertholet hist. de Luxemb. Tome V. p. 34.

Wittwe, Margaretha von Falkenberg, hatte sich mit Bur=
chard von Vinstingen wieder vermählt, der sich nun im Be=
sitze von Schönecken behauptete. [1] Elisabeth, die ältere
Schwester der drei Brüder von Schönecken, war mit Godart
von Wiltz vermählt und hatte demselben Hartelstein zuge=
bracht. Nach dem Tode ihres Bruders Johann machte
Elisabeth auch Anspruch auf den Besitz von Schönecken. Der=
gleichen Ansprüche erhob noch bei Lebzeiten Johanns, Wer=
ner Graf von Witgenstein, der Sohn des Grafen Syvart
(Siegfried), dessen Mutter Margaretha auch eine Schwester
der Gebrüder von Schönecken gewesen war. Schon im Jahre
1356 fer. VI. ante Invocavit machte Werner, ältester Sohn des
Herrn Syvart, Grafen zu Witgenstein, Herr zu Schönecken,
den Probst zu St. Gereon in Köln, Konrad von der Schlei=
den, zu seinem Mann um 300 kleine Gulden, für welche
er ihm 4 Fuder Weingülte aus „Merrecke" (Mehring) und
Schweich, „die zu der Schönecker Hereyde" gehörten, an=
wies. Auch bekundet Johann von Schönecken in einer am
10. Februar 1355 ausgestellten Urkunde, daß der „Edell=
„mann Her Wernher eldeste Son des grauen von Witchen=
„stein, sein Neffe ihn vmb Ansprache als von der Herrschaft
„von Schöneck" vor des Kaisers Hofrichter laden lassen,
daß er aber dem Erzbischofe Boemund von Trier, dessen
und dessen Stiftsmann er (Johann) sei, gelobt habe, sich nach
den Privilegien des Stifts nur vor die Richter zu stellen,
welche der Erzbischof dazu bestimmen würde. Als Hartard
von Schönecken gestorben war und dessen Wittwe, Marga=
retha von Falkenburg, sich wieder mit Burchard von Vin=
stingen vermählt hatte, verglich sich dieser am Pfingsttage
1358 mit Johann von Schönecken wegen der Ansprüche der
Margaretha. Burchard von Vinstingen kaufte am 24. April

---

[1] Eiflia illustr. I. Bd. 2. Abth. S. 990.

1361 für 1400 Gulden, von dem Grafen Diedrich von Solms und deſſen Gattin Mettel den Theil der Herrſchaft Schönecken, welchen der Graf von Solms, nach dem Tode Hartards von Schönecken ererbt hatte. Wahrſcheinlich war Mettel, die Gemahlin des Grafen von Solms, eine Tochter des Grafen Severt von Witgenſtein und hatte dadurch einen Antheil an Schönecken erworben. Der Vertrag, welchen Burchard von Vinſtingen mit Johann von Schönecken abgeſchloſſen hatte, ſcheint nicht von langer Dauer geweſen zu ſein, wie eine Urkunde vom 20. Oktober 1361 über eine zwiſchen Beiden, wegen der Herrſchaft Schönecken zu Stande gekommene Sühne, beweiſet. Im Jahre 1365 verglich ſich Burchard von Vinſtingen mit Thielmann, Herrn zu Stein (Wartenſtein) und deſſen Gattin Johannetta von Rode= machern, wegen des der Letztern, von ihrem erſten Gatten, Gerhard von Schönecken verſchriebenen Witthums.

In demſelben Jahre (13. Oktober) wurde in Folge eines Rechtsſpruchs ein Vergleich wegen der Herrſchaft Schönecken zwiſchen Burchard von Vinſtingen und Johann von Schön= ecken abgeſchloſſen. Allen ferneren Streitigkeiten machte der 1330 erfolgte Tod Johanns von Schönecken, mit dem der Mannsſtamm dieſes Dynaſten=Geſchlechts erloſch, ein Ende. Nach Johanns Tode trat nun auch Eliſabeth von Schönecken, die Gemahlin Godarts von Wiltz, mit ihren Anſprüchen an Schönecken auf, unterhandelte aber, da Burchard von Vin= ſtingen nicht geneigt war, darauf einzugehen, wegen Ueber= laſſung derſelben mit Herzog Wenzel von Luxemburg. Als nun auch Burchard von Vinſtingen ſein vielbewegtes Leben[1])

---

[1]) Vinſtingen, von den Franzoſen Fenestrange genannt, liegt an der Saar, zwiſchen Saarwerden und Sarbourg (Kaufmanns Saarburg) und iſt jetzt Kantonsort im Departement der Meurthe. Obgleich Vinſtingen in Lothringen lag, behaupteten die Beſitzer doch die Reichs

beschloß, verkauften Ulrich von Vinstingen, Burchards Bru=
der, Burchard und Johann, des älteren Burchards Söhne,
im Jahre 1377, „des vierten Tages in dem Spürkeln," dem
Herzog Wenzel von Luxemburg die Herrschaft Schönecken
mit allem Zubehör, mit Schweich und Mehring, für 26,000
kleinere Gulden. Noch an demselben Tage entließ Ulrich
von Vinstingen die Unterthanen der Herrschaft Schönecken
ihres Eides und wies sie an den Herzog von Luxemburg.
Im Besitze der Herrschaft Schönecken folgte dem Herzoge Wen=
ceslaus dessen Neffe, der Römische König Wenzel. Dieser
ließ sich auch von dem Abte von Prüm, Diedrich von Ker=
pen, in den Jahren 1381 und 1384 mit Schönecken belehnen.
König Wenzel befand sich während seiner Regierung stets
in Geldverlegenheit. Der Triersche Erzbischof Kuno erbot
sich, ihm gegen Verpfändung der Herrschaft Schönecken 30,000
Gulden zu zahlen. Der Vertrag darüber wurde Dienstag
nach St. Elisabeth 1384 zu Trier abgeschlossen. Sehr will=
kommen war dem Erzbischofe die Gelegenheit, sich in der

---

unmittelbarkeit. Heinrich von Vinstingen war Erzbischof von Trier
(1269—1286.) Burchard, Herr zu Vinstingen und Schönecken, war
ein tapferer und kühner Ritter. Er trat 1356 in die Dienste des
Herzogs Karl von Normandie (als König von Frankreich Karl V.)
der, während sein Vater König Johann nach der Schlacht von Poi=
tiers in England gefangen gehalten wurde, Regent von Frankreich
war. Burchard von Vinstingen führte dem Herzoge 500 Ritter zu,
übernahm den Befehl über einen Französischen Heerhaufen, schlug
mit diesem die Engländer bei **Nogent sur Seine** und nöthigte sie,
die Champagne zu räumen. Als der Herzog zögerte, die 30,000
Livres zu zahlen, welche er dem von Vinstingen noch schuldig war,
kündigte ihm dieser den Dienst auf, warf sich mit seinem Haufen in
Bar sur Seine, plünderte diese Stadt, machte 500 Gefangene und
hausete in der Champagne so lange, bis man ihn völlig befriedigt
hatte.

Abtei Prüm fest zu setzen, nach deren Inkorporation die Erzbischöfe Jahrhunderte hindurch strebten. Deshalb ließ sich Erzbischof Kuno auch bereitwillig finden, in einer zu Koblenz am Sonntage nach Concept. b. Mariae 1384 ausgestellten Urkunde, den Pfandschilling um 4000 Gulden zu erhöhen. Abt Diedrich ertheilte seine Genehmigung zu der Verpfändung, sowie zu der Erhöhung der Pfandsumme und versprach das Erzstift bei allen mit Schönecken erkauften Rechten zu lassen. König Wenzel hatte das Herzogthum Luxemburg seinem Vetter, dem Markgrafen Jobst von Mähren, verpfändet, der es wieder an den Herzog Ludwig von Orleans, Bruder des Königs Karl VI. von Frankreich, versetzte. Dieser nahm den Titel eines Mamburnus (Momper, Vormund) und Gubernator des Herzogthums Luxemburg an und ließ sich 1406 von dem Trierschen Erzbischofe Werner belehnen. Herzog Ludwig war früher mit dem Erzbischofe wegen der Wiedereinlösung von Schönecken in Streit gerathen, welcher aber durch einen Vertrag am 13. Dezember 1404 beigelegt worden war. Im Jahre 1407 wurde Herzog Ludwig von Orleans auf Anstiften des Herzogs Johann von Burgund ermordet.[1] Erzbischof Werner hatte schon im Jahre 1402 (am 23. Februar) Veste und Herrschaft Schönecken dem Grafen Ruprecht von Virneburg verpfändet. Während der Regierung des Erzbischofs Otto (von Ziegenhain 1418–1430) behaupteten sich die Grafen von Virneburg im Besitze Schöneckens, welcher ihnen auch von Ulrich von Manderscheid, als Erwählten des Erzstifts, bestätigt wurde.[2] Auch Erzbischof Raban (von Helmstatt, † 1439) bestätigte dies. Die Angabe in Hontheim prodrom. S. 849, daß Erzbischof Raban im Jahre 1438 Schönecken

---

[1] Eiflia illust. I. Bd. 2. Abth. S. 994.
[2] Eiflia illust. I. Bd. 2. Abth. S. 1046. S. 1048.

belagert habe, scheint mit jener Verpfändung in Widerspruch
zu stehen. Rabans Nachfolger, Erzbischof Jakob I. (von
Sirk) wußte es dahin zu bringen, daß Kaiser Friedrich III.,
als Vormund des Königs Ladislaus, im Jahre 1442 und
König Ladislaus selbst im Jahre 1455 auf die Wiedereinlösung der Herrschaft Schönecken zu Gunsten des Erzstifts
Trier verzichteten. Im Jahre 1452 war Johann Hürthen
von Schönecken im Besitze der Burg Schönecken, welches
ihm wahrscheinlich verpfändet worden war. Da Johann
Feindseligkeiten gegen Erzbischof Jakob und das Erzstift
verübte, so verbündete sich der Erzbischof mit dem Grafen Ruprecht von Virneburg und belagerte und nahm Schönecken. [1])
Die Grafen von Virneburg blieben im pfandweisen Besitz
der Herrschaft Schönecken bis 1480, wo Erzbischof Johann II.
(Markgraf von Baden) dem Grafen Georg von Virneburg
14,000 Gulden und außerdem noch 800 Gulden Baukosten
für die Zurückgabe zahlte. [2]) Im Jahre 1549 wollte Kaiser
Karl V., als Herzog von Luxemburg, Anspruch auf die Wiedereinlösung von Schönecken machen, Erzbischof Johann V.
(von Isenburg) protestirte aber auf das Kräftigste dagegen
und das Erzstift blieb in ungestörtem Besitze bis zur Auflösung des Deutschen Reiches. Schönecken war bis dahin
der Hauptort eines Kurtrierschen Amtes. Zu diesem Amte
gehörten der Flecken Schönecken, die Meiereien Dingdorf,
Plüttscheid, Pronsfeld und Weinsheim und die Zennerei
Langenfeld, (Klein = Langenfeld, Bürgermeisterei Olzheim,
s. S. 312 bei Olzheim.) Im Jahre 1777 zählte man in
den zum Amte Schönecken gehörigen 36 Ortschaften in den
Kirchspielen Wetteldorf, Ehlenz, Wachsweiler, Pronsfeld,
Lichtenborn, Nieder=Lauch, Rommersheim, Olzheim, Weins=

---

[1]) Gesta Trevir. II. p. 332.
[2]) Eiflia illustr. I. Bd. 2. Abth. S. 1054.

heim und Fleringen 309 Hausstätten und 305 Rauchfänge.
Im Jahre 1784 wurde die Seelenzahl des Amtes Schönecken
zu 1325 Seelen angegeben. Als Kurtriersche Amtmänner
von Schönecken werden genannt 1480 Diedrich von Winne=
burg, 1501 Graf Philipp von Virneburg, 1504 Johann
von Hersel, 1511 Johann von Eltz, 1517 Johann Walpod
von Bassenheim, 1532 Johann von Schönberg. Der letzte
Ober=Amtmann von Schönecken war Franz Hugo Edmund,
Freiherr Beissel von Gymnich, zugleich Ober=Amtmann von
Schönberg und Amtmann und Mannrichter von Prüm. Das
Amtspersonal bestand aus dem Ober=Amtmanne des Ober=
amts Prüm, einem Amtsverwalter und Vogt, einem Amts=
kellner und einem Spezialeinnehmer. Die Beamten des
Amts Schönecken fungirten zugleich für die Herrschaft Prons=
feld, die außerdem nur noch einen Kurfürstlichen Meier hatte.
Der Ober=Amtmann war auch Präses des Gerichts des
Flecken Schönecken, welches aus einem Vogt, einem Gerichts=
schreiber und sieben Schöffen bestand. Der Amtsverwalter
wohnte auf dem Schlosse Schönecken, welches 1794 noch
ganz gut erhalten war, von der Französischen Regierung
aber am 27. Nivose XII. (18. Januar 1804) für 670 Frs.
(178 Thlr.) zum Abbruch verkauft wurde. Nur wenige
Mauern und Trümmern sind noch übrig, von welchen man
eine schöne Aussicht hat.

Der Flecken Schönecken hat sich nach und nach um die
Burg gebildet und wurde gewöhnlich das Thal genannt.
Schon in einer Urkunde vom Jahre 1290 wird eines Lom=
barden Namens Balancus erwähnt, welcher zu Schönecken
wohnte und Geldgeschäfte machte. ¹) Das älteste Weisthum
von Schönecken vom Jahre 1279 ist in einem Vertrage ent=
halten, welchen der 34. Abt von Prüm, Walter, mit Heinrich

---

¹) Eiflia illustr. I. Bd. 2. Abth. S. 752.

Herren von Schönecken abschloß. Schönecken wird in dem=
selben suburbium et pes montis castri genannt, worin dem
Herrn von Schönecken das Blutgericht, Marktrecht u. s. w.
zustehe, daß er dasselbe aber dem Abte überlasse, welcher
behauptet, daß die Burg auf dem Boden der Abtei erbaut
worden. (Grimm II. S. 512.) Ein anderes Weisthum
a. a. O. S. 559 ist ohne Jahrzahl, ein drittes S. 565, das
der Burgleute, ist vom Jahre 1415. In letzterem fehlt aber
der Schluß, der sich in einer Abschrift befindet, die ich be=
sitze und der folgendermaßen lautet: „Dies alles vorgemelt
ist geweist und erklärt zu Schönecken in gegenwärthigkeit
unsers Herrn von Virneburg und viel seiner Ehrbaren
Weisen Ritterschaft in der Zeit do Heinrich von Geisbusch
ein Amptmann zu Schoenecken waß und do man schrieff
Dhussent vierhundert und fünffzehn jahr, zu unser frauwen
Myssen visitationis, Im Beyseyn der Burgleuthe hernach
geschrieben, nemlich Herrn Richart Hürt, Contgen von
Brandtscheidt, Clais von Nattenheim, Clais sein Sohn,
Gerhard von Hersdorf, Walraff sein Sohn, Lempgen von
Gundersdorf, Dame sein Sohn, Johann von Enschringen,
Johann sein Sohn, Walraff von Rommersheim, Poiswein
von Godenroit, Johann München, Clarmont, Cyntgen und
Georg von Waffer, Wilhelm von Waffer, Bernhard von
dem Stege, Heinrich von Schweich, Jakob von Brandscheid,
Hügel und Poßwein von Schoeneck und Heintz von Mentze
genannt Meuße und ist das gewyst, das die Burgleuthe
Ihre Kindt und Nachkommen auch also wyssen mögen und
halten und dieselbig recht haben auch der Burgleuthe Kin=
der." Man sieht hieraus wie groß die Zahl der Burg=
männer war. Mehrere Burghäuser derselben sind noch vor=
handen, mit den Wappen der ehemaligen Besitzer geziert
und unter deren Namen bekannt. Noch jetzt genießen die
Besitzer von sechszehn Häusern die Holzberechtigung der

Burgmänner auf den Königlichen Kyllwald. Von dieser Berechtigung sagt das Weisthum: „sowie des Herrn Wagen gehet zu Büsch, da soll der Burgmann nachfahren."[1]) Der Amtskellner Johann Apollinar Rösgen und seine Frau Anna Barbara Janmollet kauften 1712 die Güter der Hürthen von Schönecken von dem Freiherrn von Wiltberg und die der Selten von Saulheim von den Klüppel von Elckershausen. Auf der Stelle der Zeltersburg (eigentlich Seltenburg) ließ Rösgen das schöne große Haus dicht am Fuße der Burg aufführen, auf welchem man noch die Anfangsbuchstaben seines Namens und des seiner Gattin sieht. Durch Erbschaft kam das Haus an die Familie Kyndts, welche es vor mehreren Jahren der Gemeinde verkauft hat, die es zur Schule einrichten ließ. Graf Cuno von Manderscheid-Schleiden wurde 1487 von dem Trierschen Erzbischofe Johann II. (Markgrafen von Baden) unter andern Gütern auch mit dem Virneburgs Hause im Thale zu Schönecken belehnt.[2]) Im Jahre 1770 waren noch folgende sechs Lehngüter zu Schönecken vorhanden: 1. das des Freiherrn von Portzheim zu Arlon. Es gehörte zu diesem Lehn das Haus zum Stein auf dem Stoß, welches aber schon verfallen war.[3]) An der Stelle wo sonst die Scheune und die Stallung gestanden, waren vier Häuser gebaut worden, deren Besitzer dem Herrn von Portzheim Erbzins und Empfangrecht zahlen mußten. Zu dem Burglehne gehörten Höfe zu Neuland und mehreren andern Orten, Zehnten, Zinsen und Renten; 2. das Lehn der von Weicherding nun Offer-

---

[1]) Zwei Antheile an dieser Burgmännerberechtigung auf den Kyllwald besitzt die Gemeinde Schönecken, wegen des Gemeinde Backofens, welcher sich sonst daselbst befand. Der Gemeinde Backofen ist verschwunden, die Berechtigung aber geblieben.

[2]) **Eiflia illustr.** I. Bd. 2. Abth. S. 797.

[3]) **Eiflia illustr.** II. Bd. 2. Abth. S. 209.

mann; 3. das Pintsche Lehnhaus unter der Kapelle; 4. das
Münchhausener, nun Nicolai; 5. das der von Auwach, nun
Knebel von Caßenelnbogen; 6. das der von Benßerath
früher Meesen.[1]) Das Burghaus der von Hersel kam an
die von Belderbusch. Im Jahre 1775 besaßen es der Frei=
herr von Zandt und dessen Gemahlin geborene von Belder=
busch. Im Jahre 1777 waren zu Schönecken 112 Haus=
stätten, aber nur 108 Rauchfänge vorhanden. Der Ort
war von Ordonnanzen und Moselfahrten befreit. Das
Hochgericht, (Galgen) das auf dem Battenberge stand, mußten
die Schöneckschen Amtsunterthanen und das Tieltges Haus
in Dingdorf unterhalten. Letzteres hatte dafür eine Wiese
gemeinschaftlich mit dem Vogte zu benutzen. Im Jahre 1772
wurde das Hochgericht wieder hergestellt. Damals bekam
der Vogt vier Thaler, jeder Schöffe und der Landgerichts=
schreiber zwei Thaler, der Gerichtsbote ein Thaler. Für
die „Recreation" wurde ein Karolin zu 7 Thaler 18 Albus
gezahlt. Die Handwerksleute erhielten auf der Gerichtsstätte
ein Glas Brandwein, die Gerichtsmänner und Amtsvor=
steher ein Glas Wein, jeder Unterthan ein Weißbrod, ein
Albus an Werth, wie solches auch 1731 geschehen. Die
Werkmeister des Zimmer=, Maurer= und Schmiede=Gewerks
erhielten jeder 12 Albus; für das Graben der Fundamente,
wo die Gerichtsstühle eingesetzt werden sollten, wurden dem
Gerichtsboten 18 Albus gezahlt. So war es auch 1731
gehalten worden. Während der Französischen Verwaltung
wurde Schönecken der Hauptort einer Mairie im Kanton
Prüm. Am 23. Mai 1802 brannte der größte Theil des
Orts ab. Die Einwohner treiben mehrentheils Ackerbau,
jedoch sind auch einige Gerbereien und mehrere Handwerker
hier. Die Gemeinde besitzt den Wald Wettbüsch, 588 Mor=

---

[1]) Dieses Haus kaufte im Jahre 1786 Peter Bohnen.

gen groß, 7 Morgen Schiffel= und Wildland und 1 Morgen Wiesen, zu einem Reinertrage von 347 Thalern abgeschätzt. Schönecken ist nach Wetteldorf eingepfarrt. Die Kapelle zu Schönecken liegt auf einer Anhöhe, von welcher man eine sehr schöne Aussicht hat. Johann von Herßfelt, genannt Durgin und Zyche von Wavern, seine eheliche Hausfrau, verkauften 1477 auf U. L. F. Tag der Kapellen „geleghen bynnen Schoneck yn dem Dale an dem Berghe" eine Wiese, gelegen bei dem Kirschbaum, nächst Rulant (Reuland) ge= nannt „Wirges=Wiese" und ein Malter guten dürren Spelz, Rente und Guts zu „Dydendorf" (Dingdorf) für 55 Gulden Rheinischen Gelds, zu 24 Albus der Gulden gerechnet. Im Jahre 1477 am St. Mathiastage, stifteten Graf Georg von Virneburg, seine Gemahlin Maria von Croy, Jakob von Bedburg, Pastor zu Wetteldorf und mehrere Burgmän= ner und Bürger zu Schönecken eine Frühmesse in der dor= tigen Kapelle. Diese Kapelle wurde am 27. März 1484 von dem Weihbischofe Johannes (von Lindhoven), Bischofe von Azot, zu Ehren der h. Jungfrau Maria, des h. Martin und der h. Märtyrer Christophorus und Scorius eingeweiht und mit Indulgentien versehen. Im Jahre 1494 stiftete Johann von Bentzerath zur St. Annen=Brüderschaft in der Kapelle zu Schönecken einen jährlichen Zins von sechs Albus. Im Jahre 1495 stiftete Clais Hoiffkemper von Nydebroich zu der Messe auf dem Christoffel=Altare in der Kapelle fünf oberländische Rheinische Gulden. Im Jahre 1494 stiftete Jakob Schomecher von Rommersheim eine Wochenmesse in der Kapelle. Damals waren Johann von Hersel und Ger= hard Selten von Saulheim, Momper (Vorsteher) der Kapelle. Im Jahre 1507 verlieh Erzbischof Jakob II. (Markgraf von Baden), der eben errichteten St. Annen=Brüderschaft an der Kirche SS. Martini Episopi & Scorii Martyres in Schönecken einen vierzigtägigen Ablaß. An der linken Seite

des Hochaltars unter der Bildsäule des h. Martin steht fol=
gendes Chronodistichen, die Jahreszahl 1649 andeutend:

IesV MarIae QVe VIrgInI sanCtIsQVe
PATRONIS
LoCI reVerentFCVLtV ConseCrarVnt.

Die Fortsetzung der Inschrift ist auf der rechten Seite
des Hochaltars unter der Bildsäule des h. Scorius:

IOANNES ADOLPH. HELLING CELLERARIVS
IN. SCHONECKEN ET CATHARINA
BELVA. CONIVGES.

Die Tochter des Kellners Johann Adolph Helling [1]) hei=
rathete Johann Nikolaus von Hontheim, Großvater des
berühmten Weihbischofs gleichen Namens. Vor der Kapelle
steht ein Kreuz, auf dessen Vorderseite sich folgende, zum
Theil von der Zeit schon unleserlich gewordene Inschrift
befindet:

A. 1620 D 2 DECEMR IAT|| ER|| GE: ACIT. COTERID
BRANDT VOGTTV. V. SCHEFFEN. DER FREVHEVT
SCHONECK VND CLAR SMEITGES. EIELIVTT
|||VSSENDERLICAEC EHRE. ||DE |D|| ||ENENT
|||COTTES VND|||||||||||||||||||||||||||||||||

Auf der Rückseite des Kreuzes steht die Inschrift:

GLORIA CHRISTE TIBI SIT GRATIA DIGNA
REDEMTOR QVI CRVCIS IN LIGNO CRIMINA
NOSTRA LVIS.

Außerhalb der Sakristei ist folgende Inschrift in Stein
gehauen:

AO. 1622 D. 14 MR: IAT DIE. E: CLAR BRANT
IN D. EHRNACH. W. HP. RRAT WITEB F. S. HR E.
A. HAVSW. WA. S. GODE RIG BRANDT. V. G. |||V
SCHO. GOTVS ERASMO. BISCH |||V. EHR.
DIESEN ALTAR REFORMIEREN LASSEN
DES BEI GOT DA KVNFTIC LOHN
WARTENDE AMEN.

---

[1]) **Eiflia illustr.** II. Bd. 1. Abth. S. 187 ist der Name unrichtig
Hellwig angegeben.

Johann Christian Schlencker, welcher 1712 zu Stettin in Pommern geboren, war anfänglich Buchbinder, dann Soldat geworden und 1734 mit den Schwedischen Truppen an den Rhein gekommen. Bei diesen stand er 1735 und 1736 zu Schönecken, wo dieselben im Winterquartiere lagen. Als die Truppen im Frühlinge 1736 abzogen, blieb Schlencker mit noch 17 Mann in Schönecken zurück. Er trat zur katholischen Kirche über und wurde Gerichtsschreiber und Notar zu Schönecken. Hier verheirathete er sich zweimal, hatte aber aus beiden Ehen keine Kinder. Am 13. Februar 1780 errichtete er ein Testament, in welchem er die armen Schulkinder beiderlei Geschlechts zu Schönecken zu Erben einsetzte. Er starb am 29. Juni 1782, nachdem seine zweite Gattin, Margaretha Roth, vor ihm gestorben war. Die Gemeinde einigte sich über den Nachlaß mit den Erben und nach dem mit demselben abgeschlossenen Vergleiche erhielt die Stiftung zu ihrem Antheile die Summe von 1260 Thlr. 40 Albus Trierisch. Zu Schönecken besteht auch eine Sodalität der Junggesellen, welche ihre eigene Fonds, eine Fahne und Statuten hat. Sie besteht schon seit Jahrhunderten und vergeblich habe ich mich bemüht, etwas über ihren Ursprung zu ermitteln. Am zweiten Osterfeiertage tritt die Sodalität zusammen und es werden dann zwei junge Männer bestimmt, von welchem der eine bis zur Kirche des beinahe eine Stunde von Schönecken entfernten Dorfes Nieder=Hersdorf laufen muß, während der andere einhundert oder mehr Eier, in einer bestimmten Distanz hinlegen und wieder aufnehmen soll. Kehrt der Laufende eher zurück als der andere die bestimmte Zahl Eier gelegt hat, so ist jener der Sieger, wie der andere, wenn die Eier vor der Zurückkunft des Läufers gelegt sind. Der Besiegte muß dann etwas zum Besten geben. Tanzbelustigung endet das Fest. Wenn Ostern spät im April fällt, und dann das

Wetter gut ist, finden sich viele Zuschauer aus der Gegend ein, welche gern zu den Kosten beitragen. Bei Schneewetter muß das Fest freilich unterbleiben. Schönecken hält jetzt jährlich sechs Krahm= und Viehmärkte. Der Erzbischof und Kurfürst Franz Ludwig (Pfalzgraf zu Neuburg) bewilligte am 10. Januar 1722 dem Flecken Schönecken wegen der ihm bei seiner Anwesenheit daselbst vorgetragenen traurigen Verhältnisse des Orts, zur Erleichterung derselben, drei Jahrmärkte altera nativatis Johannis Bapt., dann altera Matthaei Apost. und Montags nach Invocavit. Diese Jahr= märkte waren schon früher gehalten worden, aber durch Brand und Kriegsdrangsale, welche den Ort betroffen, in Abgang gekommen.

Der Ichterhof, nördlich von Schönecken auf einem hohen Berge und der Irsfelder[1] oder Uersfelderhof, auch auf einem Berge südlich von Schönecken zwischen Seiwerath und Neuland, gehören zur Gemeinde Schönecken. Der Uersfelder oder Irsfelderhof war ein Eigenthum des Kur= fürsten und gehörte zur Zennerei Langenfeld. Beide Höfe wurden von der Französischen Regierung als Domainen eingezogen und an Privaten verkauft. Im Jahre 1824 wurde am Ichterhofe viel Eisenerz gewonnen.

Seiwerath liegt auf einer bedeutenden Höhe, (oben im Dorfe 1659 Fuß über dem Amsterdamer Pegel) südöstlich von Schönecken, an der Kunststraße. Die Kapelle bei dem Dorfe ist in weiter Ferne sichtbar, sowie man auch von dieser Höhe eine schöne Aussicht hat. Der Ort gehörte zur Prümschen Schultheißerei Wetteldorf. Die Gemeinde be= sitzt 97 Morgen Holzungen und 7 Morgen Schiffel= und

---

[1] Im Jahre 1569 wurde Johann Flügner von dem Erzstifte mit dem „Berge Irmelscheid bei Schöneck" mit allem Zubehör belehnt. Dieser Berg Irmelscheid ist wahrscheinlich der jetzige Irsfelderhof.

Wildland, deren Reinertrag zu 39 Thlrn. abgeschätzt ist. Die Häuser von Wetteldorf, südlich von Schönecken, ziehen sich bis an diesen Flecken. Wetteldorf war eine der ältesten Besitzungen der Abtei Prüm. König Pipin schenkte derselben im Jahre 761 „locum Wathet Lendorp in Carasco." Cäsarius gibt die Güter an, welche das Kloster Prüm im Jahre 1222 zu „Wettelendorpht" besaß. Er bemerkt dabei, daß Wetteldorf mit Zubehör von den alten Stiftern des Klosters zur Unterhaltung des Hospitals bestimmt worden sei, in welchem zehn arme Leute getröstet und erquickt werden sollten; die Aufsicht darüber solle einem gewissenhaften und gottesfürchtigen Greise anvertraut werden. In diesem Hospitale sollten stets zwölf arme Brüder als Pfründner wohnen, von den Einkünften desselben unterhalten und zu mancherlei Diensten, als Glocken läuten u. s. w. verwendet werden, auch sollten sie die kranken Mönche pflegen, warten und bis zum Begräbniß bei denselben bleiben. Von dem Hofe Wetteldorf sollten für die Armen Roggenbrod, Zukost und Kleidungsstücke geliefert werden. In dem Vertrage zwischen dem Abte Walther und Heinrich, Herrn von Schönecken, vom Jahre 1279 wird schon der Mühle zu Wetteldorf, welche der Abtei Prüm gehörte, erwähnt. [1] Im Jahre 1462 hatten Johann Hürthen und seine Hausfrau Anna von Brandscheid mit mehreren andern Gütern auch den Hof zu Wetteldorf der Abtei Prüm auf Wiederkauf verkauft oder vielmehr verpfändet. [2] Es geschah dies wahrscheinlich bei der Verheirathung ihrer Tochter Lyse mit dem Ritter Gobel, Herrn zu Elter und Stirpenich. Im Jahre 1464 verpfändete Johann Hürthen von Schönecken den Hof zu Wetteldorf, der zu einem Schönecker Burglehn gehörte,

---

[1] Eiflia illustr. I. Bd. 2. Abth. S. 980.
[2] Die Pfandsumme für sämmtliche Güter betrug 680 Rhein. Gulden. Eiflia illustr. 2. Bd. 1. Abth. S. 191.

allein dem Diedrich von Winneburg für 200 Gulden. Im
Jahre 1777 waren zu Wettelndorf 27 Hausstätten und 23
Rauchfänge vorhanden. Im Jahre 1794 war Wettelndorf
der Hauptort einer Prümschen Schultheißerei, zu welcher
außer Wettelndorf noch Reuland, der Hof Schweisthal mit
Ausnahme der Mühle und Seiwerath gehörten. Mit dem
Bienenfund im Hofe Wettelndorf waren im 16. Jahrhunderte die von Greimelscheid, dann die von Enschringen belehnt. Die Schultheißerei=Güter von Wettelndorf waren
mit den andern Gütern der Gemeinde von der Französischen Regierung, in Folge des famösen Gesetzes vom 20.
März 1813, welches die Gemeinden werthvoller Güter be-
raubte und ihnen die Mittel zur Bezahlung ihrer Schulden
entzog, schon am 16. September 1813 verkauft worden.
Durch Urtheil vom 12. August 1824 wurden der Gemeinde
Wettelndorf die rückständigen Steigpreise aus dem Erlöse der
Schultheißerei=Güter, auf welche der Fiscus Anspruch gemacht hatte, zugesprochen. Die Gemeinde Wettelndorf besitzt
gar kein Gemeinde=Eigenthum. Die alte Pfarrei zu Wettelndorf gehörte zum Landkapitel Kyllburg. Die Collatur der
Pfarrei stand nach dem oft erwähnten Verzeichnisse, der
Priorin (priorissa) zu Nieder=Prüm zu. Außer den noch
jetzt nach Wettelndorf eingepfarrten Ortschaften Reuland,
Schweisthal, Seiwerath, Schönecken, Irsfeld und Nieder=
Hersdorf gehörten ehemals auch noch fünf Häuser zu Lasel
zur Pfarrei. Bei der Pfarrei werden noch viele Urkunden,
besonders aus dem 15. Jahrhunderte, welche Schenkungen
für die Kirche betroffen, aufbewahrt. Die Kirche ist alt,
sehr baufällig und für die jetzige Gemeinde zu klein. In
der Kirche befindet sich der Grabstein des Ritters Hermann
von Hersel.[1]) Der Ritter ist auf dem Steine in Lebens=

---

[1]) Eiflia illustr. II. Bd. 1. Abth. S. 171, wo die Beschreibung des
Grabsteins aber nicht ganz genau ist.

größe, in Harnisch, jedoch ohne Schwerdt, mit entblößtem
Haupte, die bepanzerten Hände auf der Brust aneinander
gelegt, dargestellt. Der Helm steht zwischen beiden Füßen.
Ganz oben auf dem Steine ist das Wappen der von Hersel
angebracht; unter diesem sind die Wappen der von Hers=
dorf, von Hersel, von Lichberg (Bock von Lichtenberg?)
und von Blassenburg (Plassenburg.) An jeder Seite des
Steines befinden sich noch sechs Wappen. Zur (heraldischen)
Rechten die von Hocherbach, von Hausen, von Buesfeld
(Pützfeld?) von Dublingen, von Buck, von Helbringen (Heß
von Hilbringen.) Zur Linken sind die Wappen der Bissel
(Beissel von Gymnich), Walradt (von Wallenrodt), von
Rindtfeld, von Seckendorf, Merradt (von Merode) und von
Raveneck. Am Fuße des Steines steht folgende, aber schon
sehr beschädigte Inschrift:

ANO DNI 1593 DEN 13 IVLY IST IN GOT

ENTSCHLAFEN DER EDEL VND EHRENFEST HERM

AN VON HERSSEL VND MII |||||||||||| ND

DOGENT || ICHENE CATARINA VON DAVN CH SINEP

W |||||||| SOE |||||| ILET CHRISTOFFR||||||||||

|||EST ||||||||||| GEBROEDER VON ||||||||

DIESES EPITAPIVM |||||| EWI

||||||||| ICHTEN HABEN LASSEN ||||||||||

In dem Chore der Kirche befinden sich noch zwei Grab=
steine. Auf jedem derselben ist ein Kreuz und am Fuße des=
selben ein Wappenschild, ein schräger Balken mit zwei Ro=
sen darüber und eine Rose unter demselben, auf dem Helme
eine Rose, unter dem Wappenschilde ein Todtenkopf mit
zwei kreuzweis gelegten Knochen. Auf dem Rande des einen
Steines steht folgende Inschrift:

1753. 20 ma IANNVARY OBIIT D̄MUS IOANNES
APOLINARIS RÖSGEN CONSILIARIUS IUDEX
FEUDALIS SATRAPA ET
CEL̄ERARIUS TREVIRENSIS IN SCHÖNECKEN 78
AETATIS.

Die Inschrift des andern Grabsteines lautet:

1762 DIE 30 ma XBRIS OBIIT IOANNES HENRICUS
RÖSGEN CONSILI
ARIUS EM m ARCHIEPISCOPI AC ELECTORĪS
TREVY. ET CEL̄ERARIUS IN SCHÖNECKEN ANNO
ATATIS 55.

Das Pfarrhaus zu Wettelndorf ist 1754 neu aufgebaut
worden. Das Frühmesserhaus baute der Pfarrer Mynher
im Jahre 1744. Auf St. Luciatag (den 13. Dezember)
wird schon seit Jahrhunderten jährlich ein sogenannter Ge=
sindemarkt zu Wettelndorf gehalten, der nicht zu den ge=
setzlichen Jahrmärkten gezählt wird. Zu diesem Gesinde=
markte finden sich die Knechte und Mägde, welche einen
Dienst suchen, und die Hauswirthe, welche deren bedürfen,
ein, und einigen sich dann über die Bedingungen des Dien=
stes. Die Gelegenheit wird dann auch von Krämern und
Hausirern zum Absatze von Waaren benutzt, und besonders
findet dann das Lebkuchen=Schlagen Statt. Am Abend wird
getanzt und gezecht. Dergleichen Gesindemärkte werden an
mehreren Orten in der Eifel gehalten, so zu Neuerburg (im
Kreise Bitburg), zu Bitburg am ersten 'Sonntage im De=
zember, zu Prüm und zu Wittlich am St. Stephanstage
(26. Dezember), im Luremburgischen zu Hosingen, Dieckirch,
Uefflingen, Wilz, Clervaur und Luxemburg. Diese Gesinde=
märkte waren ehemals nothwendig, weil Zeitungen und
Kreisblätter nicht vorhanden waren, oder vom Landmanne
nicht gelesen wurden. Es ist also sehr übertrieben und ganz
unpassend, wenn man diese Gesindemärkte hin und wieder

mit den Sclavenmärkten im Oriente vergleichen wolle. Wie mir der Herr Regierungs- und Konsistorialrath Dr. Bach in Altenburg mitgetheilt hat, werden dergleichen Gesinde-märkte auch zu Altenburg, zu Starkenberg bei Altenburg und selbst zu Dresden gehalten.

264. Die Bürgermeisterei Stadt-Kyll besteht aus den Ort-schaften:

1. **Kerschenbach,**					
Dorf............	mit	18	Wohnh. und	92	Einw.
2. **Reuth,** Dorf.....	„	31	„ „	189	„
a. Neu-Reuth oder					
Reuther Haide,					
Weiler.........	„	7	„ „	33	„
3. **Schönfeld,** Dorf.	„	31	„ „	205	„
4. **Stadt-Kyll,**					
Flecken..........	„	92	„ „	526	„
a. Nieder-Kyll, Weiler	„	5	„ „	46	„

Zusammen... mit 184 Wohnh. und 1091 Einw. deren Zahl im Jahre 1852 schon auf 1267, 672 männ-lichen, 595 weiblichen Geschlechts, angewachsen war. Der Anwuchs der Bevölkerung betrug in einem Jahre 176 Seelen.

Reuth liegt nordöstlich von Prüm an der Straße, die von Prüm nach Stadt-Kyll führt, zwischen Neuendorf und Stadt-Kyll am Reuther Bache, der unterhalb Neuendorf in das linke Ufer der Prüm mündet. Es gehörte zum Ge-rolsteiner Hofe Stadt-Kyll und ist nach Olzheim eingepfarrt, hat aber eine eigene Kapelle. In der Nähe ist eine Mine-ralquelle. Die Gemeinde besitzt 333 Morgen Holzungen, 345 Morgen Schiffel- und Wildland und 1 Morgen Wie-sen, zu einem Reinertrage von 187 Thalern. Das Areal von Reuth mit Neu-Reuth besteht in 210 Morgen Ackerland, 143 Morgen Wiesen, 383 Morgen Waldungen, 5 Morgen

Geſtrüpp, 48 Morgen Weide, 1585 Morgen Schiffelland, 2 Morgen Oedland, 332 Morgen Haide, 4 Morgen Garten, 4 Morgen Gebäudefläche und 80 Morgen ertragloſe Güter, zuſammen 2800 Morgen.

Neu=Reuth oder Reuther Haide, ein Weiler nordöſtlich von Reuth, iſt erſt gegen das Jahr 1814 entſtanden. Dagegen iſt Reuth ein alter Ort und wird ſchon unter den Ortſchaften genannt, welche Arnold und Gerhard, Herren von Blankenheim, dem Könige Johann von Böhmen im Jahre 1345 zu Lehn auftrugen. [1]

Auch Schönfeld, nordöſtlich von Reuth, etwas ſeitwärts von dem Wege, der nach Stadt=Kyll führt, gehörte ſeit vielen Jahrhunderten zum Hofe Stadt=Kyll. Bei Schönfeld iſt ein in militairiſcher Hinſicht wichtiges Plateau. Der Ort hat eine Kapelle, liegt am Schönfelder Bache und iſt nach Stadt=Kyll eingepfarrt. Die Gemeinde beſitzt 387 Morgen Holzungen und 675 Morgen Schiffel= und Wildland, im Reinertrage von 214 Thalern. Das Areal beſteht in 279 Morgen Ackerland, 201 Morgen Wieſen, 387 Morgen Waldungen, 2 Morgen Strauchholz, 1 Morgen Geſtrüpp, 28 Morgen Weiden, 1211 Morgen Schiffelland, 1 Morgen Oedland, 1 Morgen Teiche, 374 Morgen Haiden, 4 Morgen Gärten, 4 Morgen Gebäudefläche, 634 Morgen ertragloſe Güter. Zuſammen 2556 Morgen. Der Teich ſoll ſich ganz beſonders zum Ziehen der Blutegel eignen. [2]

Kerſchenbach liegt am Kerſchenbache in geringer weſt=

---

[1] **Eiflia illustr. I. Bd. 1. Abth. S. 257.**

[2] Nach einer Mittheilung des Herrn Pfarrers Cremer in Hallſchlag. Zur Zeit des Cäſarius (1222) mußten mehrere Ortſchaften dem Kloſter Prüm Blutegel **(samsugas, sanguisugas)** liefern, ſo Rheinbach (I. Bd. 1. Abth. oder III. Bd. der Eiflia illustr. 1. Abth. 1. Abſchn. S. 291) Ginheim und Hildensheim im Wormsgaue.

licher Entfernung von Stadt=Kyll, dicht an der Grenze des
Regierungsbezirks Aachen. Ein großer Uebelstand war es,
daß drei Häuser, die mitten im Dorfe unter den andern
Häusern zerstreut liegen, zur Bürgermeisterei Cronenburg,
im Kreise Schleiden, im Regierungsbezirke Aachen, gehörten.
Die Stammväter der Besitzer dieser drei Häuser wohnten
früher in einiger Entfernung vom Dorfe nach Basem zu,
auf Grundstücken, welche zur Herrschaft Kronenburg gehörten. Diese Herrschaft trugen die Grafen von Manderscheid
von Luxemburg zu Lehn, das Dorf Kerschenbach gehörte
aber zum Gerolsteiner Hofe Stadt=Kyll, welchen die Grafen
von Manderscheid ebenfalls besaßen. Durch Pest wurden
die Besitzer jener drei Häuser genöthigt, ihre Wohnungen
zu verlassen und siedelten sich im Dorfe Kerschenbach an,
blieben aber in ihrem Verhältnisse zu Luxemburg. Bei der
Französischen Besitznahme wurden die drei Häuser zu Kerschenbach der Mairie Kronenburg im Departemente der Ourthe
überwiesen, während das Dorf Kerschenbach zur Mairie
Stadt=Kyll im Saar=Departement gehörte. Bei der Preußischen Besitznahme behielt man das bisherige Verhältniß
bei, und wiederholte Vorstellungen über die daraus entste-
henden Uebelstände blieben ohne Erfolg. Erst vor Kurzem
ist ein Areal von 800 Morgen, welches bisher zum Regierungsbezirke Aachen gehörte, dem Kreise Prüm überwiesen
worden. Hoffentlich sind auch jene drei Häuser mit darin
begriffen. Die drei Kronenburger Häuser sind auch nach
Kronenburg eingepfarrt, das Dorf selbst aber, welches eine
Kapelle besitzt, gehört zur Pfarrei Stadt=Kyll. ') Auch den
Kerschenbacher Kammerwald, auf welchen die Gemeinde,
während sie den Grafen von Manderscheid gehörte, berechtigt war und über deren Besitz ein Prozeß zwischen dem

---

') Eiflia illustr. I. Bd. 1. Abth. S. 157. S. 347.

Staate und der Gemeinde schwebte, hätte die Gemeinde
Kronenburg gern zu dem Banne von Kronenburg gezogen.
In dem Vertrage von 1488 über die Erbtheilung zwischen
den Grafen Cuno und Johann von Manderscheid, wird aus=
drücklich gesagt, daß das Hochgericht zu Kerschenbach stets
zu Blankenheim gehört habe. [1]) Die Gemeinde besitzt 15
Morgen Holzungen, 305 Morgen Schiffel= und Wildland
und 1 Morgen Wiese, zu einem Reinertrage von 48 Thaler
abgeschätzt.

Stadt=Kyll liegt 2½ Meilen nordöstlich von Prüm.
Der Ort hat den Namen von dem Flüßchen Kyll erhal=
ten, an dessen Ufer es liegt und in welches der Wirftbach
mündet. Die Höhe von Stadt=Kyll vor dem Posthause,
Straßenpflaster, beträgt 1378,[333] Fuß; auf der Straße vor
dem nördlichsten Hause 1467,[6]; Stadt=Kyll (nach stationai=
ren Beobachtungen) 1410; Höhe der Straße oberhalb Stadt=
Kyll, auf der Brücke, 11 Fuß über dem Wasser, 1387. Ein
Kalklager bei Stadt=Kyll soll einen zu Kunstarbeiten geeig=
neten Marmor liefern, ich bezweifle aber, daß das Lager
mächtig ist. Auch Eisengruben befinden sich in der Umgegend.
Die Aachen=Mainzer Staatsstraße führt durch den Ort, wo=
durch derselbe sehr gehoben worden ist, und gewiß noch mehr
zunehmen wird. Die Straße kreuzt sich hier mit der Kölner=
Trierer Straße, und dadurch hat Stadt=Kyll auch eine mi=
litairische Wichtigkeit erhalten. Stadt=Kyll ist ein alter
Ort; die Römische Heerstraße von Ausava nach Egorigium
ging in der Nähe vorbei. Die Burg hatten wahrscheinlich
die Herren von Blankenheim erbaut und den um dieselbe
entstandenen Flecken mit Mauern und Thürmen umgeben.
Der Letztern sollen in Stadt=Kyll vierzehn gewesen sein.
Im Jahre 1345, am heiligen Christabend, trugen die Ge=

---

[1]) Eiflia illustr. I. Bd. 2. Abth. S. 791.

brüder Arnold und Gerhard, Herren von Blankenheim, für sich und ihre Söhne ihre Burg und Stadt Kyll mit allen dazu gehörigen Dörfern, dem Könige Johann von Böhmen, Grafen von Luxemburg, zu Lehn auf, empfingen dafür 2000 Schildgulden und versprachen dagegen dem Könige, ihm ihre Burg und Stadt zur Kyle zu öffnen und ihm gegen feindliche Angriffe auf ihre eigene Kosten beizustehen. [1]) In einer andern Urkunde, von demselben Tage, gelobte König Johann, daß Burg und Stadt Kyll niemals eingezogen, sondern stets an den nächsten Erben des Blankenheimischen Stammes verliehen werden sollten. Auch versprach er Burg und Stadt in seinen besondern Schutz zu nehmen, und im Falle einer Belagerung Hülfe zu gewähren. Nach dem Aussterben des Mannsstammes der Herren von Blankenheim kam Stadt=Kyll, wie die andern Blankenheimischen Besitzungen, an die Grafen von Blankenheim, aus dem Hause Loen, und als der letzte Mann dieses Stammes, Graf Wilhelm, im Jahre 1468, bei Wichterich erschlagen worden, an die Grafen von Manderscheid. Bei der Theilung im Jahre 1488 erhielt Graf Johann, der zweite Sohn des Grafen Diedrich von Manderscheid, unter andern auch die Herrschaft Gerolstein, zu welcher Stadt=Kyll schon damals gehörte, und wurde der Stammvater der Linien Manderscheid=Blankenheim und Gerolstein. Letztere, von Gerhard dem ältern Sohne Johanns abstammend, erhielt Gerolstein nebst dem dazu gehörigen Stadt=Kyll. In den Lehnbriefen, welche der Prümsche Abt Wilhelm von Manderscheid über die Prümschen Lehne im Jahre 1526 für die Grafen Johann II. und Arnold, und 1538 für den Grafen Friedrich von Manderscheid=Gerolstein, welche sämmtlich Söhne Johanns I. waren, ausfertigen ließ, wird unter diesen Lehnen

---

auch „das Dorff Kille, genannt die Stat," aufgeführt. Gerhards Sohn, Hans Gerhard, empfing am 15. März 1558 von dem Herzoge Wilhelm von Jülich die Belehnung über Blankenheim und Gerolstein. Da die Mauern und Thürme von Stadt-Kyll verfallen waren, ließ Graf Hans Gerhard sie wieder herstellen, befreite die Stadt auf zehn Jahre von Accise und sonstigen Herren- oder Stadt-Auflagen und gestattete den Bürgern, frei Handel, Kaufmannschaft und Handwerk zu treiben. [1]) Im Jahre 1594 belehnte Graf Hans Gerhard den Balthasar Samre mit dem Girteshause zu Stadt-Kyll. Noch zu Anfange des 18. Jahrhunderts wurde das Lehn des Samre zu Stadt-Kyll unter den von der Lehnkammer zu Gerolstein abhängigen Burglehnen aufgeführt. Graf Karl, des Grafen Hans Gerhard Sohn und Nachfolger, bestätigte am 21. November 1611 die Privilegien von Stadt-Kyll und befreite die Einwohner für ewige Zeiten von allen herkommenden gewöhnlichen Frohnden und Diensten. Am 23. Juni 1614 gestattete Graf Karl dem Mathias Schlosser, sich aus einem Thurme zu Stadt-Kyll ein Wohnhaus zu erbauen. Graf Ferdinand Ludwig bestätigte den 24. März 1661 die Privilegien von Stadt-Kyll, welches auch von seinem Sohne Karl Ferdinand am 14. Februar 1681 geschah. Da mit Letzterm der Mannsstamm der Gerolsteiner Linie 1697 erlosch, so fielen die Besitzungen derselben an den Grafen Franz Georg von Manderscheid zu Blankenheim, welcher von dem Grafen Arnold, einem jüngern Bruder Gerhards, abstammte. Mit des Grafen Franz Georgs Sohne, dem Grafen Joseph Franz, erlosch 1780 auch der Mannsstamm der Blankenheimer Linie, welche 1742 auch die Besitzungen der Linie zu Kayl geerbt, und so alle Besitzungen des Hauses Manderscheid

---

[1]) **Eiflia illust.** I. Bd. 2. Abth. S. 319.

vereinigt hatte. Augusta, die älteste Tochter des Grafen Johann Wilhelm, eines ältern Bruders des Grafen Joseph Franz, brachte die Besitzungen ihres Hauses dem Grafen Christian von Sternberg zu, mußte solche aber bei der Annäherung der Französischen Heere im Jahre 1794 verlassen. Während der Herrschaft des Hauses Manderscheid hatte Stadt-Kyll sich vieler Begünstigungen zu erfreuen gehabt, deren sie um so mehr bedurfte, als der Ort am 2. Juni 1632 durch den Muthwillen einiger Soldaten von dem Kaiserlichen Regimente des Grafen von Keyl, in Brand gesteckt wurde. Nur drei Häuser blieben von den Flammen verschont. Die Kirche brannte mit Thurm, Glocken und Uhrwerk bis auf den Grund nieder. Zum Wiederaufbau derselben wurde weit umher eine Beisteuer gesammelt, deren Ertrag so bedeutend war, daß die Kirche nach einigen Jahren wieder aufgebaut werden konnte. Sie wurde dem heiligen Joseph geweiht und hatte zwei Altäre, einen der Kreuzigung Christi, den andern den heiligen drei Königen gewidmet. Im Jahre 1762 legte ein Mädchen zweimal Feuer an; das erstemal brannte nur ein Haus ab, das andermal wurden aber zwölf Häuser eingeäschert. Bis zum Jahre 1794 war Stadt-Kyll der Hauptort des Hofes Stadt-Kyll in der Grafschaft Gerolstein. Dieser Hof hatte sein eigenes Gericht, und es gehörten zu demselben die Stadt Stadt-Kyll, die Dörfer Nieder-Kyll, Schönfeld, Reuth, Neuendorf, Gladt und Linzfeld. Der Hof Stadt-Kyll hatte ein eigenthümliches Maaß und Gewicht. Das Maaß für flüssige Sachen hatte 4 Schoppen und kam 1,²⁹⁹⁹ Quart Preußischen Maaßes gleich. Das Getreidemaaß war ein Faß, welches 6,⁵⁰⁸⁶⁴ Preußischen Metzen zu vergleichen. Im Jahre 1780 wurde Neuendorf, wie schon Nro. 258 bei Olzheim bemerkt worden, als ein eröffnetes Mannlehn von dem Erzstifte Trier eingezogen.

Linzfeld ist nicht mehr vorhanden. Es lag wahrschein=
lich zwischen Stadt=Kyll und Junkerrath, und noch jetzt wer=
den einige Wiesen in dieser Gegend die Linzfelder Wiesen
genannt. Es scheint, daß es ein Ober= und Nieder=Linzfeld
gab, welches auf einen Ort von Bedeutung schließen läßt.
Im Jahre 1327 besaß Gerlach von Dollendorf Linzfeld.
Hedwig von Kerpen, Wittwe Gerlachs IV. von Dollendorf,
und ihr Sohn Friedrich, verkauften Linzfeld 1336 an Thilken
von Hillesheim. Der Verkauf wurde 1341 bestätigt. Im
Jahre 1479 verpfändete Hennecke Sticher von Gauwe sein
Erbe und Gut zu „Nieder=Linsfeld in dem Gerichte zo Kylle
gelegen" mit Genehmigung des Grafen Johann von Man=
derscheid, für 20 Oberländische Gulden an Hennecken von
Neer=Kyll (Nieder=Kyll) und Johann von Veldern. Im
Jahre 1439, Montags nach Trinitatis, verglich sich Johann
von Schwirzheim mit Wilhelm von Ufflingen wegen der
Güter zu Linzfeld. ¹) Nach der Besitznahme des Landes
durch die Franzosen wurde das Gericht zu Stadt=Kyll auf=
gehoben und Stadt=Kyll wurde der Hauptort einer Mairie
im Kanton Lissendorf, im Bezirke von Prüm, im Saar=
Departement. Die Französische Regierung ließ die herr=
schaftlichen Güter zu Stadt=Kyll als National=Eigenthum
versteigern. So wurde das Gräflich=Manderscheidsche Aise=
mentsgut für 500 Frs. (133 Thlr.) am 5. Fructibor XIII.
(23. August 1805), und die Mühle, welche auch dem Gra=
fen gehört hatte, für 2625 Frs. (700 Thlr.) versteigert.
Am 30. Juli 1814, als sich eben Preußische Truppen zu
Stadt=Kyll befanden, brach plötzlich Feuer in einem Hause
aus und der ganze Ort wurde dadurch eingeäschert. Nur
die Mühle und ein mit Schiefer gedecktes Haus blieben von

---

¹) Eiflia illustr. I. Bd. 1. Abth. S. 313. S. 356. S. 461. S. 462.
S. 458.

den Flammen verschont, welche 57 Gebäude verzehrten.
Von der Kirche blieb nur der Thurm und einiges Mauer=
werk stehen. Der Verlust der Einwohner an Gebäuden und
Effekten wurde zu 99,906 Frs. (26,642 Thlr. Preußisch)
abgeschätzt. Dieser Verlust traf die Einwohner doppelt schwer
zur Zeit des Krieges und der Nothjahre 1816 und 1817,
wo ihnen nur geringe Unterstützung gewährt werden konnte.
Bei der ersten Organisation der Kreise des Regierungs=
bezirks Trier im Jahre 1817 wurden Stadt=Kyll mit Nieder=
Kyll, Kerschenbach und Schönfeld zuerst dem Kreise Daun,
und nur Reuth dem Kreise Prüm zugetheilt, bald darauf
aber die ganze Bürgermeisterei Stadt=Kyll, wie sie noch jetzt
besteht, dem Kreise Prüm einverleibt. In der Kirche konnte
kein Gottesdienst gehalten werden, und die Einwohner wa=
ren durch den Brand so verarmt, daß sie sich außer Stand
befanden, die Kirche aus eigenen Mitteln wieder herzustellen.
Als damaliger Landrath des Kreises Prüm beantragte ich
im Jahre 1821 bei der Königlichen Regierung zu Trier,
eine allgemeine Haus= und Kirchen=Kollekte zur Wiederher=
stellung der Kirche. Zur Unterstützung dieser Kollekte schrieb
ich eine kleine Schrift: „Einige geschichtliche Nachrichten über
Stadt=Kyll im Kreise Prüm und über die vormaligen Be=
sitzer dieses Ortes, die Grafen von Manderscheid," und
ließ solche 1821 zu Köln bei J. P. Bachem auf meine Ko=
sten drucken. Die kleine Schrift hatte keinen andern Werth,
als den wohlthätigen Zweck, den ich damit beabsichtigte,
denn damals waren mir nur wenige geschichtliche Quellen
bekannt und zugänglich. Dennoch ruhte Gottes Segen auf
dieser Arbeit, und der Erfolg überstieg meine kühnsten Hoff=
nungen. Des jetzigen Königs Majestät, damals noch Kron=
prinz, dem ich ein Exemplar der Schrift übersandt hatte,
ließen mir dafür schon unterm 9. August 1821 ein Geschenk
von zwanzig Stück Friedrichsdor zugehen, und von allen

Seiten floffen mir Beiträge zu, so daß der Abfatz der Schrift gegen zweihundert Thaler einbrachte. König Friedrich Wilhelm III. bewilligte ein Gnadengeschenk von 980 Thalern. Im Jahre 1823, am 12. Mai, wurde der Grundstein zum Neubau der Kirche mit angemessenen Feierlichkeiten gelegt. [1] Im Jahre 1824 war der Bau vollendet und die Einweihung geschah durch den ehrwürdigen Bischof von Hommer. Den Plan zum Baue hatte der Geheime Ober=Baurath Schinkel in Berlin ausgearbeitet. Die einfache und starke Konstruktion der Dachzimmerung von Tannenholz ist besonders beachtenswerth. Der Bau der Kirche koftete 2782 Thlr., und ein Theil des Ertrages der Kollekte konnte noch zur Beschaffung der Nebenaltäre und der Beichtstühle, zur Wiederherstellung der Orgel und Beschaffung von drei neuen Glocken verwendet worden. Jede dieser Glocken hat folgende Inschrift: „Diese Glocke wurde im Jahre 1829 nach „Christi Geburt für die im Jahre 1814 durch Brand zer- „störte Pfarrkirche zu Stadt-Kyll gegossen, unter der glor- „reichen Regier. König Friedrich Wilhelm III. von Preussen, „als der hochwürdige Herr Joseph von Hommer Bischof „zu Trier war, unter der Verwaltung des Königl. Landrathes „Herrn Georg Bärsch zu Prüm, dessen thätigen Bemühun- „gen die Gemeinde solche verdankt, als Herr Wolff Bürger- „meister war und Herr Thomas Kremer Pastor." Die Kirche ist dem heiligen Joseph gewidmet. Die alte Pfarrei gehörte zum Eifler Dekanate in der Kölner Diözese. Außer Stadt=Kyll sind jetzt noch Kerschenbach, Nieder=Kyll und Schönfeld eingepfarrt. Jenseit der Kyll nahe bei Stadt-Kyll ist eine Kapelle, welche Tilmann Metz, ein Bürger von Stadt=Kyll, im Jahre 1022 zu Ehren der heiligen Jung-

---

[1] S. die von mir herausgegebenen Prümer gemeinnützigen Blätter, Jahrgang 1823. S. 172.

frauen und Martyrinnen Margaretha und Dorothea ge=
stiftet haben soll. Im Jahre 1841 vermachte Johann Ma=
thias Wey zu Stadt=Kyll der Armenanstalt ein Legat von
2371 Thaler und bestimmte eine gleiche Summe für die
Schulen und die Frühmesse. Im Jahre 1853 wurden zu
Stadt=Kyll zwei Kram= und Viehmärkte gehalten. Zu Stadt=
Kyll befinden sich auch eine Apotheke, eine Post=Expedition
und ein Salz=Depot. Das Gesammt=Areal der Bürger=
meisterei Stadt=Kyll besteht in 1230 Morgen Ackerland, 995
Morgen Wiesen, 3135 Morgen Waldungen, 164 Morgen
Strauchholz, 37 Morgen Gestrüpp, 148 Morgen Weiden,
5804 Morgen Schiffelland, 17 Morgen Oedland, 3 Mor=
gen Wasserteiche, 1100 Morgen Haiden, 27 Morgen Gär=
ten, 18 Morgen Gebäudefläche, 162 Morgen Wege, 36 Mor=
gen Wasser, 100 Morgen Huden, 211 Morgen Lohhecke
und 131 Morgen ertraglose Güter. Als Gemeinde=Eigen=
thum besitzt die Gemeinde Stadt=Kyll mit Nieder=Kyll ge=
meinschaftlich 1128 Morgen Holzungen, 831 Morgen Schif=
felland und 3 Morgen Wiesen, zu einem Reinertrage von
553 Thalern.

Nieder=Kyll liegt nordöstlich von Stadt=Kyll, am linken
Ufer der Kyll, über welche hier eine schöne steinerne Brücke
führt. Der Ort hat schon seit Jahrhunderten eine Gemeinde
mit Stadt=Kyll gebildet Die hier befindliche Kapelle wurde,
wie eine Aufschrift am hohen Altare besagt, im Jahre 1753
dem heiligen Hubertus geweiht, dessen gut gemaltes Bild=
niß den Altar schmückt. Die zwei Glocken haben keine In=
schrift. In dem Status modernus Archi-Dioecesis Colo-
niensis vom Jahre 1750 wird „Nieder-Kill fil. de Stat-Kill"
im Eifliae Decanatus bezeichnet. [1] Einer Sage nach soll
diese Kapelle früher die Pfarrkirche von Stadt=Kyll und der

---

[1] Binterim und Mooren, Erzdiözese Köln. II. Theil. S. 208.

Umgegend gewesen sein. Am südlichen Giebel dieser Ka=
pelle ist ein Stein eingemauert, der offenbar Römischen Ur=
sprungs ist. Er ist von gemeinem Kieselschiefer, etwa 2 Fuß
hoch, und auf der Fläche desselben ist das Brustbild eines
Mannes dargestellt. Der Kopf ist unbedeckt, die Haare
scheinen kraus gewesen zu sein; die Stirne ist hoch, die Nase
aber, welche wahrscheinlich den wohlgeformten Gesichtszügen
entsprach, ist größtentheils zerstört. Der Hals war kurz,
die Bekleidung scheint eine faltenreiche Toga gewesen zu
sein. Der rechte Arm fehlt und ist die Stelle, wo sich der=
selbe wahrscheinlich befand, ganz eben behauen. ¹) Der
Stein verdient jedenfalls die Aufmerksamkeit der Alterthums=
forscher. In der Umgebung der Kapelle hat man öfters
Römische Münzen gefunden. Die bei der Aufgrabung des
Bodens in Menge gefundenen Menschenknochen und Schä=
del lassen vermuthen, daß hier ein Begräbnißplatz war.

265. Die Bürgermeisterei Steffeln besteht nur aus
zwei Ortschaften:

1. Schüller, Dorf.... mit 45 Wohnh. und 194 Einw.
   a. Junkerath, Häuser „ 2 „ „ 12 „
2. Steffeln, Dorf... „ 50 „ „ 357 „

Zusammen... mit 97 Wohnh. und 563 Einw.
Im Jahre 1852 betrug die Seelenzahl 594.

Schüller liegt östlich von Stadt=Kyll auf einer Berg=
höhe, so daß es weit und breit in der Umgegend gesehen
werden kann. Die Höhe bei der Kapelle wird zu 1740 Fuß
angegeben. Von der Höhe sammelt sich das Wasser zu einem
Bache, der dann unterhalb des Dorfes in das rechte Ufer

---

¹) Einem Berichte des Herrn Apothekers Jbach in Stadt=Kyll entnom=
men. Vor mehr als zwanzig Jahren habe ich auch selbst den Stein
gesehen.

der Kyll mündet. Schüller ist ein alter Ort, und man hat das palatium regium in Scolinare, aus welchem die Urkunde des Kaisers Lothar I. vom Jahre 855, sein Begräbniß im Kloster Prüm betreffend, datirt ist, zu Schüller suchen wollen. Andere haben Schönberg, auch Schönecken dafür gehalten. ¹) Schüller war eine Herrschaft, welche die Herren von Kronenburg, und nach ihnen die Grafen von Manderscheid, von Luxemburg, zu Lehn trugen. Letztere hatten die Herren von Hartelstein, als Aftervasallen, damit belehnt. ²) Das Weisthum zu „Schöler‟ vom Jahre 1586 (Grimm II. S. 588) weiset den Herren zu Hartelstein „bynnen dem Bezirk vur ein rechten hoeheren, grunth vnd lehen herren.‟ — Als Nachtrag des Weisthums von 1586 wird hinzugefügt, „am 11. Augusti 1620 seindt scholteß vnd „scheffen von Schöller von dem herrn Ambtmann gehen „Blankenheim beschieden u. s. w.‟ Im Jahre 1563 verglich sich Graf Hans Gerhard von Manderscheid-Gerolstein mit Joachim von Schönberg, Herrn von Hartelstein, wegen des Zehnten zu Schüller. Im Jahre 1682, am 27. Juni, verglichen sich Graf Salentin Ernst von Manderscheid-Blankenheim und Wolfgang Wilhelm von Wiltberg wegen der Grenzstreitigkeiten zwischen der Herrschaft Junkerrath und dem Dorfe Schüller. Letzteres gehörte damals dem von Wiltberg als Herrn zu Hartelstein. Gewiß ist es, daß Schüller noch im Jahre 1794 zu den Besitzungen der Grafen von Manderscheid gerechnet wurde, ³) die es als ein Lehn von Luxemburg besaßen. Schüller ist nach Steffeln eingepfarrt, hat aber eine Kapelle, bei welcher der Pfarrer

---

¹) Eiflia illustr. I. Bd. 1. Abth. S. 78. S. 97. I. Bd. 2. Abth. S. 955. Chronic. Gottwic. S. 881.
²) Eiflia illustr. I. Bd. 1. Abth. S. 347.
³) Eiflia illustr. I. Bd. 2. Abth. S. 835.

von Steffeln oder der von Gladt jetzt den Gottesdienst versieht. Das Areal von Schüller und Zubehör besteht in 281 Morgen Ackerland, 178 Morgen Wiesen, 605 Morgen Waldungen, 36 Morgen Strauchholz, 10 Morgen Gestrüpp, 5 Morgen Weiden, 538 Morgen Schiffelland, 13 Morgen Oedland, 1 Morgen Wasserteiche, 223 Morgen Haiden, 6 Morgen Gärten, 3 Morgen Gebäudefläche und 57 Morgen ertraglose Ländereien, zusammen 1956 Morgen. Die Gemeinde besitzt 176 Morgen Holzungen und 13 Morgen Schiffelland, zu 57 Thalern Reinertrag abgeschätzt.

Steffeln liegt 1½ Meilen nordöstlich von Prüm zwischen zwei Bächen in einer muldenartigen, fruchtbaren Vertiefung, am Fuße eines Berges, welcher unverkennbare Spuren vulkanischer Eruptionen zeigt. Der Tuffstein, der auf dem Steffler Berge gebrochen wird, ist unter dem Namen Backofenstein bekannt, weil man denselben besonders zu dem Bauen von Backöfen benutzt. Auf dem Berge sowohl, wie an den steilen Abhängen von vulkanischem Conglomerät mit regelmäßiger Schichtung, nordwestlich von Steffeln, findet man Olivinkugeln. Die Tuffmassen sind alte Kraterränder, an welchen man eine große Eruption nicht verkennen kann, obgleich die Einheit des Kraters daselbst bedeutender gestört ist, als gewöhnlich bei den übrigen Maaren der Eifel. [1] Auf dem oberen Theile des Berges befinden sich Oeffnungen, die in ungeheuere, augenscheinlich durch Kunst entstandene Räume im Innern des Berges führen. Schon zur Zeit des dreißigjährigen Krieges verbargen sich die Bewohner der Umgegend mit allen ihren Habseligkeiten in diesen großen Räumen. Nicht unwahrscheinlich ist es, daß schon die Römer hier die großen Steinmassen brachen,

---

[1] Steininger neue Beiträge zur Geschichte der Rheinischen Vulkane. S. 89. S. 107.

welche, wie Rhau berichtet, [1]) sich an dem Cenotaphium in Junkerrath befanden. [2]) In einem Teiche bei Steffeln sollen gute Blutegel vorkommen. Wie Cäsarius im Güterregister bemerkt, trugen die Grafen von Hochstaden Steffeln von der Abtei Prüm zu Lehn. [3]) Im Jahre 1282 kaufte Gerhard IV., Herr zu Blankenheim, unter andern Gütern auch die Burg zu Steffeln mit dem Dorfe von Konrad, Herrn von Schleiden. [4]) In einer andern Urkunde von demselben Jahre in vigilia beati Thomae Apostoli erklärten Konrad von der Schleiden, Lysa seine Gattin und Friedrich ihr Sohn, daß die Güter zu Steffeln nebst Zubehör, welche sie dem Herrn Gerhard von Blankenheim verkauft, von der Abtei Prüm lehnrührig waren, und daß Lysa (von Junckerrath) solche zur Mitgift erhalten. [5]) Später wurde Steffeln zur Herrschaft Kronenburg gezogen. [6]) Bei der Theilung im Jahre 1488 erhielt Graf Cuno von Manderscheid, der Stammvater der Schleidener Linie, das Dorf Steffeln mit Zubehör zu seinem Antheil. [7]) Dagegen wurde ein Haus zu Steffeln welches zu Gerolstein gehörte, dem Grafen Johann zugetheilt. [8]) Im Jahre 1489 belehnte Graf Johann zu Nassau und Vianden die Kinder des Junggrafen Cuno mit dem Schlosse Neuenstein und dem Dorfe Steffeln, als lehnrührig von der Grafschaft Vianden. Im Jahre 1491 wurde Gerlach von Winneburg von dem Junggrafen Johann von Manderscheid mit Gütern zu Steffeln belehnt. Im Jahre

---

[1]) **Rhau monumenta vetustatis.** p. 77.

[2]) Jahrbücher des V. f. A. F. Heft III. S. 64.

[3]) **Eiflia illustr.** I. Bd. 1. Abth. S. 170.

[4]) Ebendas. S. 242 und I. Bd. 2. Abth. S. 1013.

[5]) Ebendas. I. Bd. 2. Abth. S. 1013.

[6]) Ebendas. I. Bd. 1. Abth. S. 347.

[7]) Ebendas. I. Bd. 2. Abth. S. 347.

[8]) Ebendas. S. 791.

1492 belehnte Graf Diedrich III. von Manderscheid, als
Vormund der Kinder seines 1489 gestorbenen Sohnes Kuno
den Diedrich von Enschringen mit 10 Gulden Manngeld zu
Steffeln, mit welchen Emich von Enschringen, Diedrichs
Vater, im Jahre 1434 von Wilhelm von Loen, Grafen von
Blankenheim, belehnt worden war. [1]) Im Jahre 1501 wurde
Graf Diedrich IV. von Manderscheid-Schleiden, Cunos Sohn,
von dem Grafen Engelbrecht zu Nassau und Vianden mit Neuenstein und Steffeln belehnt. Nach dem Weisthum zu Steffeln
vom Jahre 1519 (Grimm II. S. 586) besaß „her Schweyche zu
„Breme fünf lehen, die sollen einen scheffen zu Steffeln in
„den Hof geben, auch hatte der vorgen. Herr Schweyche
„zu Steffeln 18 summern Korns, wie dat uff den höffen
„weghst, noch 9 pondt flaaß, (Flachs) derselbe fall also
„schone gehechels sein aeff man einen braunen mantel dar-
„spreit vnd datt flaff darüber schütte, vnd so manche ayme
„daruß feile, vmb so manche boeß der gehne der den floß
„giflt." Der Herr „Schweige" oder vielmehr Schmeich,
war von dem Geschlechte der Schmeich von Lissingen, dessen
S. 46 dieses Werkes erwähnt worden ist. Die Güter dieser Familie kamen durch Heirath an die von Winneburg
und dann an die von Zandt. Brenden oder Brembden
aber war ein Hof oder ein Dorf zwischen Steffeln und
Duppach, (s. Duppach bei Nro. 243, Budesheim) welches
Gerhard IV. von Blankenheim, mit Steffeln, Underbachen
und Auel von Herrn Konrad von der Schleiden im Jahre
1282 kaufte. [2]) Brenden und Underbachen sind nicht mehr
vorhanden; Brenden wird noch ein Distrikt in der Feldmark
von Steffeln genannt. Im Jahre 1593 belehnte Graf Hans
Gerhard von Manderscheid-Gerolstein den Johann Zandt,
(von Merl) Vogt im Hamm, mit dem Gerolsteiner Gute

[1]) Eiflia illustr. I Bd. 2. Abth. S. 794.
[2]) Ebendaf. I, 1. Abth. S. 242 und I. Bd. 2. S. 1013.

in Steffeln. Hugo Zandt von Merl war schon 1559 für
sich, seinen Bruder Gerlach und ihre beiderseitigen Kinder
mit diesem Gute von dem Grafen Hans Gerhard belehnt
worden. [1] Noch in den Jahren 1712 und 1732 erhielten
die von Zandt die Belehnung. Nach dem Tode des letzten
Grafen von Manderscheid-Schleiden, Diedrichs VI. († 1593)
verweigerten die Unterthanen zu Steffeln, am 21. Oktober
1594, die von den Abgeordneten des Grafen von Manderscheid-Gerolstein von ihnen geforderte Huldigung zu leisten.
Der Schultheiß zu Steffeln wurde sogar beschuldigt, daß
er den Manderscheidschen Amtmann zu Kronenburg, Nikolaus von Daun, durch einen Brief nach Steffeln locken
wollen, um ihn dem Grafen Philipp von der Mark in die
Hände zu liefern. Graf Philipp von der Mark gab das
Dorf Steffeln, dessen er sich bemächtigt hatte, den Erben
des Grafen Joachim von Manderscheid-Schleiden zurück.
Dies muß schon 1612, nicht 1613, wie ich an einem andern
Orte [2] angegeben, geschehen sein, denn schon am 19. Fe-
bruar 1612 befreite Graf Karl von Manderscheid-Gerolstein
für sich und die übrigen Erbgenahmen, die Einwohner zu
Steffeln von der Verpflichtung der Wachten auf dem Schlosse
Kronenburg für die Friedenszeit. Am 10. März 1617 ver-
kauften der Graf von Löwenstein-Wertheim, der Wild- und
Rheingraf Otto von Salm, der Graf von Manderscheid-
Kail, der Landgraf von Leuchtenberg und der Graf von
Rasburg, das Dorf Steffeln mit allem Zubehör, dem Grafen Karl von Manderscheid-Gerolstein, und dessen Gemahlin,
der Gräfin Anna Salome von Manderscheid-Schleiden, für
die Summe von 5500 Frankfurter Gulden, zu 15 Batzen. [3]

---

[1] Eiflia illustr. I. Bd. 2. Abth. S. 598.
[2] Ebendas. S. 812.
[3] Ebendas.

Im Jahre 1640 verkauften Graf Karl von Manderscheid=
Gerolstein und seine Gemahlin, den Zehnten zu Steffeln
an Johann von der Düssel. Dieser war schon 1639 mit
einem Sechstel dieses Zehnten und 1634 mit dem Mirbachs=
hofe zu Kronenburg belehnt worden. Johann von der
Düssel war Rath des Grafen Karl von Manderscheid=Ge=
rolstein, auch dessen Amtmann in Gerolstein (im Jahre 1638.)
Mit großem Fleiße hat Düssel die Generalogien und Stamm=
bäume der Grafen von Manderscheid, vieler andern Fürsten,
Grafen und Adelsgeschlechter in mehreren Foliobänden zu=
sammen getragen, welche sich noch in der Stadtbibliothek
zu Trier befinden. Ich habe diese Sammlung mehrere Jahre
benutzt und auch an mehreren Stellen meines Werkes mich
auf dieselbe bezogen. Sie war mir von großem Nutzen
und enthält besonders über die Manderscheid und über die
ihnen verwandten oder von ihnen belehnten Familien, zu=
verlässige Nachrichten. Auch Imhoff benutzte diese Samm=
lung und erwähnt derselben in seinem bekannten Werke
Notitia proeerum. [1]) Graf Karl von Manderscheid=Gerol=
stein nennt in einem Vertrage vom 16. Dezember 1638 den
Johann von der Düssel „Unstern Ambtmann den Edelen
und hochgelehrten." In jenem Vertrage verglich sich Graf
Karl mit Zentner und Gemeinde zu Steffeln wegen der
Waldungen, über welche schon längere Zeit prozessirt wor=
den war. Durch die gewählten Sohnsherren (Sühneherren,
Schiedsrichter) Hans George von Nassau, Mitherrn zu Rive=
nich, Amtmann der Herrschaft Neuerburg, und Dionisius
Recht, Vogt der Stadt und Herrschaft St. Veith, wurde
bestimmt, daß der Graf auf seine Ansprüche auf den Steffe=

---

[1]) J. W. Imhofii notitia Sacri Romani Germanici Imperii pro-
cerum editio quinta studio et opera J. ?. Koeleri. Tubingae
Sumtibus J. G. Cottae 1732 fol. Tom. II. pag. 118.

ler Gemeindebusch verzichten, dagegen aber einen Theil der
Waldungen, dessen Grenzen im Vertrage genau angegeben
sind, als sein freies Eigenthum, gleich seinen andern Kam-
merwäldern behalten und benutzen solle. Die übrigen „ge-
meiner Steffeler Wald und Büsch" sollten den Inwohnern
eigen bleiben. Auch wegen der „Beede und Wacht der In-
wohner zu Steffeln auf dem Hause Kronenburg" wurden
in diesem Vertrage Bestimmungen getroffen. In diesem
Vertrage werden außer dem Schulteß und dem Zentner
und Schöffen 15 Einwohner von Steffeln namentlich angegeben, und noch 2 Nachbarte (Forensen.) Zwei von der
Gemeinde konnten nur schreiben und unterzeichneten für die
Andern. Als Zeugen thaten dies noch Mathias Molitores,
Landdechant und Pastor zu Lissendorf, Philipp Diedrich
Kuep, Pastor zu Kronenburg, Peter Rotstein, Pastor zu
Dalheim, und Hans Jakob Kuep, Notar und Stadtschreiber
zu der Neuerburg. [1]) Im Jahre 1718 sollte ein Jahrmarkt
zu Steffeln angelegt werden, indessen scheint solcher nicht
zu Stande gekommen oder doch wieder eingegangen zu sein.
Der Graf von Manderscheid erhob einen Zoll zu Steffeln.
Derselbe besaß im Jahre 1719 zu Steffeln zwei Kammer-
wälder. Die Gemeinde hatte einen bedeutenden Busch,
mußte aber die Erlaubniß zum Kohlen bei der Herrschaft
nachsuchen und derselben den zehnten Pfenning entrichten.
Die Kirche zu Steffeln soll auf der Stelle stehen, auf welcher ehemals die Burg stand. Die alte Pfarrei gehörte
zum Eifler Dekanate in der Diözese Köln. [2]) Jetzt ist sie
dem Dekanate Blankenheim im Sprengel des Erzbischofs
von Köln zugetheilt. Schüller ist eingepfarrt. Während der

---

[1]) Läis a. a. O. II. Theil. S. 125.

[2]) Binterim und Mooren, Erzdiözese Köln II. Theil. S. 209, wo aber
   irrthümlich Staffelen statt Steffeln steht.

Französischen Verwaltung gehörte die Mairie Steffeln, als ehemaliges Luxemburger Lehn, zum Kanton Kronenburg, im Bezirke Malmedy, im Ourthe-Departement. Bei der Preußischen Organisation war sie erst dem Kreise Daun zugetheilt. Die Gemeinde Steffeln besitzt 1598 Morgen Holzungen, 2008 Morgen Schiffel- und Wildland und 1 Morgen Wiese, zu einem Reinertrage von 769 Thalern. Auch die Vogteibesitzer zu Steffeln waren veranlaßt worden, Ansprüche auf den ausschließlichen Besitz der Gemeinde-Waldungen zu machen. Sie erhielten auch wirklich bei dem Königlichen Landgerichte zu Trier ein sie begünstigendes Urtheil vom 7. Januar 1823. Die Gemeinde appellirte aber dagegen und der Königliche Appellationsgerichtshof zu Köln reformirte am 6. August 1827 das erste Urtheil. Der Appellhof begründete sein Urtheil auf den vorstehend erwähnten Vertrag vom 16. Dezember 1638, aus welchem ganz klar hervorgeht, daß die Waldungen seit Jahrhunderten Eigenthum der Gemeinde waren. Das Areal von Steffeln besteht aus 732 Morgen Ackerland, 433 Morgen Wiesen, 2600 Morgen Waldungen, 12 Morgen Strauchholz, 36 Morgen Weiden, 1444 Morgen Schiffelland, 30 Morgen Oedland, 1 Morgen Wasserteiche, 107 Morgen Haide, 12 Morgen Gärten, 8 Morgen Gebäudefläche, 61 Morgen Huben, 156 Morgen ertraglose Güter, 6 Morgen Fischteiche, zusammen 5638 Morgen.

266. Die Bürgermeisterei Wachsweiler besteht aus den Ortschaften:

1. Hargarten,			
Weiler........... mit	7 Wohnh. und		55 Einw.
2. Heilhausen,			
Weiler .... „	2 „	„	·24 „
a. mit Mühle..... „	1 „	„	9 „
Zu übertragen... mit	10 Wohnh. und		88 Einw.

		Wohnh.		Einw.	
Uebertrag... mit		10	und	88	
3. **Lambertsberg,** Dorf............	„	9	„ „	83	„
4. **Lascheid, Dorf**...	„	11	„ „	86	„
Gesotz, Haus. ...	„	1	„ „	8	„
5. **Lauperath, Dorf**.	„	6	„ „	40	„
a. Berscheid, Hof...	„	1	„ „	17	„
b. Scheidgen, Weiler	„	5	„ „	49	„
c. Scheuerbaum, Weiler	„	2	„ „	12	„
d. Auf der Kupp oder Steinich, Haus ..	„	1	„ „	4	„
6. **Manderscheid,** Dorf.............	„	8	„ „	74	„
a. Manderscheiderhof	„	1	„ „	11	„
7. **Pintesfeld,** Weiler	„	4	„ „	33	„
8. **Wachsweiler,** Flecken	„	129	„ „	735	„
a. Godeshausen, Mühle	„	2	„ „	9	„
b. Ginshausen, Mühle	„	1	„ „	8	„
c. Auf der Kehr, Häuser	„	2	„ „	8	„
Zusammen... mit		193	und	1265	

Zusammen... mit 193 Wohnh. und 1265 Einw.
Im Jahre 1852 betrug die Bevölkerung der Bürgermeisterei Wachsweiler 1453 Seelen.

Hargarten liegt östlich von Wachsweiler. Es gehörte zum Hofe Eilscheid in der Herrschaft Pronsfeld und ist nach Wachsweiler eingepfarrt. Im Jahre 1601 wurde Hargarten als eine Meierei der Herrschaft Neuerburg aufgeführt.

Die Gemeinde hat Holzberechtigung auf 40 Morgen im Geweber=Walde und besitzt außerdem noch 2 Morgen Schiffel- und Wildland. Jene 40 Morgen im Geweber erhielten die Michelsmänner.

Heilhausen liegt am linken, die Mühle am rechten Ufer der Prüm zwischen Lünebach und Wachsweiler. Es gehörte zur Meierei Weidingen in der Herrschaft Neuer- burg und ist nach Wachsweiler eingepfarrt. Im Jahre 1601 gehörten 2 Häuser und die Mühle zu Heilhausen zur Meie- rei Manderscheid.

Lambertsberg, südöstlich von Wachsweiler, nahe bei Greimelscheid, soll früher Ober=Greimelscheid geheißen und den jetzigen Namen von seiner schönen, dem heiligen Lam- bert gewidmeten Kirche erhalten haben. Schon im Jahre 1408 wird Lambertsberg als Filial von Wachsweiler ge- nannt. Die frühere Kirche stand auf der Gesotz bei Lascheid. In der Gegend des heutigen Lambertsberg muß die Burg Friedland gestanden haben, welche Johann von Falkenstein, Herr von Bettingen, im Jahre 1342 auf dem Berge Kastell baute und dem Grafen von Luremburg zu Lehn auftrug. Zu dieser Burg sollten der Hof Winterspelt, Ihren, Elche- rath, Schiberich (?) und Feilsdorf gehören. Diese Herr- schaft sollte, wenn Johann von Falkenstein keine Kinder hin- terlassen, an Herrmann von Brandenburg, und wenn auch dessen Mannsstamm erloschen, an die Grafen von Luremn- burg fallen. [1] Zuletzt gehörte Lambertsberg zum Hofe Eil- scheid in der Herrschaft Pronsfeld. Am St. Lambertustage (17. September) wird zu Lambertsberg einer der bedeutend- sten Krahm= und Viehmärkte in der Eifel gehalten, zu wel-

---

[1] Eiflia illustr. I. Bd. 1. Abth. S. 525. II. Bd. 1. Abth. S. 127. S. 137. Bertholet hist. de Luxemb. VII. p. 131.

chem auch viel Volk zur Kirche strömt. [1] Die Gemeinde
Lambertsberg besitzt kein Gemeinde-Eigenthum.

Lascheid liegt nordöstlich von Wachsweiler an einem
Bache, der oberhalb Lasel in das rechte Ufer der Nims
fließt. Auch Lascheid gehörte zum Hofe Eilscheid und ist
eben so, wie das dabei liegende Gesotz, nach Wachsweiler
eingepfarrt. Das Gemeinde-Eigenthum besteht in 8 Morgen Holzungen und 115 Morgen Schiffel- und Wildland,
zu 13 Thaler Reinertrag abgeschätzt.

Lauperath liegt südöstlich von Wachsweiler, nicht weit
davon entfernt. Zu Ende des 16. Jahrhunderts war es
Hauptort einer Meierei in der Herrschaft Neuenburg, 1601
gehörte es aber schon zur Meierei Manderscheid. Es zählte
damals nur 2 Häuser und 1 Hausplatz. Es ist nach Wachsweiler eingepfarrt. Dies ist auch der Fall mit dem nahe
bei Lauperath liegenden Berscheider Hofe, der auch Bire-
scheid, auch Bernshausen genannt wurde und auch zur Meierei
Manderscheid gehörte. Scheidgen, Scheuerbaum und
Steinich liegen nahe bei Lauperath und sind nach Wachsweiler eingepfarrt. Lauperath hat eine den heiligen Jungfrauen Fides, Spes und Charitas gewidmete Kapelle. Lauperath und die dazu gehörige Höfe und Weiler besitzen kein
Gemeinde-Eigenthum.

Manderscheid liegt nordöstlich von Wachsweiler, in
geringer Entfernung vom rechten Ufer der Prüm, welche die
zum Orte gehörige Mühle treibt. An der Südseite des
Dorfes auf der Höhe des rechten Ufers der Prüm, fand man
im Jahre 1842 bei dem Graben eines Brunnens, Fundamente Römischer Gebäude. [2] Cäsarius bemerkt im Güter-
Verzeichnisse, daß der Graf von Vianden unter andern Gü-

---

[1] Eiflia illustr. I. Bd. 1. Abth. S. 525.
[2] Jahrb. d. V. d. A. F. Heft III. S. 61.

tern auch den Hof Manderſcheid von der Abtei Prüm zu
Lehn trage (quod etiam tenet a nobis curiam de Mandersceyt
juxta Uasuilere.) Im Jahre 1601 zählte man zu Mander=
ſcheid 5 Häuſer, und Manderſcheid war damals Hauptort
einer Meierei, zu welcher Berſcheiderhof, Heilhauſen mit
einer Mühle, Kopſcheid, Lauperath, Manderſcheid und Scheid=
gen gehörten. Manderſcheid iſt nach Wachsweiler einge=
pfarrt. Das Etabliſſement Manderſcheiderhof iſt erſt im
Jahre 1841 entſtanden. Die Gemeinde beſitzt 15 Morgen
Schiffel= und Wildland.

Pintesfeld liegt nordöſtlich von Wachsweiler zwiſchen
Heilhauſen und Laſcheid. Es wird in der Umgegend ge=
wöhnlich Peſelt genannt und iſt nach Wachsweiler einge=
pfarrt. Es gehörte zur Neuerburger Meierei Weidingen.
Im Jahre 1364 trug Johann von Wavern ſeine Güter zu
„Pientsfet" Herrn Burchard, Herrn zu Vinſtingen und
Schönecken, zu Lehn auf. Das Gemeinde=Eigenthum be=
ſteht nur aus 5 Morgen Schiffel= und Wildland zu einem
Reinertrage von 1 Thaler.

Wachsweiler liegt ſüdweſtlich 2 Meilen von Prüm
entfernt, an der Prüm, in deren linkes Ufer der Wachs=
weiler Bach mündet. Eine Brücke führt über die Prüm.
Die Umgegend von Wachsweiler iſt reich an Verſteinerun=
gen. Außer den gewöhnlich in der Eifel vorkommenden
Petrefacten findet man hier: Terebratula Daleidensis, T.
strigiceps, Orthis dilatata, Pterinaca truncata, Pleuracanthus
laciniatus, Cyatophyllum Ceratites, Pterinaca Costata, Orthis
rugosa, Terebratula primipalaris. Ueberbleibſel von Römer=
werken geben Zeugniß, daß auch Römer einſt dieſe Gegend
bewohnten. So hat man auf einer Anhöhe am rechten Ufer
der Prüm, dicht an der von Wachsweiler nach Krautscheid
führenden Straße die Fundamente eines Römiſchen Gebäu=

des entdeckt. [1]) Wachsweiler war ein altes Besißthum der
Herren von der Neuerburg. Im Jahre 1353 verkaufte
Friedrich von der Neuerburg, Wachsweiler für 1000 Pfund
schwere Turnosen an den Trierschen Erzbischof Balduin,
wahrscheinlich auf Wiederverkauf, wie zu jener Zeit die Form
war, in welcher Verpfändungen Statt hatten. Im Jahre
1414, Dienstag nach annunc Mariae, verliehen Irmgard
von Bolchen, Frau zu Rodemachern und Erbin von Kronen=
burg und Neuerburg (die Töchter Gerhards von Bolch oder
Boulay in Lothringen, der durch seine Vermählung mit
Mechthildis, der Tochter Peters von Kronenburg und Neuer=
burg, diese beiden Herrschaften erworben hatte) und Johann,
Herr von Rodemachern, ihr Gemahl, den Einwohnern von
Wachsweiler, die Freiheiten, welche die Bürger zu Neuer=
burg genossen. Gerhard von Rodemachern, Johanns und
der Irmgard Sohn, bestätigte am St. Clemenstage 1440
die Freiheiten der Gemeinde Wachsweiler. Franzisca von
Rodemachern brachte ihrem Gemahle, dem Grafen Wilhelm
von Virneburg, die Herrschaften Neuerburg und Kronenburg
zu, welche durch ihre Tochter Metza an den Grafen Kuno
von Manderscheid=Schleiden kamen. Im Jahre 1489, Mitt=
woch nach visit. Mariae, bestätigte Graf Kuno der Gemeinde
Wachsweiler ihre Rechte und Freiheiten. Dies geschah auch
von seinen Nachfolgern, den Grafen Diedrich V. 1551, und
Diedrich VI. 1561. Im Jahre 1609 stellte Graf Karl von
Manderscheid=Gerolstein eine solche Bestätigung für seine
Gemahlin Anna Saloma und die andern Töchter des Gra=
fen Joachim von Manderscheid=Schleiden aus. In einem
denombrement vom Jahre 1683 über die Verhältnisse der
Herrschaft Neuerburg heißt es: „Die Freiheit Wachsweiler,
„ehemals mit Mauern umgeben, jetzt in Ruinen, mit zwan=

---

[1]) Jahrb. d. V. v. A. F. Heft III. S. 61.

„zig Häusern, deren Einwohner Bürgerrecht genießen, hängt
„von Neuerburg ab und die Herren von Neuerburg haben
„hohe, mittlere und niedere Gerichtsbarkeit, Jagd, Fischerei,
„Strafen u. s. w., setzen einen Mayer und sieben Schöffen.
„Die Herren beziehen jährlich einen Thaler und sieben
„Schilling in Gelde und drei Malter Roggen von der Mühle,
„zwei Malter vom Bann, Ofen und Renten, Hühner, Eier
„von einigen Privaten." Wachsweiler theilte nun bis 1794
die Schicksale der Herrschaft Neuerburg. Während der Französischen Verwaltung war es Hauptort einer Mairie. Desto
mehr hat sich aber Wachsweiler seit der Preußischen Besitznahme gehoben und ein ganz anderes Ansehen erhalten.
Die Straßen sind gepflastert, mehrere neue Häuser gebaut
worden. Wachsweiler ist der Sitz eines Friedensgerichts,
hat eine Apotheke und eine Post=Expedition erhalten. Zu
Wachsweiler befindet sich auch die Verwaltung der Faber=
schen Stipendienstiftung, einer der wichtigsten in der Eifel.
Der Stifter, Gerhard Faber, der eigentlich Schmidt hieß,
aber seinen Namen nach Sitte der damaligen Zeit latinisirt
hatte, war von Arzfeld aus dem Barzhause gebürtig. Von
1659 bis 1697 war Faber Pfarrer zu Wachsweiler, zuletzt
auch Dechant der Landkapitel von Bitburg und Kyllburg.
Er starb am 8. September 1710 zu Wachsweiler, wo er
auch seine Grabstätte im Chore der Pfarrkirche nach seinem
Wunsche erhielt. Am 7. April 1703 errichtete Faber ein
Testament, worin er bestimmte, daß aus den Renten und
Zinsen und übrigem Einkommen der von ihm dazu bestimmten
Nachlassenschaft, fünf Jünglinge aus den Nachkommen seines Bruders zu Lauperath und seiner vier Schwestern, die
nach Arzfeld, Orlebach, Dahnen und Prüm verheirathet
waren, welche zum Studiren am tauglichsten, eine Unter-
stützung erhalten sollten, und zwar von der Infima bis zur
Theologie jährlich 30 Thaler (imperialer Monetae Majoris

sive regiae,) sobald sie aber die Klasse der Theologie erreicht, drei Jahre hindurch 36 Thaler erhalten sollten. Die fünf Stämme haben sich in vielen Zweigen verbreitet. Auch das Vermögen der Stiftung ist bedeutend angewachsen, besonders seitdem der Stiftung von der Preußischen Regierung die ihr von dem Französischen Gouvernement entzogenen Einkünfte, und auch der Wald Roßbach zurückgegeben worden sind. Die Verwaltungskommission besteht aus dem jedesmaligen Pfarrer von Wachsweiler als Präses, und vier vertrauenswürdigen Männern, welche aus den berechtigten Familien gewählt werden. Der Landrath des Kreises Prüm beaufsichtigt die Stiftung unter der Oberaufsicht der Königlichen Regierung zu Trier. Viele Geistliche aus den berechtigten Stämmen erhielten durch die Stiftung die Mittel, sich für ihren Stand auszubilden. Faber hatte im Jahre 1690 auch eine Frühmesser-Stiftung gegründet, deren Einkünfte aber von der Französischen Regierung eingezogen wurden. Das Frühmesser-Haus wurde der Pfarrei gegeben. Die Pfarrei ist sehr alt und gehörte zum Landkapitel Bitburg. Der 32. Abt, Friedrich (de petra, von der Leyen) überwies 1232 einen Theil der Zehnten und Einkünfte der Pfarrkirche zu Wachsweiler dem Konvente zu Prüm, besonders zur besseren Unterhaltung der Kranken. Auch bei der Theilung der Güter zwischen dem Abte und dem Konvente im Jahre 1361 wurde diese Bestimmung wiederholt. (Hontheim II. S. 214 und S. 215.) Die Pfarrgenossen von Wachsweiler, an welche sich viele andere aus der Umgegend anschlossen, genossen bei der Prozession zu Echternach, am zweiten Pfingsttage, sowie bei der zu Prüm am Himmelfahrtstage, besondere Vorrechte und hatten den Vorrang vor allen übrigen. Die Collatur der Pfarrei stand dem Kloster Prüm zu, und das schon oft erwähnte Verzeichniß der Pfarreien bemerkt darüber: „Collator Admini-

„strator Prumiensis, Conventus autem contendit spectare ad
„infirmarium; ultimus possessor a serenissimo Archiepiscopo
„provisus 1725." Die dem heiligen Johannes dem Täufer
gewidmete Kirche ist 1770 von dem letzten Erzbischofe und
Kurfürsten von Trier, Clemens Wenceslaus, aus Mitteln
der Abtei Prüm erbaut worden. Bei dem Neubau ist der
Grabstein des Dechanten Faber abhanden gekommen, und
man weiß nicht einmal mehr seine Grabstätte mit Sicherheit
nachzuweisen. Auf dem Grabsteine stand folgende, von
Faber selbst verfertigte Inschrift:

Ego Gerhardus Faber
Presbyter, Pastor, Decanus
Non immaturus ad mortem propero,
Etsi ad hanc omnes Maturi,
Ex quo nati sumus, immo antequam nati.
Statutum omni carni nasci, denasci
oriri et aboriri,
Et cum humana cuncta sint somnium
Umbra, magnum nihil;
Quod Ecclesia mutuavit, Ecclesiae reddo,
Territus apis Clarevalensis aculeo:
„Quidquid ultra victum retines,
Furtum est, sacrilegium est, rapina est." [1]

Als Pfarrer zu Wachsweiler sind bekannt: Theodor
Schaffenzell 1402. Matthäus aus Schönecken, Decret. Li-
cent. 1492. Bernhard aus Hillesheim, Ord. St. Benedicti
Prum. 1570—1604. Theobald Schwarzenbach, Ord. St.
Benedict. 1604—1606. Daniel Colnerus 1606—1622. Ger=

---

[1] Des Hochwürdigen Herrn Dechant, Gerhard Faber, Lebenszüge und
Stiftungen, von H. Schwickerath. Koblenz. gr. 8. bei R. F. Hergt.
1832.

hard Leuffen 1622—1632. Heinrich Frassel 1632—1640. Gerhard Colphen, Ord. St. Benedict. 1640—1659. Gerhard Faber aus Arzfeld, Decanus 1659—1697. Johann Faber aus Lauperath, Definitor, 1697—1725. Johann Heinrich Brechels aus Orlebach 1725—1737. Thomas Vogt, Ord. St. Bened. Prum. 1737—1753. Placidus Fechener, Ord. St. Bened. Prum. 1753—1726. Johann Jakob Nießen aus Trier 1756—1799. Gerhard Spoo aus Wachsweiler 1799—1805. Johann Nikolaus Simon aus Wilz, Archiprêtre 1805—1812. Dominicus Palen aus Roth, Definitor, 1812—1829. Hugo Friedrich Schwickerath aus Kyllburg 1829—1846. Glesener, Definitor, 1850.

Das Pfarrhaus ist 1610 erbaut worden. Zur Pfarrei gehören Hargarten, Heilhausen, Lambertsberg, Lascheid, Gesotz, Lauperath, Berscheiderhof, Scheidgen, Scheuerbaum, auf der Kupp, Manderscheid, Pintesfeld, Wachsweiler, Godeshausen, Ginshausen, Greimelscheid, Atzseifen, Hof, Mauelermühle, Kinzenburg, Dackscheid, Eilscheid, Mauel, Urmauel und Nieder-Pierscheid. Noch ist zu bemerken, daß Wachsweiler jährlich zwei Krahm- und Viehmärkte hält. Zum Bezirke des Friedensgerichts zu Wachsweiler gehören die Bürgermeistereien Arzfeld, Burbach, Daleiden, Dasburg, Dingdorf, Eschfeld, Habscheid, Harspelt, Leidenborn, Lichtenborn, Lünebach, Olmscheid, Pronsfeld, Ringhuscheid und Wachsweiler. Die Gemeinde Wachsweiler besitzt 11 Morgen Holzungen und 21 Morgen Schiffel- und Wildland, zu 8 Thaler Reinertrag abgeschätzt.

267. Die Bürgermeisterei Wallersheim besteht aus den Ortschaften:

			Wohnh.			Einw.	
1. Fleringen, Dorf mit	35 Wohnh. und			243 Einw.			
a. Mühle.........	„	1	„	„	7	„	
Zu übertragen.. mit	36 Wohnh. und			250 Einw.			

Uebertrag...	mit	36	Wohnh. und	250	Einw.
b. Baselt, Haus...	„	1	„ „	5	„
2. Kopp, Dorf....	„	25	„ „	170	„
a. auf der alten Mauer, Haus..	„	1	„ „	4	„
b. Mühle........	„	1	„ „	14	„
c. Eigelbach, Weiler	„	2	„ „	15	„
3. Nieder-Hersdorf, Dorf.....	„	30	„ „	201	„
4. Ober-Hersdorf, Dorf..........	„	7	„ „	68	„
Mühle........	„	1	„ „	6	„
a. Anzelt, Hof....	„	1	„ „	13	„
5. Wallersheim, Dorf..........	„	73	„ „	434	„
a. Weißenseiffen, Haus	„	1	„ „	7	„
b. Loch, Weiler...	„	2	„ „	10	„

Zusammen... mit 182 Wohnh. und 1197 Einw.
Im Jahre 1852 betrug die Seelenzahl 1174.

Fleringen liegt östlich von Prüm, ³/₄ Meilen davon
entfernt. In der Umgegend findet man außer den in der
ganzen Eifel häufigen Versteinerungen auch manche seltenere,
so Bellerophon, Clymenia, Linearis, Turba armatus, Turitella.
Mehrere der Versteinerungen, welche zu Fleringen im
Kalke gefunden werden, habe ich schon vorstehend bei Rom=
mersheim, Seite 363, angegeben. Der Kalk, welcher zu
Fleringen gebrannt wird, ist sehr gesucht. Bei der Fle=
ringermühle wurde unter mehreren Versteinerungen auch
Catenipora gefunden. Das Weisthum zu Fleringen vom
Jahre 1345 (Grimm II. S. 521) weiset Bann und Mann,
Wasser, Weide u. s. w. dem Kloster St. Irminen in Trier

(monasterio beate virginis in Orreo in civitate treverensi.) Das Weisthum vom Jahre 1556 (ebendas. S. 524) faßt sich kürzer, weiset „die ehrwürdige Frau zu Oehren" für einen rechten Grund- und Lehnherrn und erwähnt auch der Rechte des Gewaltvogts. Dieser Gewaltvogt oder Schirmvogt war der Herr von Kerpen, und dieses Verhältniß ging auf die Grafen von Manderscheid über und zuletzt und bis zum Jahre 1794 war das Haus Aremberg im Besitze der Vogteirechte im Hofe Fleringen. Die Herrschaft Fleringen gehörte also dem Kloster St. Irminen und nicht dem Herzoge von Aremberg, wie anderweitig irrthümlich angegeben worden ist. [1] Der Herzog von Aremberg hatte nur die Vogteirechte im Hofe Fleringen auszuüben. Schon im Jahre 1288 hatte Ritter Diedrich von Kerpen zu Gunsten des Klosters St. Irminen auf seine Rechte im Hofe Fleringen verzichtet. Diese Verzichtleistung wiederholte im Jahre 1310 Konrad von Kerpen, Diedrichs Sohn. [2] Mit Kerpen kam auch das Vogteirecht von Fleringen an das Haus Manderscheid. Im Jahre 1438 wurde Diedrich (II.), Herr zu Manderscheid und zu Daun, von der Aebtissin zu St. Irminen, Irmgart von Kerpen, mit dem Zehnten und der Kirchengift zu Fleringen belehnt. [3] Wegen dieses Lehns verglich sich im Jahre 1593 Magdalena, Gräfin von Nassau, die Wittwe des Grafen Joachim von Manderscheid-Schleiden, für sich und ihre Töchter mit dem Kloster „zu Oeren." Der Vogtei Fleringen bemächtigte sich nach dem Tode des Grafen Diedrich VI. von Manderscheid-Schleiden, Graf Philipp von der Mark. [4] Graf Ernst von der Mark, Philipps Sohn,

---

[1] Eiflia illustr. I. Bd. 1. Abth. S. 204.

[2] Daselbst I. Bd. 2. Abth. S. 720. S. 722.

[3] Boos Eusalia Heft **VII** S. 64.

[4] Eiflia illustr. I. Bd. 2. Abth. S. 784. S. 734.

verglich sich im Jahre 1611 wegen des Hofes Fleringen mit der Aebtissin von St. Irminen, Agnes Zandt von Merl. Wie Kerpen und mit demselben auch das Vogteirecht von Fleringen an das Haus Aremberg kam, habe ich Seite 98 bei Kerpen ausführlich erörtert. Die Beamten des Herzogs von Aremberg suchten die Rechte zu Fleringen immer weiter auszudehnen, und es kam deshalb im Jahre 1726 zu einem Prozesse zwischen dem Kloster St. Irminen und dem Herzoge von Aremberg. Der Prozeß wurde viele Jahre hindurch bei dem Reichs=Kammergerichte zu Wetzlar geführt und ist wahrscheinlich unentschieden geblieben. Das Kloster St. Irminen besaß zu Fleringen zwei freie Höfe, den Rasen= hof und den Simonshof. Ein Hof, der den von Hersel, ein anderer, der den von Schönberg gehörte, lagen in der Gemarkung von Fleringen. Beide Höfe mußten Steuern an das Haus Kerpen entrichten, der Schönbergerhof auch Pacht an das Kloster Prüm zahlen. Im Jahre 1584 ver= glich Erzbischof Johann VII. (von Schönberg) den Herr= mann von Hersel mit der Gemeinde Fleringen wegen Stel= lung eines „Eifertsmannes" (?) und wegen der Gemeinde= rechte. Auch ein Adelsgeschlecht nahm den Namen von Fle= ringen an. [1]) Die alte Pfarrei Fleringen gehörte zum Landkapitel Kyllburg. Die Zehnten bezogen der Herzog von Aremberg, das Kloster St. Irminen und die Abtei Prüm. Im Jahre 1746 wurde eine monatliche Andacht der jungfräulichen Mutter Maria, unter dem Titel Helferin der Christen, in der Pfarrkirche Fleringen eingeführt. Im Jahre 1777 waren außer Fleringen und Ober=Hersdorf noch An= zelt, Schwirtzheim, die Mühle auf dem Rind bei Nieder= Hersdorf und 8 Häuser von Gondelsheim nach Fleringen eingepfarrt. Jetzt gehören nur noch Fleringen, Anzelt und

---

[1]) Eiflia illustr. II. Bd. 1, Abth. S. 126.

Ober-Hersdorf zur Pfarrei. Die jetzige Kirche ist im Jahre
1683 gebaut worden. Der Bau kostete 622 Imperialen.
Als Pfarrer zu Fleringen sind bekannt: Stephan Knauf
1626. Heinrich Röling 1668. Michael Turpel 1695. Anton
Hausen 1727. Johann Thiellen 1533. A. Dudchik (?) 1756.
Christian Weller 1774. Neuland. Meyers (der vom Blitze
erschlagen wurde.) Kremer aus Müllenbach wurde Militair-
Prediger.) Spoo. Reiß 1850. Die Gemeinde besitzt nur
16 Morgen Schiffel- und Wildland und 1 Morgen Wiese,
zum Reinertrage von 2 Thalern. Die Stockbesitzer zu Fleringen und Ober-Hersdorf hatten, nach der Besitznahme des
Landes durch Frankreich, den ausschließlichen Besitz der Waldungen in Anspruch genommen und deshalb einen Prozeß
gegen die Gemeinde begonnen. Der Präfekt des Saar-
Departements erhob dagegen eine Konfliktsklage durch einen
Beschluß vom 10. Januar 1807. Im Jahre 1817 kamen
die Stockbesitzer bei dem Ministerium des Innern mit der
Bitte ein, die Konfliktsklage zu entscheiden, resp. ihr Eigen-
thumsrecht anzuerkennen. Das Königliche Ministerium des
Innern entschied hierauf unterm 30. Mai 1817, daß, da
es scheine, als ob den Klägern die streitigen Waldungen
durch einen Akt der ungerechtesten Willkühr entzogen worden, dies auch von dem Bürgermeister und den Schöffen-
räthen (die alle selbst Stockbesitzer waren) anerkannt worden, die Sache von der Königlichen Regierung noch näher
erörtert werden solle. Wenn diese Erörterung ergebe, daß
den Klägern das Recht zur Seite stehe, so solle die Regierung veranlassen, daß die Waldungen den Klägern überlassen würden. [1]) Dies geschah denn auch, und die Gemeinde
besitzt seitdem keine Gemeindewaldung mehr.

Baselt ist ein einzelnes, vor etwa zwanzig Jahren an

---

[1]) Läis a. a. O. II. S. 108.

der von Prüm nach Büdesheim führenden Straße, am Walde Baselt gebautes Haus. In diesem Walde Baselt wurde vor alten Zeiten von dem Abte von Prüm unter Beistand des Vogts von Schönecken ein Gericht gehalten. In dem Vertrage, welchen der Abt Walther mit Heinrich, Herrn von Schönecken, unter Vermittelung des Trierschen Erzbischofs Heinrich (von Vinstingen) im Jahre 1279 abschloß, wurde ausdrücklich bestimmt, daß es dem Abte zustehen solle, den Tag des Gerichts (placitum de Bassello) zu bestimmen. [1] Nach dem späteren Vertrage vom Jahre 1286 wurde dem Herrn von Schönecken zugestanden, das Gericht im Baselt ungestört halten zu können. In dem Weisthume von Densborn vom Jahre 1534 heißt es unter andern: „Zum drit- „ten wanne vnd welche zeit der vurgeß: her apt (von Prüm) „von Bassel vber bluet zu richten hait vnd er den gemeinen „zu Densbur gebutet, moissen dahin volgen mit holtz, stere, „stille vnd galgen; darfür so haben sie ihren langhalm vff „die aptie vnd doitholz im hiller walde zu soichen." (Grimm II. S. 267.)

Kopp liegt westlich von Birresborn an einem Bache, der hier drei Mühlen treibt, mitten unter hohen Felsen. (Koppen, Köpfen.) In dem Vertrage von 1286 wird auch Kopp erwähnt (de illo articulo de Cop.) Kopp war eine Zennerei im Oberamte (Fürstenthume) Prüm. Im Jahre 1777 war es nach Büdesheim eingepfarrt und hatte 15 Haus- stätten, aber nur 14 Rauchfänge. Die Gemeinde besaß im Jahre 1840 an Gemeinde-Eigenthum 30 Morgen Holzun- gen, 25 Morgen Schiffel- und Wildland und 7 Morgen in Wiesen und andern Ländereien. Im Jahre 1781 war die St. Alexanderkapelle auf einer Höhe, welche davon der Zanderberg genannt wird, sowie die ehemals damit verbun-

---

[1] Eiflia illustr. I. Bd. 2. Abth. S. 978. S. 982.

dene Einsiedelei (Klause) ganz verfallen, und der Eremit Dietmar suchte die Erlaubniß nach, Kapelle und Klause wieder herstellen zu dürfen. Dies wurde ihm aber versagt und die Eremitage nach dem Kalvariberge bei Prüm verlegt. Kopp hat eine Kapelle im Dorfe und ist jetzt nach Mürlebach eingepfarrt. Das Haus auf der alten Mauer und die beiden Häuser, welche in der Eigelbach genannt werden, sind erst im Jahre 1844 entstanden. Der Name alte Mauer könnte auf Römisches Gemäuer hindeuten. Auch bei Eigelbach sieht man noch Ueberbleibsel von Mauern und von der Burg oder von dem Hofhause, welches hier gestanden haben soll, hat sich noch manche Sage im Volke erhalten. Des Dorfes Eigelbach wird in einer Urkunde erwähnt, durch welche am Sonntage nach Halbfasten 1342, Hartard, Herr zu Schönecken, und seine Frau Margaretha, den Johann Kuninch von Lüdenstorff (König von Ludendorf) zu ihrem Burgmann zu Schönecken machten und ihm 225 Gulden auf die Dörfer Kopp und Eigelbach anwiesen. Im Jahre 1350, Sonntag nach Cantate, wurde das Lehn mit 200 alter Schilden verbessert, welche ebenfalls auf Kopp und Eigelbach angewiesen wurden. Bei Kopp lag auch das Dorf Gisselrode (oder Geiserath), welches ebenfalls nicht mehr vorhanden ist. Unter den Lehnen, mit welchen Johann von Hersel, Amtmann zu Zülpich, von dem Prümschen Abte Wilhelm, am 18. August 1514 belehnt wurde, wird auch der Zehnten zu Gisselrode mit aufgeführt.

Nieder=Hersdorf liegt nordöstlich von Schönecken. Cäsarius nennt es Herlensdorpht und zählt die Besitzungen und die Lehne der Abtei Prüm daselbst auf. Auch in dem Vertrage von 1286 wird es Herlesdorf genannt. ¹) Nieder=Hersdorf gehörte zu keiner Schultheißerei, sondern war eine

---

¹) Eiflia illustr. I. Bd. 2. Abth. S. 982.

besondere Zennerei im Oberamte Prüm. Im Jahre 1777
zählte man daselbst 15 Hausstätten und eben so viele Rauch=
fänge. Mit einem Hause zu Nieder=Hersdorf und andern
dazu gehörigen Gütern wurde 1514 Diedrich von der Are
von der Abtei Prüm belehnt. Dieses Burghaus oder Ritter=
sitz, wie es später genannt wurde, kam durch Heirath an
die von Frankenstein, von Esch, von Kellenbach, von Bentze=
rath und von Gressenich. Letzter besaßen es noch im Jahre
1819. Dieses Burghaus war das Stammhaus eines ad=
ligen Geschlechts von Hersdorf, welches in Urkunden des
15. Jahrhunderts vorkommt. [1]) Auch die Waldecker von
Keimpt trugen Güter zu Hersdorf von der Abtei Prüm zu
Lehn. [2]) Im Jahre 1580 erlaubte Erzbischof Jakob III.
(von Eltz), erster Administrator der Abtei Prüm, dem Ni=
kolas von Ahr, eine Mühle zu Nieder=Hersdorf bauen zu
dürfen. Im Jahre 1597 wurde Hans Karl von Boitzheim
wegen seiner Hausfrau Anna Maria von Ahr, der jüngern
Tochter des Nikolaus, zugleich für seinen Schwager von
Frankenstein, mit dem Hause zu Hersdorf und andern Gü=
tern belehnt. Das Hodelers=Erbe und der Flügelshof zu
Nieder=Hersdorf waren Bauerlehne. Im 17. Jahrhunderte
erwarb der Kanzler Johann Anethan den Flügelshof und
wurde 1652 von dem Erzbischofe Karl Kaspar (von der
Leyen) mit demselben belehnt. Einer seiner Nachkommen,
der Kurtriersche Geheimerath, Johann Jakob von Anethan,
empfing noch 1758 die Belehnung. Die Abtei Prüm besaß
ein Gut zu Nieder=Hersdorf, welches am 21. Nivose XIII.
für 4125 Frs. (1100 Thlr.) versteigert wurde. Die Ge=
meinde besitzt 563 Morgen Holzungen, 21 Morgen Schiffel=

---

[1]) Eiflia illustr. II. Bd. 1. Abth. S. 168, und II. Bd. 2. Abth.
S. 537.

[2]) Ebendas. II. Bd. 2. Abth. S. 357.

und Wildland und 10 Morgen in Wiesen und andern Ländereien, zum Reinertrage von 230 Thalern. Die elf Stockbesitzer hatten die unruhigen Zeiten im Jahre 1796 benutzt und die Gemeinde-Waldungen unter sich getheilt. Die Gemeinde bestritt die Befugniß der Stockbesitzer, und es kam zum Prozeß, der in der ersten Instanz durch ein Urtheil des Königlichen Landgerichts zu Trier vom 15. März 1824 zu Gunsten der Stockbesitzer entschieden wurde. Der Rheinische Appellations-Gerichtshof zu Köln erließ aber am 20. Januar 1831 ein Reformatorium, in Folge dessen die Gemeinde ihren Wald behalten hat. [1]) Nieder-Hersdorf hat eine Kapelle und ist seit Jahrhunderten nach Wetteldorf eingepfarrt. Das Vikariehaus ist im Jahre 1792 erbaut worden.

Ober-Hersdorf liegt östlich von Nieder-Hersdorf auf einer Höhe. Es gehörte zum Arembergschen Hofe Fleringen und ist nach Fleringen eingepfarrt. Gemeinde-Eigenthum ist nicht vorhanden. Die Waldungen sind in den Händen der Stockbesitzer.

Auch der Hof Anzelt, östlich von Ober-Hersdorf, ist nach Fleringen eingepfarrt. Der Hof war aber nicht, wie anderswo [2]) irrthümlich angegeben worden ist, Arembergisch, sondern gehörte zur Schultheißerei Wallersheim. Der Hof lag im Banne der Gemeinde Wallersheim, und der Freiherr von Zandt zu Lissingen trug ihn 1784 zu Lehn. Der von Zandt hatte den Hof durch seine Gattin erworben und wollte solchen zur Reichsritterschaft ziehen, wogegen aber die Abtei Prüm protestirte. Auch Aremberg machte Anspruch auf die Hoheit über den Hof.

Wallersheim liegt eine Meile südöstlich von Prüm,

---

[1]) Läis a. a. O. II. S. 184.
[2]) Eiflia illustr. I. Bd. 1. Abth. S. 204.

südlich von Fleringen. Die Gegend war schon von Rö=
mern bewohnt, wie ein am 10. März 1824 im Distrikte
auf der Mühl aufgefundenes Grabmal beweiset. ¹) Die
Römische Heerstraße von Trier nach Köln führte durch den
Wallersheimer Gemeinde=Wald und ist im Distrikte Vogels=
heck noch ganz gut erhalten. ²) In einer Urkunde des Kai=
sers Lothar vom Jahre 852 wird Wallimaris villa in pago
Caroscow, wo Etmer, der Sohn des Gaugrafen Rotmar,
Güter besaß, erwähnt. ³) In dem Vertrage zwischen dem
Prümschen Abte Walther und Heinrich von Schönecken vom
Jahre 1286, wird auch der Streitigkeiten wegen Walmers=
heim gedacht. ⁴) Cäsarius nennt den Ort Walmersheym
und führt die bedeutenden Güter und Lehne auf, welche
die Abtei Prüm daselbst besaß. Das Weisthum von Wal=
mersheim ohne Jahrzahl (Grimm II. S. 534) weiset die
Rechte des Abts von Prüm als Grund= und Lehnherrn
und des Herrn von Schönecken als Vogtsherrn. Hartard,
Herr zu Schönecken, und seine Hausfrau Margaretha, mach=
ten 1341 Thylken von Hillesheim zu ihren Burgmann auf
Schönecken und belehnten ihn mit dem Hofe zu „Walmers=
heim" u. s. w. Im Jahre 1349 überwies Hartard von
Schönecken seinem Burgmanne Johann Smeych von Lis=
singen 12 Schilde jährlich aus „Täyrmanns=Erbe zu Wal=
mersheim," bis solche mit 120 Gulden eingelöset werden
würden. Im Jahre 1569 wurde Johann Auwach von Witt=
lich von dem Erzstifte Trier unter andern zu einem Schönecker
Burglehne gehörigen Gütern auch mit einem Hofe zu „Wal=
mersheim" belehnt. ⁵) Mit einer Hofstatt bei der Kirche

---

¹) Eiflia illustr. I. Bd. 1. Abth. S. 486.

²) Ebendas. S. 33.

³) Ebendas. 2. Abth. S. 896.

⁴) Ebendas. S. 982.

⁵) Ebendas. II. Bd. 1. Abth. S. 38.

zu Wallersheim, zu welcher 6 Morgen Landes auf der
Achten und 2 Morgen Wiesen im Rhede (oder Rott) ge=
hörten, war eine Bauernfamilie schon im 16. Jahrhunderte
von der Abtei Prüm belehnt. Im Jahre 1757 empfing
Hans Georg Lentges die Belehnung. Wallersheim war
eine Prümsche Schultheißerei, zu welcher außer Wallersheim
noch der Hof Anzelt gerechnet wurde. Im Jahre 1777
war Wallersheim nach Büdesheim eingepfarrt und man
zählte daselbst 38 Hausstätten und 32 Rauchfänge. Im
Jahre 1804 erhielt Wallersheim eine Bischöfliche Pfarrei,
welche aber schon seit dem Jahre 1826 von dem Pfarrer
zu Fleringen längere Zeit administrirt wurde und noch 1853
vacant war. Zu Wallersheim wird ein sehr guter Kalk
gebrochen und gebrannt und auch Eisenerz gegraben. Schon
im Jahre 1510 verließ Erzbischof Jakob II. (von Baden)
den Eisenberg bei Walmersheim für eine jährliche Abgabe
von 13 Centner gereckten Schienen. Wie der Erzbischof
von Trier dazu kam, sich ein Recht des Abts von Prüm
(damals Robert Graf von Virneburg) anzueignen, vermag
ich nicht zu erklären. An einem Hofe zu Wallersheim wa=
ren vier Theile betheiligt, der von Auwach, welcher von
dem Knebel von Catzenelnbogen beerbt wurde, die Kellnerei
Schönecken, das Kloster Prüm und das Kremers=Haus.
Die bedeutenden Schultheißerei=Güter wurden am 18. Ok=
tober 1813 von der Französischen Regierung für 7332 Frs.
(1955 Thlr.) verkauft. Der Fiscus nahm den Steigpreis
in Anspruch und erhob einen Prozeß gegen die Gemeinde.
Die Gemeinde verlor den Prozeß in der ersten Instanz,
gewann ihn aber in der zweiten und dritten. Die Gemeinde
besitzt 1946 Morgen Holzungen, 275 Morgen Schiffel= und
Wildland und 31 Morgen in Wiesen und andern Lände=
reien, zum Reinertrage von 806 Thaler abgeschätzt. Auch
hier wurde wegen der Gemeinde=Waldungen zwischen der

Gemeinde und den Stockbesitzern gekämpft. Die Besitzer von 25½ Stockgütern, unter diesen selbst der Bürgermeister, machten auf das ausschließliche Eigenthum der Waldungen Anspruch und prozessirte deshalb mit der Gemeinde. Die Stockbesitzer erhielten in der ersten Instanz ein günstiges Urtheil, (vom 15. März 1824) welches aber in der zweiten Instanz reformirt wurde. [1] Bei Weissenseiffen ist ein bedeutender Torfstich.

268. Die Bürgermeisterei Winterscheid besteht aus folgenden Ortschaften:

1. **Langenfeld**,						
(Groß-Langenfeld),						
Dorf	mit	24	Wohnh. und		143	Einw.
a. Mühle	"	1	"	"	8	"
2. **Urb**, Weiler, ...	"	12	"	"	65	"
a. Steinebrück, Ge=						
höfte...........	"	2	"	"	17	"
3. **Winterscheid**,						
Dorf	"	26	"	"	170	"
a. Mühle..........	"	1	"	"	7	"
b. Gaspers=Haus...	"	1	"	"	9	"
c. Mützenich, Dorf..	"	17	"	"	81	"
d. Schweiler, Weiler	"	9	"	"	46	"
4. **Winterspelt**,						
Dorf.............	"	44	"	"	222	"
a. Aslert, Haus....	"	1	"	"	6	"
b. Breitenfenn, Haus	"	1	"	"	4	"
c. Eigelscheid, Ge=						
höfte...........	"	5	"	"	45	"
Zu übertragen...	mit	142	Wohnh. und		823	Einw.

---

[1] Läis a. a. O. II. S. 192.

Uebertrag.. mit 142 Wohnh. und 823 Einw.

d. Elcherath, Weiler . „ 8 „ „ 49 „

e. Hemmeres, Weiler „ 7 „ „ 52 „

f. Huscheider=Straße,
   Haus .... „ 1 „ „ 7 „

g. Ihren oder Uehren,
   Dorf.......... „ 13 „ „ 79 „

h. Mühlenweg, Haus „ 1 „ „ — „

i. Walmerath, Weiler „ 8 „ „ 54 „

Zusammen... mit 182 Wohnh. und 1074 Einw.
Im Jahre 1852 betrug die Seelenzahl 1112.

Langenfeld, Groß=Langenfeld, liegt südlich von Bleialf, zwischen der Alf und der Ihren. Es gehörte zur Prüm= schen Schultheißerei Bleialf. Das Rittergut, zu welchem 18 Vogteien, ein Theil des Ritters Zehnten zu Langenfeld und ein Theil des Zehnten zu Mehlen und Steinmehlen gehörten, die Katzenbacher=Erbschaft und die Straufelder= borns oder Strofelderborns=Erbschaft in und um Langen= feld waren Bauernlehne. Im Jahre 1777 waren 17 Haus= stätten und eben so viele Rauchfänge in Langenfeld. Die Gemeinde besitzt 196 Morgen Holzungen, 4 Morgen Schiffel= und Wildland und 3 Morgen Wiesen und andere Lände= reien. Die Stockbesitzer erhoben eine Klage gegen die Ge= meinde wegen des Besitzes der Waldungen. Sie gewannen den Prozeß in der ersten Instanz, verloren ihn aber in der zweiten, und der Gemeinde wurde der Besitz ihrer Wal= dungen bestätigt. [1]) Langenfeld ist nach Bleialf eingepfarrt, hat aber eine Kapelle.

Urb liegt am linken Ufer der Our, westlich von Bleialf. Es gehörte zur Prümschen Schultheißerei Bleialf und war

---

[1]) Läis a. a. O. II. S. 141.

auch dahin eingepfarrt. Im Jahre 1777 zählte man 6 Haus=
stätten und eben so viele Rauchfänge. Die Gemeinde be=
sitzt nur 2 Morgen Schiffel= und Wildland. Urb hat eine
Kapelle und ist jetzt nach Winterspelt eingepfarrt.

Steinebrücke soll seinen Namen von einer Brücke ha=
ben, welche ehemals hier über die Our führte, an deren
linken Ufer die Häuser westlich von Winterscheid liegen.

Winterscheid liegt südwestlich von Bleialf und 2 Mei=
len nordwestlich von Prüm. Es gehörte zur Schultheißerei
Bleialf und ist auch noch jetzt dahin eingepfarrt. Im Jahre
1777 zählte man 16 Hausstätten. Es hat eine Kapelle;
das Frühmesserhaus wird zur Schule benutzt. Das Erbchen,
die Feltges= oder Wiß=Erbschaft und das Wampachs= oder
Schellenbergs=Erbe, waren Bauerlehne. Die Gemeinde be=
sitzt nur 7 Morgen Schiffel= und Wildland und 2 Morgen
Wiesen.

Mützenich liegt nördlich von Bleialf in einiger Entfer=
nung von der nach Aachen führenden Straße. In der Nähe
des Orts hat man im Jahre 1825 die Fundamente eines
Römischen Gebäudes, Ziegeln, Ueberbleibsel von Hypokausten
und bemahlte Wände, mit frisch erhaltenen Farben gefun=
den. Mehrere Häuser in Mützenich sind mit Römischen
Ziegeln gedeckt, die wahrscheinlich von jenen Gebäuden her=
rühren, eben sowie einige Fenstersimse von Stein. Schon
die Endung nich im Namen des Ortes deutet auf Römi=
schen Ursprung. Im Jahre 1777 zählte man hier 12 Haus=
stätten, von welchen 7 zur Prümschen Schultheißerei Bleialf
und 5 zum Kurtrierschen Amte Schönberg gehörten. Alle
12 Häuser waren nach Bleialf eingepfarrt, zu dessen Pfar=
rei der Ort auch noch jetzt mit seiner Kapelle gehört.

Schweiler liegt zwischen Bleialf und Mützenich, nord=
westlich von ersterem Orte. Im Jahre 1777 waren hier

6 Häuser, welche nach Bleialf eingepfarrt waren, wohin der Ort auch noch jetzt gehört.

Winterspelt liegt südwestlich von Groß-Langenfeld. Es war der Hauptort einer Prümschen Schultheißerei, zu welcher außer Winterspelt noch Eigelscheid, Elcherath, Hemmeres, Ihren und Walmerath gehörten. Im Jahre 1777 waren hier 17 Häuser. Die Kapelle war ein Filial von Bleialf und ist jetzt Pfarrkirche. Eigelscheid, Elcherath, Hemmeres, Ihren, Steinenbrück, Urb und Walmerath sind nach Winterspelt eingepfarrt. Im Jahre 1501 auf St. Margarethen-Abend, verpfändete Johann von Vinstingen, Herr zu Falkenstein und Esch, sein Besitzthum zu Winterspelt und Sellerich für 335 Gulden an Diedrich von Sain und dessen Gattin Helena von Virneburg. Die von Boulich trugen Kornrenten und Schaftgeld von der Abtei Prüm zu Lehn. Diese Familie erwarb auch durch Kauf die halbe Erpeldinger und die halbe Vinstinger Vogtei, welche die von Quad von den von Welchenhausen geerbt hatten. [1] Nach dem Erlöschen des Mannsstammes der von Boulich wurde 1731 Rütger Adolph von Wittmann mit den Kornrenten und Schaftgeldern belehnt. Mit den Zehnten zu Winterspelt und Sellerich wurden 1585 Carsilius von Pallandt zu Reuland und Johanna von Mylendunk belehnt. Ottilia von Pallandt, Tochter des Balthasar von Pallandt, schenkte diesen Zehnten nebst der Herrschaft Reuland ihrer Base Maria Magdalena von Sötern, Gemahlin des Vicomte Johann Franz de Berghes. Dieser empfing nun 1677 die Belehnung, sowie sein Sohn Ferdinand 1709, sowie im Jahre 1736 die Schwester des Letzteren, die Gräfin Maria Diana de Berghes. Am 29. Dezember 1772 wurde zu Winterspelt eine Frühmesse gestiftet, zu welcher der Pfarrer zu Wettelndorf, Johann Scheulen, ein Kapital von 400 Thalern schenkte.

---

[1] Eiflia illustr. II. Bd. 2. Abth. S. 117. S. 223.

Während der Französischen Verwaltung erhielt Winterspelt eine eigene Pfarrei, zu welcher jetzt Urb, Steinebrück, Winterspelt, Eigelscheid, Elcherath, Hemmeres, Jhren und Walmerath eingepfarrt sind. Die Gemeinde Winterspelt und ihre Annexen besitzen 229 Morgen Holzungen, 19 Morgen Schiffelland, 13 Morgen in Wiesen und anderen Kulturen zu einem Reinertrage von 86 Thalern. Zu Winterspelt werden jetzt jährlich zwei Kram- und Viehmärkte gehalten.

Eigelscheid liegt südwestlich von Winterspelt. Jm Jahre 1777 hatte es 4 Häuser.

Elcherath liegt nordwestlich von Winterspelt in einiger Entfernung vom linken Ufer der Our. Ob Elcherath das in der Eiflia illustrata I. Bd. 2. Abth. S. 1038 erwähnte Elcherode ist, welches Graf Heinrich von Virneburg im Jahre 1270 dem Grafen von Luxemburg zu Lehn auftrug, lasse ich dahin gestellt sein. Es scheint mir aber wahrscheinlicher, daß es Elcherath ist, als Elchenrath, in der Bürgermeisterei Würselen, im Landkreise Aachen. Elcherath hat eine Kapelle und hatte ehemals eine eigene Pfarrei, die wahrscheinlich zur Lütticher Diözese gehörte. Am 25. April 1574 incorporirte Erzbischof Jakob III. (von Elß) der Pfarrei zu Elcherath den Altar S. Mariae virginis daselbst. Jm Jahre 1777 zählte man zu Elcherath, welches damals schon zur Pfarrei Bleialf gehörte, nur 2 Hausstätten.

Hemmers oder Hemmeres liegt nordwestlich von Winterspelt am linken Ufer der Our. Am 8. Januar 1553 ließ der Triersche Erzbischof Johann VII. (von Schönberg) die Mühle zu „Hinderwiß im Prümschen" verpachten. Am 16. Oktober 1592 wurde die Mühle zu „Himmerweis" nochmals verpachtet. Jm Jahre 1777 waren zu Hemmeres in der Pfarrei Bleialf 3 Hausstätten.

Jhren oder Uehren liegt am Jhrenbache, welcher bei Winterscheid entspringt und bei Steinbrück in das linke Ufer der Our fließt. Jm Jahre 1777 hatte es 6 Hausstätten.

Walmerath liegt zwischen Hemmeres und Groß-Langenfeld, nordwestlich von Winterspelt. Im Jahre 1777 waren
hier 2 Hausstätten.

Aus Sage und Dichtung

Inhalt

Der Pfeil

In dem schönen Frankenlande,
Das so reich an edlem Wein,
Das so reich an Rittern war,
Lebt einst Nithard, tapf'rer Kämpe,
in dem Felsenschlosse, mächtig
Herrschend wie ein König mit
Erkanfrieda, dem Gemahl.

Achtzehn Jahre war'n verflossen,
Seit der heil'gen Ehe Bande
Dieses edle Paar umschlungen;
Und noch war kein Pfand der Liebe
Von dem Himmel ihm gegeben,
Das einst seinen Namen erbe
Und den Ruhm des edlen Stamm's.

Grämte sich der fromme Nithard,
Daß ihm Vaterfreuden fehlten,
Hätt' so gerne oft gewieget
Auf den Knieen einen Sohn,
Der ihm bald entgegen lachte,
Wenn er seine Stimme hörte.

Erkanfrieda'n war'n so öde
Ihres Schlosses präch't'ge Räume;
Nicht der Fluren holdes Grün,
Keiner Quelle leises Murmeln,
Nicht der Vöglein Jubellieder,
Die doch das Gemüt erheben,
Konnt' ihr einsam Herz erfreu'n.
Ja, darinnen war's so öde,
Weinte heiße Thränen immer,

Wenn ihr Nithard in die Fehde
Und die Schlacht gezogen war.

Die Gemächer ihres Schlosses
Waren ihr Gefängnis nur;
Denn was kann das Gold uns bieten,
Wenn Zufriedenheit uns fehlt?
Schwerer ist das Glück zu tragen,
Als das Unglück und der Schmerz.

Doch sich fügend in ihr Schicksal,
Tröstete sie das Gebet;
Das Gebet, der einz'ge Hort,
Der dem Menschen übrig bleibt
In des Lebens Mißgeschicke.
Jahr auf Jahr war hingeflossen
In des Zeitenstromes Wogen;
Schon umwölkt des Alters Abend
Dieses edlen Paares Haupt.
Nur dem Wohlthun war sein Leben
Und der Kirche stets geweiht;
Wo ein Armer sich gefunden
Und ein Kranker schmerzlich litt,
Ihm ward Hilfe zugesendet
Liebevoll und unverdrossen.

Als nun seiner Tage Ende
Nithard mälig nahen sah,
Nagt's an seinem Herzen doppelt,
Keinen Erben zu besitzen.
Warum waren ihm gegeben
Denn der Güter große Zahl?
Da durchfuhr ihn der Gedanke
Wie ein lichter Feuerstrahl:
Seinen Reichthum Gott zu weihen,
Frommen Werken zu bestimmen.

Aber schwer fiel's ihm zu wählen
Unter den so vielen Klöstern,
Die die weite Gegend zählte.
Nahm darob des Priesters Rath,
Was er sollte hier beginnen?
„Nimm", so sprach der fromme Priester,
„Aus dem Köcher einen Pfeil,
Schieß' ihn in die Höhe ab;
Lüfte werden fort ihn tragen
Ueber Berg und Thal und Flur:
Und dem Kloster, dem zunächst
Er zur Erde hingesunken,
Schenke Deinen Reichthum dann."

Nithard freut sich ob des Rathes
Und beschloß darnach zu handeln.
Seinen Vorsatz zu vollbringen,
Kündigte ein großes Fest
Nithard auf dem Schlosse an;
Rief zum Feste seine Freunde
Und der Ritter große Zahl.
Fröhlich ging es her bei'm Mahl.
Heitrer Sang des Troubadour,
Mehrte noch die Fröhlichkeit.

Sieben Tage sollte währen
Das Gelag auf Nithard's Burg.
Holde Frau'n mit schmucken Töchtern
Waren bei des Festes Glanz,
Und so herrlich war's bei'm Tanz!
Wie die jungen Ritter buhlten
Um der Frauen hohe Gunst!
Eifrig dienten ihren Damen,
Aengstlich jeden Wunsch erriethen,
Wie sie tummelten das Roß
In dem Eisentanz so flink!

Herrlich ist es in dem Schutze
Edler Ritter sich zu seh'n:
Sie erhöh'n der Frauen Würde,
Sonnen sich in ihrem Glanz.

Endlich war der Tag erschienen,
Der den Pfeil entsenden sollte;
Herrlich leuchtete der Morgen,
Gold'ne Perlen glitzerten
Auf den Blumen wunderbar;
Aether lag auf ferner Au',
Und der Vöglein frohe Lieder
Tönten aus den grünen Zweigen.

Früh schon war's im Schlosse rege,
Diener waren flink vollauf;
In dem Burgberinge schnobten
Schön geputzt der Ritter Rosse
Frisch dem Morgenwind' entgegen.
In dem hohen Rittersaale
Sammelten die Gäste sich.
Harreten des Nithard Ankunft.
Er erschien. Ein schlicht Gewand
Deckte heute seine Brust.
Friede lag in seinem Antlitz,
Und den Gästen leuchtete
Seiner Augen milder Strahl
Biedern Morgengruß entgegen.

Erkanfrieda, von den Frauen
In den Saal geführt, erschien
In des Weibes Würde ganz.
Liebliches Matronenbild!
Deine Züge engelmild,
Zeugten von der Frömmigkeit,

Die Dein reines Herz beseelt.
Pauken, Zimbeln und Trompeten
Töneten mit lautem Schalle
In der Gäste Jubelruf.

Nithard mit den Rittern stieg
Aus der Burg in's Thal hernieder;
Still und feierlich bewegte
Sich der Zug den Pfad entlang.
Unten lag ein hoher Stein,
Manche Sage lebt davon
In des Volkes Munde fort.
Und an diesem angekommen,
Griff der Ritter nach dem Pfeile,
Und die Gäste harreten
Um ihn her in weitem Kreis.

Aber, wie ein frommer Sinn
Nichts thut ohne ein Gebet,
Sprach der Priester zu dem Kreise:
„Nithard übt ein schönes Werk,
Lassen wir zum Himmel beten,
Daß es auch gelingen mag."
Und die Ritter mit den Frauen
Ließen auf die Knie sich nieder,
Beteten das Urgebet:
„Vater unser, Aller Vater,
Der Du in dem Himmel thronst,
Alles preiset Dich, o Vater,
Was durch dich sein Dasein hat!

Alle müssen Dich erkennen,
Dich als ihren Vater loben.
Unverstand und Laster weiche
Deiner Wahrheit, Deinem Worte!

Alles bete Dich nur an;
Deinen unerforschten Willen
Hilf uns, Vater, jederzeit
Freudig, kindlich, schnell vollbringen,
Wie die liebe Engelschaar,
Die Dir treu=gehorsam ist.
Gib uns heute immerfort,
Brod und Wasser, Dach und Kleid;
Straf' nicht Sünden, die uns reuen,
Weil wir Andern auch vergeben.
Hilf uns alle Laster fliehen,
Alles Unglück willig dulden.
Eile, uns von allem Uebel,
Allem Unglück zu erlösen.
Du, der Alles schafft und schenkt,
Hast den Willen, hast die Macht;
D'rum in deines Sohnes Namen,
Sag' ich, Vater, freudig: Amen!"

Nithard an des Pfeiles Spitze
Heftete ein Document,
Das bekundet seinen Willen;
Stellte sich auf jenen Stein,
Legt' den Pfeil auf seinen Bogen,
Schoß ihn in die Höhe ab.

Noch nicht war des Bogens Knarren
Vor der Ritter Ohr verklungen;
Sieh', da öffnet sich der Himmel,
Wolken sanken schnell hernieder,
Und ein wunderbarer Duft
Füllte bald die Lüfte an.

Himmelstöne, Harmonien
Hörte man aus Regionen,

Wo die heil'gen Geister wohnen.
Engel schwebten in den Wolken,
Fingen auf des Nithard's Pfeil,
Küßten ihm mit Rosenlippen
Und verschwanden in dem Glanze!

Längst schon war das Bild zerronnen,
Aber jene Geistersänge
Tönten noch mit süßem Klang.
Und die Ritter und die Frauen
Waren auf die Knie' gesunken,
Lauschten mit entzücktem Ohre
Hochbeseelt den Engelchören,
Die ihr Herze wunderbar
Füllten mit der Ehrfurcht Schauer.

Wer das hohe Glück genossen
Und den Himmel offen sah,
Kann der noch auf Erden weilen?
Glücklich ist, wem Gott ein Zeichen
Seines nahen Rufs gegeben,
Sterben wird er frohen Muthes,
Sehnend sich nach schön'rem Glück.

Noch kein Jahr war hingegangen,
Tönten schon der Nachtigall
Schwermuthvolle Klagelieder
In den Zweigen der Zypressen
Ueber Nithard's stillem Grabe.

Dieses Grab ist längst verschwunden
Und das Schloß dahingesunken;
Trümmer nur sind noch zu schauen
Statt des prächt'gen Felsennestes;
Niemand ehrt das Angedenken

Dessen, der einst hier gewohnet,
In dem stillen Abendgruße.
Nur der Mond mit bleichem Antlitz,
Wenn er zwischen Wolken lauscht,
Küßt mit seinem matten Scheine
Nithard's heil'ge Grabesstatt.

An den Stufen des Altares
Knieete der fromme Ansbald,
– Fünfter Abt des reichen Klosters –
In der schönen Prümer Kirche.

Durch die hohen Bogenfenster
Fielen gold'ne Sonnenstrahlen
Auf den Altar und die Menge.
In den Strahlen stiegen auf
Weihrauchwolken düsterreich.
Orgeltöne rauschten mächtig
Durch der Kirche weiten Raum,
Und der Christen fromme Sänge
Mischten sich mit jenen Tönen,
Priesen laut des Schöpfers Huld.

Wessen Herz wird nicht gerühret
Ob der hocherhab'nen Handlung
Bei dem heil'gen Messeopfer?
Möchten jene Hochgefühle
Nimmer unserer Brust entweichen!
Schütz' uns, Vater, vor dem Bösen,
Hilf uns, unserm schwachen Herzen
Seinen frommen Sinn erhalten,
Jenen Sinn, für den kein Name
In der Sprache angegeben!

Plötzlich tönt' ein leicht Geräusche,
Wie des Baches leichtes Rieseln,
Wie ein sanfter Wellenschlag;

Leise Sänge, Silbertöne
Schollen aus den Lüften nieder.
Sieh', in holdem Strahlenglanze
Stand ein Engel vor dem Altar,
Einen Pfeil in seiner Hand.
Ehrfurchtsvolle Stille herrschte
In der frommen Christenmenge.

Und der Engel reichte jetzo
Anmuthsvoll dem heil'gen Ansbald
Nithard's Pfeil, das Document,
Beugt' sich vor'm Sanctissimum
Und verschwand wie leichter Rauch.
Ansbald nahm das Document,
Las es vor mit froher Stimme
Der erstaunten Christenschaar;
Orgeltöne rauschten wieder
Durch der Kirche weiten Raum!

Ansbald nahm des Nithard Güter
Für das Kloster in Empfang,
Dieses wurde reich und stark;
Trotzte oft mit seinen Mannen
Mächt'gen Rittern in der Fehde,
Ward gefürchtete Abtei,
Und sein Ruhm drang in die fernsten
Gegenden des deutschen Reichs;
Selbst der Kaiser suchte Frieden,
Den ihm keine Krone beute,
In den stillen Klostermauern.

Im romant'schen Eifelgaue
Wurde bald das Wunder kund;
Christen strömten schaarenweise
Hin nach Prüm, den Pfeil zu schauen.
Den ein Engel überbracht.

Lange ward er, wie ein Kleinod,
In dem Kloster aufbewahrt,
Bis er in den Völkerstürmen
Mit den frommen Klosterbrüdern
Gleicher Zeit verschwunden ist.

Eduard Wolff

Ein Sommermorgen in Prüm

Heller wird's im Osten, immer heller
Und die Dämm'rung weicht;
Schneller kommt der Tag und immer schneller
Seine Kön'gin steigt
An dem fernen Horizont empor,
Sanfte Morgenröthe geht ihr vor.

Sieh, jetzt glüh'n der Berge Spitzen
Schon vor ihrem Schein!
Der schönen Tageskön'gin Strahlen blitzen
Wie kein Edelstein!
Halme, trunken von dem Thaue, steh'n
In Regenbogenfarben wunderschön!

Mit dem ersten Morgensonnenstrahle
Rufen zum Gebet
Vom Berge Morgenglöckchen und im Thale.
Gott wird angefleht,
Daß er Segen mög' verleihen,
Gebe zu dem Tagwerk sein Gedeihen.

Froh zieht der Schnitter jetzt zur Arbeit hin
In das Aehrenfeld,
Wo gold'ne Früchte ihm entgegen glüh'n,
Die Mäher mit den Sensen zieh'n.

Aus grünenden Büschen, frischen Wäldern
Tönt Vögelsang.
Lerchen steigen aus bethauten Feldern
Auf zum Herrn mit Dank;
Und es treibet froh der Hirt die Heerd',
Die brüllend sich der frischen Weide näh'rt.

Ringsum herrschet neues, frohes Leben
In dem ganzen Thal!
Eingeärntet wird vom regen Streben,
Segen ohne Zahl.
O, möchtet ihr auch recht ermessen
Des Gebers Güte, sein' nie vergessen!

H . . . ch.

An die Mineralquelle zu Birresborn

Dir, Quell', am schönsten Heimatfluß,
Dir bring' ich meinen Dichtergruß;
Nimm in ihm hin den schuld'gen Dank
Für Jeden, welcher aus dir trank.

Als Schwestern mehr denn hundert Quell'n
Im Eifelland sich dir gesell'n:
Doch ist an Kraft dir Keine gleich,
Nicht Ein' an Ruhm wie du so reich.

Wie's perlt im Becher, braust und zischt,
Wenn Rebensaft mit dir sich mischt!
Wo wäre wohl der Frankenwein,
Dem solch' ein Feuergeist wohnt' ein?

Und bietest du dich unvermählt,
Bleibst dennoch du mir auserwählt,
Und Königin der Quell'n genannt,
Die brudeln in dem Eifelland.

Sch.

Waxweiler und die Echternachter Springprozession

Im Jahre 728 kam der hl. Willibrord auf seiner Missionsreise durch die Eifel auch nach Waxweiler. Aber statt der Predigt im Gotteshause zu lauschen, feierten die meisten Bewohner vor der Kirche ein heidnisches Fest und waren ganz ausgelassen im Springen und Tanzen. Umsonst mahnte der Gottesbote, von dem schändlichen Tun abzulassen und auf ihren Pfarrer zu hören. Da ward St. Willibrord von heiligem Zorn erfüllt und rief: „Wenn Ihr Vergnügen höher schätzt als Gotteswort, so tanzet denn ohne Unterlaß!" Und siehe, die Frevler mußten gegen ihren Willen weitertanzen und konnten nicht mehr aufhören. Die betrübten Angehörigen der Unglücklichen fielen vor dem Heiligen auf die Knie und baten ihn, die Strafe wieder abzuwenden. St. Willibrord ließ sich rühren, legte den Tanzenden die Hände auf und sprach: „Tanzet nun in heiliger Andacht bis nach Echternach, dort werdet Ihr von Eurer Plage befreit." Sie taten es, und Gott schenkte ihnen wieder den vernünftigen Gebrauch ihrer Glieder. Seit dieser Zeit sollen sich die Waxweiler an der Springprozession beteiligt haben. Die Echternacher ließen ihnen den Vortritt, sobald sie hörten, daß ihr Schutzpatron sie selbst dorthin geschickt hatte.

Eine Steintafel an der Außenwand der Pfarrkirche erinnert noch heute an diese Begebenheit. Sie trägt folgende Inschrift:

„Ursprung der Echternacher Springprozession um das 728.
Hier mahnte vergebens St. Willibrord,
Die Frevler, die tanzten an heiligem Ort,
Zur Straf' ward ihnen der Tanz zur Plag,
Bis sie tanzten zur Buß' in Echternach."

Heinrich Eisenach

Sage von der vergrabenen Glocke

Nach dem 30jährigen Krieg wurde die große Glocke aus Furcht vor Beschlagnahmung von einigen Einwohnern Fleringens an einer bestimmten Stelle im Feld vergraben. Obendrauf wälzten sie einen schweren Felsblock. Von den übrigen Dorfbewohnern kannte niemand das Versteck der Glocke. Diejenigen aber, die von dem Geheimnis wußten, schwiegen und nahmen das Geheimnis mit ins Grab. Nun war guter Rat teuer! Eines Morgens horchten die Bauern auf; denn die kleinere Glocke, die ebenfalls vergraben war und inzwischen wieder ihren alten Platz eingenommen hatte, läutete in einem eigenartigen nie gehörten Ton. Als die Leute verwundert zuhörten, verstanden sie, wie die Glocke rief:

An Urschendäl
do leit mei Jesell
uner nem decke Steen!

Nun lief alles voller Spannung zu der bezeichneten Stelle. Es war so, wie die Glocke verkündigt hatte: Die große Glocke lag unversehrt in ihrem Versteck! In feierlicher Prozession wurde sie an ihre alte Stelle zurückgebracht.

Theo Hallet

Die Sage von Sedan

Wer kennt nicht die 4 Gehöfte in Sedan an der Straße Prüm−Gerolstein? Der eingetragene Name ist Brühlborn. Es gehört zur Gemeinde Weinsheim. Bei Post und Bahn, bei allen Bewohnern der Umgegend ist es aber nur als Sedan bekannt. Ehemals war es nur ein Haus. Dessen Besitzer bediente die Barriere vor dem Hause und erhob den „Straßenpfennig". Wie kam dieses Haus zu dem Namen Sedan? Dieses erste Haus, für die damalige Zeit ein stolzes Gebäude, war eben im Rohbau fertig. Das Richtfest wurde gefeiert. Der Maurermeister stieg auf das Dach und hielt eine Ansprache. Er hatte die Ehre, dem Hause einen Namen zu geben. Voller Stolz, ob seiner gelungenen Arbeit rief er aus: „Seht an! sollst du heißen!" Und was haben die Leute daraus gemacht?

N. Molitor

Die Seveniger Propheten

Ungefähr eine Stunde von Dahnen entfernt liegt das Dörfchen Sevenig. Zwischen beiden ist ein Wald, „Wehrbüsch" genannt, der hauptsächlich Dahner Bauern gehört. Eines Tages macht sich ein lustiges Bäuerlein aus Dahnen, mit Säge und Axt bewaffnet, auf den Weg, im nahegelegenen Wald sein Holz für den kommenden Winter zu schlagen. In eifriger Arbeit wird ein Stämmchen nach dem andern zu Fall gebracht. Ein gewaltiger Baum, der seine kräftigen Äste weit in die anderen Bäume hineinsteckt, kann nicht ohne weiteres umgeschlagen werden. Unser Bäuerlein weiß gleich Rat und Hilfe. Es klettert auf den Baum und will zunächst die schwersten Äste absägen. Um aber seine Arbeit in größtmöglicher Gemütlichkeit erledigen zu können, setzt es sich rittlings auf den Ast, den es sich als erstes Opfer ausersehen hat, und fängt vergnügt an zu sägen. Im gleichen Augenblick kommt ein Seveniger des Weges, der seinen Vetter im nahen Dahnen besuchen will. Der sieht das Bäuerchen in seiner ungeschickten Stellung auf dem abzusägenden Ast und ruft ihm zu: „He, dau, loa oawen, wenns dau no lang su sächst, fäll'ste mat dem Ast raaf!" Der Dahner schaut ganz verwundert und entrüstet auf den unliebsamen Störer, sägt dann aber unentwegt weiter. Auf einmal ein leises Ächzen, ein letzter Stoß mit der Säge, und in buntem Wirrwarr stürzen „Roß und Reiter" zu Boden. Es dauert eine Weile, bis unser Bäuerlein zu sich kommt. Es blickt erstaunt um sich, reibt sich die zerschundenen Glieder und stöhnt: „De Sävenecher senn doch schlau Propheten. Lo hoat dän gewoßt, dat ech raaffällen dät".

Sage von der Muttergottes-Kapelle

Ein Dasburger Bauer fuhr mit dem Gespann nach Dahnen. Als er an den Felsen kam, auf dem heute die Kapelle steht, lag dort eine holzgeschnitzte Marienfigur. Er hob sie auf und brachte sie dem Burgherrn, der sie in der Schloßkapelle aufstellte. Am nächsten Morgen war die Figur verschwunden und lag wieder auf dem Felsen. Dieser Vorgang wiederholte sich mehrmals. Da sahen die Bewohner ein, daß die Muttergottes auf dem Felsen eine Gedächtnisstätte haben wollte, und sie errichteten dort die Kapelle.

Der Blumenheilige

Die Freifrau von Halenfeld in der Eifel ging an einem Sommermorgen traurig durch ihre Herrschaft und fand auf einem Berghang eine kleine Blume von blaßblauer Farbe, die so lieblich duftete, daß sie darüber das Leid um ihr totes Kind vergaß und zur Burg eilte, ihrem Gatten davon zu erzählen. Der ließ, weil sie das Blümlein nicht abpflücken wollte, einen Knappen in Wehr und Waffen daneben stellen, es Tag und Nacht zu schützen. Nicht lange danach wurde die Frau so krank, daß sie zu Bett liegen mußte und trotz guter Pflege gegen Herbst dahinsiechte. Des Knappen, der bei dem Blümlein aushielt, auch als die Stürme tobten und Nachtfröste kamen, gedachte keiner mehr. Als aber nach einem Jahr voll Trauer der Ritter zum erstenmal wieder auf die Jagd zog, und er mit anderen Herren auch über den Berghang ritt, standen sie plötzlich vor einem zartblauen Blumenhügel, dessen Duft die Luft weithin so erfüllte, daß die Pferde freudig aufwieherten, die Reiter absprangen und sich zu dem Hügel neigten. Da erblickten sie unter ihm mit bleichem Gesicht einen toten Knappen in Wehr und Waffen, der die Hände über dem Brustpanzer faltete, als betete er. Nun erinnerte sich Herr von Halenfeld der Blume seiner Gattin und des Knappen, den er zu ihrem Schutz bestellte. Weil ihn der Treue wegen die blaue Blume so wundervoll eingesponnen hatte, der Ritter seine Vergeßlichkeit auch sühnen wollte, baute er neben dem seltsamen Hügel ein Kapellchen, in dem er dem Knappen ein schönes Begräbnis bereitete. Alljährlich aber wanderten die Bauern der Umgebung herzu und beteten an dem Grabe für den Blumenheiligen, wie sie den Knappen fortan nannten.

Theodor Seidenfaden

Die Kirchenerweiterung

Die Kirche der Dahner war zu klein geworden. Viele Gläubige mußten beim sonntäglichen Gottesdienst vor der Tür stehen. Der Zustand konnte nicht bleiben. In gemeinsamer Sitzung berieten die Männer der Gemeinde, wie dem Übelstande abgeholfen werden könnte. Hin und her ging die Debatte, bis schließlich Bonz, der Überkluge, einen bedeutungsvollen Vorschlag machte: „Wir müssen die Wände auseinanderdrücken und, damit sie besser rollen, breiten wir außen Tücher auf den Boden und streuen Erbsen darauf". Lauter Beifall belohnte diesen schlauen Einfall, und man schritt allsogleich zur Ausführung.

Bettücher werden ausgebreitet und mit Erbsen bestreut. In der Kirche stellen sich alle männlichen Gemeindemitglieder mit dem Rücken gegen die Wand. Der Ortsvorsteher in der Mitte kommandiert: „Deut ihr Jongen!" Und aus Leibeskräften stemmen sich alle gegen die Wände, keuchend und pustend. Nach einigen Druckversuchen geht der Ortsvorsteher sich von dem Fortschritt überzeugen:

„Jongen et mecht sech!"

Das begeistert zu neuen Anstrengungen. Mittlerweile kommt Eulenspiegel des Weges. Der sieht die Tücher mit den gelben Erbsen da liegen, betrachtet sie als willkommene Beute, schlägt sie mit Inhalt zusammen, schwingt sie auf den Rücken und verschwindet auf Nebenpfaden aus dem Dorfe.

Nach zehn Minuten hält der Ortsvorsteher noch einmal Ausschau, glaubt, die Mauern seien über die Erbsen hinweggerollt und schreit jubelnd in die Kirche: „Jongen, et hoat sech gemaacht". Und seit der Zeit war das Heiligtum der Dahner groß genug.

Das Licht im Schulsaal

Die Dahner brauchen ein neue Schule. Mit vereinten Kräften wird der Bau hingestellt. Aber nach Vollendung stellt man mit Entsetzen fest, daß die Fenster vergessen sind. Was tun? Die klugen Gemeindeschöffen wissen bald Rat.

„Wir tragen das Licht in die Schule!"

Die Ortsschelle verkündet: „Alle Männer versammeln sich morgen früh mit Säcken und Schaufeln bei der neuen Schule."

Und am nächsten Tage beginnt eine eifrige Tätigkeit. Je zwei Männer halten einen Sack auf und zwei weitere schaufeln Licht hinein. Die gefüllten Säcke werden in den Schulsaal getragen und dort ausgeschüttet. Zweckloses Beginnen! Der Saal will nicht hell werden.

„Die Arbeit geht zu langsam", meint einer, „wir müssen ein Loch in die Wand hauen und das Licht sofort hineinschüppen." Gesagt, getan! Man schlägt eine Öffnung in die Vorderwand, schaufelt mit vereinter Kraft hinein, und siehe da! der Schulsaal wird hell.

Die Weihnachtsglocken von Bleialf

Eine Stunde von Halenfeld, am Fuße der Schneifel, findet sich eine Ruine, welche den Namen Mombach trägt. Hier wohnte vor Zeiten der Junker Mombach. Derselbe wollte in der hl. Christnacht nach Bleialf mit seiner Gattin, wie er das gewohnt war, gehen. In der finsteren Nacht verfehlten beide den Weg und irrten lange in dem bewaldeten und gefahrvollen Gebirge umher. Schon hatten sie die Hoffnung aufgegeben, aus der Wildnis auf den rechten Weg zu kommen. Da vernahmen sie Glockengeläute und hielten auf dasselbe zu. So gelangten sie bald zum ersehnten Ziele. Zum Danke für die Rettung machte Junker Mombach eine Stiftung, daß in der hl. Christnacht die Glocken immer eine Stunde vor Mitternacht geläutet werden sollen.

Das Blutkreuz

In der Nähe des über 630 m hohen Apert, etwa 3 km südöstlich von Büdesheim, steht einsam ein hohes Steinkreuz. Versteckt steht es im Walde. Ein Künstler hat es vor vielen, vielen Jahren gemeißelt und dort aufgestellt. Von diesem Kreuz weiß der Volksmund zu erzählen:

Einst war ein Jägersmann selbst am Sonntage zur Jagd gegangen. Mit großer Leidenschaft ging er dem Waidwerk nach. Wie er so im Walde herumpirschte, scheuchte er ein scheues Reh auf. Flink sprang dieses hinter das Kreuz und suchte Schutz. Mehrere Male legte der Jäger auf das scheue Reh an, verfehlte aber stets den Schuß. Unwirsch drückte er nun ein letztes Mal ab, direkt auf das Kreuz zielend. Siehe da! – jetzt tropfte rotes Blut aus dem harten Steine. Entsetzt wandte sich der Jäger ab. Er vergaß Reh und Jagd und verließ hastend den ihm unheimlich gewordenen Ort. Zu Hause angekommen, fiel er tot zu Boden. Ein Schlag hatte seinem Leben ein Ende gesetzt. Der Herr hatte den gottlosen Waidmann gestraft.

Noch nach vielen Jahren waren die Blutspuren auf dem Steine zu sehen. Leute mit scharfen Augen wollen sie noch heute feststellen können. Man sagt, bis auf den heutigen Tag jage der Jäger mit seinen beiden Hunden um die Mitternacht um das Kreuz. Seine Seele könne keine Ruhe finden. Im Volke heißt die Stelle bis zu dieser Zeit „Am Blutkreuz".

Nacherzählt: Blankenheim

Das Kreuz in der Hill

Es war zur Zeit der französischen Revolution. Jakob Brechels hatte im Walde gearbeitet. Er ging heim, die Axt trug er bei sich. Im Hohlweg begegnete ihm ein berittener französischer Offizier. Kaum hatte dieser den Jakob Brechels erblickt, als er schon sein Gewehr hochriß und den Landwirt mit einem Schuß tötete. Er gab nach der Tat an, aus Notwehr gehandelt zu haben. Er hätte sich durch die Axt persönlich bedroht gefühlt. Man klärte ihn auf. Er sah sein Unrecht sofort ein und gab das Geld zur Errichtung eines Kreuzes. Auf der Stelle, wo Jakob Brechels den Tod gefunden hatte, errichteten die Angehörigen das „Kreuz in der Hill".

Sage vom Kettenkreuz

Ein Schlausenbacher Mädchen „Kätt" rühmte sich seiner Unerschrockenheit. Es wollte um Mitternacht allein in den dunklen Wald gehen, wenn es seine Katze mitnehmen dürfte. Einige Burschen nahmen es beim Wort. Das Mädchen ging. Die Jungen hatten sich vorher nahe bei der verabredeten Stelle versteckt. Als das Mädchen kam, sprangen sie auf und riefen: „Hättest de nit bei Dir de Kitz un de Katz, däten mer Dich zerreißen in de Fitz un de Fatz." Das Mädchen erschrak, lief eiligst nach Hause und brach in der Wohnung tot zusammen. Zur Erinnerung wurde das Kettenkreuz (Kättenkreuz) errichtet.

Sage vom Eigelbach

Auf dem zwischen Birresborn und Kopp gelegenen Hofe Eigelbach lebte in der Vorzeit ein reicher Graf. Der Vikar in Birresborn durfte sogar den Gottesdienst nicht eher beginnen, bis man die „Bellen" (Schellen) am Wagen des Grafen, der auf dem noch heute so genannten „Kutschenwege" herangefahren kam, in Birresborn vernahm. Der Graf starb in der Blüte seiner Jahre, und Weltliche und Geistliche beeilten sich, die Gräfin zu trösten. Das stolze Weib aber entgegnete, sie bedürfe solchen Trostes nicht, ihr Geld und Gut sei ihr Trost, wenn auch Gott und die ganze Welt gegen sie seien, so könne sie nicht zugrunde gehen. Aber bald kam Unglück über Unglück über die Stolze. Ihre Geldsäcke leerten sich, ihre Scheunen wurden zu groß. Ein Grundstück nach dem anderen wurde verkauft, und am Ende wurde sie von ihren Gläubigern aus der Burg vertrieben. Sie kam endlich soweit, daß sie bei denen ihr Brot betteln mußte, auf welche sie früher nur mit Verachtung herabgesehen. Ja, sie mußte sogar ihren Bettelsack erbetteln.

Der Schuster
und die Haut des Gerbers

Die Not ist ein Gast, der leise kommt. So vorsichtig wie der laue Wind, der die Schwüle vor einem Gewitter stört – das ist heute noch genauso wie damals vor zweihundert Jahren. Der Schuster Mathias Hecht aus Prüm hörte die leisen Schritte der Frau Not nicht, als sie seine Werkstatt betrat – vielleicht war das Geschrei seiner acht Kinder schuld daran. Erst als er die Kammer aufschloß, in der seine Ledervorräte lagerten, bemerkte er, wer bei ihm zu Gast war, denn nirgends fand er noch ein Stück Leder. In jedem Winkel saß Frau Not, schweigsam und beharrlich.

Der Hunger der Kinder war jeden Morgen neu, als hätten sie ihn gerade erst beim Krähen des Hahnes entdeckt, und Mathias Hecht ging von einem Gerber in Prüm zum anderen, aber keiner wollte ihm Leder borgen, und ohne Leder gab es keine Schuhe, ohne Schuhe kein Geld, und übrig blieben die Not und der Hunger.

Zwei Gassen weiter wohnte der reiche Gerber Heinrich Jeeps. In der Nacht vom 16. auf den 17. August wälzte ihn ein Traum hin und her. Er sah sich sterben, er spürte, wie der Teufel ihn an den Zehen faßte und hinter sich her durch den heißen Hohlweg in die Hölle schleifte. Plötzlich wurden seine Hände gepackt, und eine Stimme schrie: „Rette deine Haut! Du mußt bald sterben! Nur wenn der Teufel dein Fell nicht bekommt, dann wird deine Seele erlöst!" Schweißgebadet wachte Heinrich Jeeps auf, zitternd griff er nach der Wasserkaraffe und trank in gierigen Zügen.

Die Bilder des Traums blieben den ganzen Vormittag, sie trieben dem reichen Mann die Schweißperlen auf die Stirn. Dann, gegen elf Uhr, betrat der Schuster Mathias die Gerberei.

„Was willst du?" fuhr Heinrich Jeeps auf, denn er haßte arme Leute.

Mit gesenktem Kopf bat der Schuster um etwas Leder, er würde alles mit Zinsen zurückzahlen.

Im ersten Moment wollte der reiche Jeeps den schmächtigen Schuster hinauswerfen, doch dann besann er sich. „Hör zu, ich helf dir, wenn du mir versprichst, das zu tun, was ich dir auftrage."

Mathias Hecht wollte alles versprechen, wenn er nur seinen Kindern wieder Brot kaufen könnte.

„Überleg es dir gut!" ermahnte ihn der Gerber. „Es wird schwer werden."

„Ich schaff es schon", drängte der Schuster. „Gib mir das Leder, dann schaff' ich es bestimmt."

Heinrich Jeeps stand auf, ergriff den Schuster an der Schulter und sagte mit heiserer Stimme: „Ich muß bald sterben. Ja, ich fühle es schon in allen Gliedern. Nach meinem Tod sollst du drei Nächte an meinem Grab wachen. Hörst du, drei Nächte mußt du meine Haut bewachen. Der Satan darf sie nicht bekommen."

Der Schuster schluckte erschrocken. Aber Heinrich Jeeps fuhr fort: „Gelingt dir das, dann hast du deine Schuld bezahlt."

Mathias Hecht dachte an die hungrigen Augen seiner Kinder. „Ich mach's. Deine Haut werde ich hüten, als sei es meine eigene."

Die beiden Männer, der dickbauchige Gerber und der kleine hagere Schuster, besiegelten das Geschäft mit einem Händedruck.

Und Mathias Hecht lud schön weichgegerbte und glatte Felle auf seine Schultern und schleppte sie in die Werkstatt. Dreimal machte er den Weg. In seiner Vorratskammer war von nun an kein Platz mehr für Frau Not.

Dann, schon nach einem Monat, wurde der Gerber

krank. Auf den Gassen erzählten die Menschen, daß es bald mit ihm zu Ende ginge. Mathias Hecht war kein mutiger Mann, und er betete für den Kranken. Doch nach drei Tagen standen die Türen des Heinrich Jeeps weit offen, und alte, schwarzvermummte Weiber gingen ins Totenzimmer und klagten an der Bahre des Verstorbenen.

Jetzt erst erzählte der Schuster seiner Frau und den Freunden von seinem Versprechen, das er dem Toten gegeben hatte. „Was soll ich nur machen?" Sein Nachbar lachte. „Niemand weiß von der Abmachung. Bleib zu Hause und laß dem Teufel die Seele. Er soll besser die holen als unsere!"

Doch die Frau des Schusters wehrte ab: „Nein, Mathias. Der Gerber hat unserern Kindern das Leben gerettet. Jetzt mußt du seine Seele retten. Geh und frag den Pastor."

Mit schwerem Herzen zog Mathias Hecht seine Sonntagsjacke an und ging zum Pfarrhaus und erzählte alles. Der Pastor von Prüm war ein breitschultriger Mann, mit buschigen Brauen und feuerroten, gekrausten Haaren. Seine großen Hände lagen auf der Bibel. „Mathias", sagte er, „wenn du's versprochen hast, mußt du auch in den drei Nächten zum Grab hingehen."

Der Pastor sah, wie die Angst den schmächtigen Schuster schüttelte. Da fuhr er mit blitzenden Augen fort: „Aber ich helf dir. Das Fenster der Sakristei geht zum Kirchhof hinaus. Da werd ich wachen und dir beistehen." Jetzt ballte der fromme Mann die Fäuste. „Und mit Gottes Hilfe werden wir dem Satan die Seele abjagen!"

Am Abend vor der ersten Nacht so gegen zehn Uhr ging der Schuster zum Pastor, und gemeinsam betraten sie den Kirchhof. Mathias Hecht trug die Blendlaterne,

der fromme Mann hielt in der rechten Hand ein Kreuz,
in der linken trug er Weihrauch und gesegnetes Wasser.

Nieselnde Nebelschwaden strichen über die behaue-
nen Steine. Die frisch aufgeworfene Erde am Grab des
Gerbers roch modrig, und der Schuster wünschte sich
nach Hause zurück in die warme Stube.

Doch der Pastor sagte mit fester Stimme: „Mathias,
stell dich ganz dicht ans Grab!"

Zögernd gehorchte der Schuster. Dann sah er, wie
der rothaarige Pastor mit dem Schaft des Kreuzes einen
Kreis um ihn und den frisch aufgeworfenen Erdhügel
zog, den Kreis mit Weihwasser besprenkelte, Weihrauch verbrannte und schließlich den Bannkreis segne-
te.

„Gib mir die Laterne und verlaß dich auf die Kraft
der Jungfrau Maria." Damit ließ der Pastor den Schuster in der Finsternis allein, eilte in die Sakristei und
öffnete das Fenster zum Kirchhof hinaus. Das Kreuz
umklammerte er mit beiden Händen.

Stunden vergingen. Mathias Hecht fror, die Nebel-
nässe kroch in seine Kleider. Kurz nach Mitternacht
schreckte er auf. Zwei Krähen setzten sich kreischend
auf den Stein des Nachbargrabes. Dann hörte er Pfer-
degetrampel. Es kam immer näher, jetzt quitschten die
Räder, und plötzlich sah Mathias vier Pferde, vor einem riesigen Heuwagen gespannt, über den Friedhof
galoppieren. Sie hielten direkt auf ihn zu!

„Heilige Jungfrau, hilf!" In seiner Angst warf sich
der kleine Schuster auf den Grabhügel, die Hände
krallte er in die modrige Erde.

Aus den Nüstern der Pferde schlugen Feuerlohen,
die glühenden Hufe stampften zischend und funken-
sprühend über die Gräber, immer näher und näher.
Jetzt konnte Mathias bereits die weißen Augäpfel der

Hengste sehen. Da bäumten sich die vier Pferde gleichzeitig auf, acht rotglühende Hufe wirbelten über ihn, verharrten plötzlich und sanken langsam zur Erde. Genau vor dem Bannkreis stand das unheimliche Gespann.

Vom Sakristeifenster dröhnte ein Ave Maria herüber. Zitternd richtete sich der Schuster auf. Er rieb sich die Augen, dann schüttelte er ungläubig den Kopf: Die Stelle, an der gerade noch das teuflische Gespann gestanden hatte, war leer. Jetzt flogen auch die beiden Krähen krächzend auf und verschwanden im Nebel. Zurück blieb der beißende Geruch von versengtem Fell.

„Mathias!" rief der Pastor mit fester Stimme über den Kirchhof. „Rühr dich nicht von der Stelle! Wir werden den Satan besiegen." So verging die erste Nacht.

Am Abend des nächsten Tages setzte sich Mathias wieder in den gesegneten Kreis. Der Pastor bezog seinen Posten am Sakristeifenster, und schweigend warteten sie auf die erste Stunde nach Mitternacht.

Doch nichts geschah. Nur das Blut rauschte dem ängstlichen Schuster in den Ohren, sonst war kein Laut in der Grabesstille zu hören. Plötzlich knackte ein Zweig. Mathias wagte den Kopf nicht zu bewegen. Da! Wieder brach ein Zweig, irgendwo hinter ihm.

Dann lachte eine dunkle Stimme in seinem Rücken, regungslos blieb der schmächtige Mathias sitzen.

„Na, du kleiner armer Schuster?!" Irgendwo hatte er diese Stimme schon einmal gehört, Mathias hielt den Atem an.

„Du Hungerleider. Dreh dich um! Wir sind doch alte Freunde. Na, los!" Diese Stimme! Ganz langsam wandte der Schuster den Kopf. Hinter ihm stand ein dickbauchiger Mann, die Blendlaterne hielt er in der linken Hand. „Na, kennst du mich? Kennst du mich noch?" Mit einem Ruck hob der Mann die Laterne, und der Schein fiel auf sein Gesicht.

Mathias sprang auf. Vor ihm stand der reiche Gerber Heinrich Jeeps. „Du . . . du bist gar nicht tot?" stotterte er.

„Ach was!" lachte der Gerber. „Ich wollte dich nur prüfen!" Damit zog er einen Beutel aus der Tasche. „So, und nun will ich dich für deine Ehrlichkeit belohnen. Hier sind hundert Taler. Nun komm aus diesem lästigen Kreis heraus und wir gehen nach Hause."

Mathias schluckte. Hundert Taler, die bedeuteten neue Kleider für acht Kinder, Wolljacken und Mützen! Mehr noch. Mit hundert Talern könnte seine Familie drei jahre sorglos leben, mit hundert Talern war er, Mathias Hecht, ein reicher Mann.

Der Gerber schaukelte den Beutel hin und her. Hell klimperten die Münzen, und der Schuster machte den ersten Schritt auf den dickbauchigen Mann zu.

Da donnerte die Stimme des Pastors über den Kirchhof: „Willst du wohl stehen bleiben!! Rühr dich nicht, du einfältiger Kerl!!"

„Hör nicht auf den Pfaff! Komm her!" zischte der Gerber. „Hier warten hundert Taler! Na los, beweg dich!"

Mathias starrte auf den Geldbeutel, dann wieder zur Sakristei herüber. Jetzt schmetterte der rothaarige Pastor ein Ave Maria, das Gebet hallte an der Kirchhofmauer wider. Sofort verzerrte sich das Gesicht der großen Gestalt. Die Blendlaterne fiel auf die Erde. „Verdammte Pfaffenpest!" Der dickbauchige Mann hob den linken Fuß. Für einen Moment erblickte der Schuster den Teufelshuf, dann zersplitterte die Laterne, und mit einem Fluch schwand der Satan in der Nachtfinsternis.

Benommen wischte sich Mathias den Schweiß von der Stirn und bekreuzigte sich zweimal.

Am Abend vor der dritten Wache gab der rothaarige Pastor dem Schuster einen Stock, an dessen Ende ein großer Haken befestigt war. „Heute nacht gilt's", knurrte der fromme Mann. „Heute nacht muß der Satan die Haut holen, sonst hat er die Seele verloren." Er beschwor Mathias, nie den gesegneten Kreis zu verlassen. „Wenn du es doch tust, dann war alles vergebens."

Mathias Hecht setzte sich auf den Grabhügel, den Haken hielt er mit beiden Händen wie eine aufgestellte Lanze. Vom Kirchturm schlug es Mitternacht. Die Sterne glitzerten hell am Himmel, kein Windhauch berührte die Blätter der Bäume und Büsche.

Kaum war der letzte Glockenschlag verklungen, als sich ein Rabe auf den Stein des Nachbargrabes setzte. Er schlug mit den Flügeln, dann stieß er einen schrillen Schrei aus. Mathias zuckte zusammen, gerade wollte er mit dem Haken nach dem Vogel schlagen, als er erstarrt in der Bewegung innehielt. Die Sterne waren nicht mehr zu sehen, und ein flügelschlagendes Heer großer schwarzer Raben stürzte auf den Kirchhof nieder. In wenigen Augenblicken umlagerten die riesigen Vögel dichtgedrängt den gesegneten Kreis und wetzten die gelben Schnäbel. Mathias fror vor Angst. Er war aufgestanden. Die Vögel reichten ihm bis zur Hüfte, die scharfen Schnäbel waren so groß wie versteinerte Eidechsen.

Jetzt rauschte es in der Luft, und der Schuster riß den Kopf zurück. Ein mächtiger schwarzer Vogel landete direkt vor dem geweihten Kreis. Er überragte das Rabenheer fast um das Doppelte. Sein Schnabel war groß und gebogen wie eine gelbe Sichel. Einen Atemzug lang starrten die kalten Augen Mathias an, dann öffnete sich die scharfe Sichel: „Graabt! Graabt!"

Sofort schlugen gut hundert gelbe Schnäbel in den Boden. Die Krallen warfen die gelockerte Erde nach hinten, immer wieder, immer tiefer.

„Graabt! Graabt!" Das Ungeheuer trieb das Rabenheer mit krächzender Stimme an. Der Schuster sah hilflos zu, wie der Graben um den geweihten Kreis immer tiefer wurde. Bald konnte er auf die hackenden Schnäbel hinuntersehen. Und dann – dann rissen die Vögel eine Höhle in die Erde unter dem Grab!

Mit einem Stöhnen beobachtete Mathias, wie die Raben den Sarg des Heinrich Jeeps aus dem Loch herauszerrten. Der schmächtige Mann schrie: „Sie holen den Gerber! Sie holen ihn!"

Der Pastor rief vom Sakristeifenster: „Halt aus! Schuster, halt aus!" Dann betete der fromme Mann mit lauter und fester Stimme.

Doch umsonst. Der riesige Anführer flatterte auf den Sarg, hob den Kopf, und wie ein Beil schlug er die Schnabelsichel ins Holz. Die hellen Späne flogen, und nach wenigen Atemzügen splitterte der Sargdeckel – und da lag die Leiche, frei und ungeschützt.

Mit einem Schnitt zertrennten die scharfen Krallen das Leichenhemd. Die Raben hockten immer zwei aufeinander und sahen ihrem Herren mit gierigen Augen zu. Wie ein geübtes Gerbermesser schlitzte der gebogene Schnabel die Haut des Toten auf, vom linken Ohr bis hinunter zur linken Ferse. Dann setzte er die Krallen an und häutete die Leiche. Entsetzt schloß der kleine Schuster die Augen und wimmerte. „Jetzt hat er das Fell. O, Jungfrau! Jetzt hat er das Fell."

„Nimm den Haken! Rette die Haut der armen Seele!" schrie der Pastor über den Friedhof. Mathias riß die Augen wieder auf. Da – da unten lag die Leiche und die Haut mitsamt den Haaren daneben. mit beiden Händen packte der Schuster den Stock und schlug den

Haken mit aller Kraft in die Haut. Krächzend fuhr der Kopf des Riesenvogels herum. Mathias zerrte den Haken mitsamt der Haut zu sich heran. Im selben Moment stürzten sich gleich zwanzig Raben auf das Fell des Gerbers. Kreischend und zischend krallten sie sich in die Haut und flogen auf. Doch der Mathias war schneller. Mit einem kräftigen Ruck riß er die Haut in den geweihten Kreis zurück. Sofort fiel eine tödliche Stille über den Kirchhof. Die Raben und der teuflische Anführer starrten auf den kleinen Schuster.

Da schlug es vom Kirchturm ein Uhr. Mit dem dumpfen Schlag verschwanden alle Raben – zurück blieb der Gestank von Schwefel und Fäulnis.

Jetzt jubelte der rothaarige Pastor vom Sakristeifenster herüber. „Mathias Hecht! Heute nacht hast du mehr verdient als alles Geld auf der Welt. Du hast eine arme Seele gerettet!"

Doch das hörte der tapfere Schuster nicht mehr. Er lag in tiefer Ohnmacht, die Haut des Gerbers noch am Haken.

Tilman Röhrig

Die Landräte des Kreises Prüm

Seit Beginn der preußischen Verwaltung haben dem Kreise Prüm vorgestanden:

1	Kreisdirektor Cattrein (auftragsweise)	1816–1817
2	landrätl. Kommissar Rosbach (auftragweise)	1817
3	Kreiskommissar Fürer	1817–1819
4	Landrat Bärsch	1819–1834
5	Landrat Rumschöttel (auftragsweise)	1834–1835
6	Landrat Moritz	1835–1850
7	Landrat v. Holleufer (auftragsweise)	1850–1851
8	Landrat Sprenger (auftragsweise)	1851
9	Landrat Bornye	1851–1858
10	Landrat Timme (auftragsweise)	1858–1859
11	Landrat Graef	1859–1873
12	Landrat Strom	1873–1876
13	Landrat Schommer (auftragsweise	1876
14	Landrat v. Harlem	1876–1882
15	Landrat v. Dewitz	1882–1886
16	Landrat Brasch	1886–1890
17	Landrat Dombois	1890–1900
18	Landrat Graf Galen	1900–1903
19	Landrat Dr. Lancelle	1903–1907
20	Landrat Dr. Burggraef	1908–1925
21	Landrat Dr. Schlemmer	1925–1945
22	Landrat Thomé (auftragweise)	1945–1946
23	Landrat Dr. Schäfgen	1946–1947
24	Landrat Roßmann (auftragweise)	1947–1948
25	Landrat Rüdel	1948–1952
26	Landrat Dr. Leidinger	1952–1959
27	Landrat Boden	1959–1964
28	Landrat Becker	1964–1971

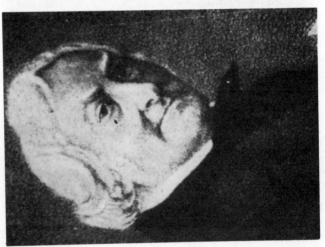

Abb. 1
Landrat Baersch
(1819–1834)

Abb. 2
Landrat von Harlem
(1876–1882)

Abb. 3
Landrat von Dewitz
(1882—1886)

Abb. 4
Landrat Dombois
(1890—1900)

Abb. 5
Landrat Graf von Galen
(1900–1903)

Abb. 6
Landrat Dr. Lancelle
(1903–1907)

Abb. 7
Landrat Dr. Burggraef
(1908–1925)

Abb. 8
Landrat Dr. Schlemmer
(1925–1945)

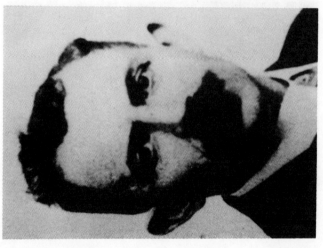

Abb. 9
Landrat Thome
(auftragsweise)
(1945–1946)

Abb. 10
Landrat Dr. Schäfgen
(1946–1947)

Abb. 11
Landrat Roßmann
(auftragweise)
(1947–1948)

Abb. 12
Landrat Rüdel
(1948–1952)

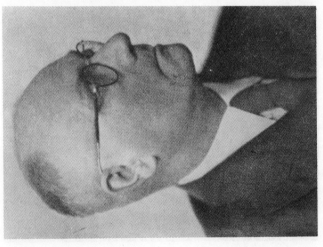

Abb. 13
Landrat Dr. Leidinger
(1952–1959)

Abb. 14
Landrat Boden
(1959–1964)

Abb. 15
Landrat Becker
(1964–1971)

49

Ortsverzeichnis

(zum Teil in alter Schreibweise)

Quellenverzeichnis

Bildquellen:
Sämtliche Aufnahmen stammen aus der privaten Sammlung von Franz Josef Faas.

Literaturverzeichnis:
T. Redagne: „Unser Kreis Prüm", Prüm 1952.
J. H. Schmitz: „Sagen des Eifellandes nebst mehreren darauf bezüglichen Dichtungen", Trier 1847.
P. Zirbes: „Eifelsagen und Gedichte", Koblenz 1902.
„Heimatkunde", Beilage der „Eifeler Volkszeitung", Prüm 1924.
A. Antz: „Rheinlandsagen", Wittlich 1950.
„Jahrbuch des Kreises Prüm", Prüm 1960/1971.

Abb. 1
Prüm 1783, Kopf eines Meisterbriefes

Abb. 2
Blick von Niederprüm nach Prüm, links bischöfliches Konvikt, halbrechts ehemalige Klosterkirche

Abb. 3
Ein Markttag in Prüm (Hahnplatz)

PRÜM
Kgl. Seminar

Abb. 4
Nordwestecke der Abtei Prüm vor der Fertigstellung

Abb. 5
Prüm – Blick auf die ehemalige Klosterkirche, davor das ehemals
kurtrierische Amtshaus, später Zeughaus, 1937 abgerissen

Abb. 6
Prüm – Eingang zur Kirche mit den Figuren König Pippins und Kaiser
Karls des Großen

Abb. 7
Prüm – Linkes Seitenschiff mit Kanzel

Abb. 8
Prüm – Inneres der Salvatorkirche

Abb. 9
Prüm – Hahnstraße mit Kreissparkasse, erbaut 1937

Abb. 10

Prüm – Hahnstraße mit ehemaligem Rathaus und Hotel „Zum Goldenen Stern"

Abb. 11
Prüm – Hillstraße

Abb. 12
Prüm – Spiegelstraße

Abb. 13
Prüm – Eingang zur Pfann- und Bachstraße

St. Josephskloster in Prüm.

Abb. 14
Prüm – Das St. Josephskloster in der Tiergartenstraße

Bischöfliches Konvikt Prüm

Abb. 15
Prüm – Das bischöfliche Konvikt und die Landwirtschaftsschule

Abb. 16
Prüm – Die Oberbergstraße mit Bauten aus der Zeit des Bauhausstils

Abb. 17
Prüm – Hahnstraße, vorn das erste Prümer Auto

Abb. 18
Bahnhof Prüm

Abb. 19
Prüm – Kaufhaus Hansen in der Hillstraße

Abb. 20
Prüm – Kutsche vor dem Hotel „Stern"

Abb. 21
Prüm – Die Polizei um 1890

Abb. 22
Prüm – Das Lehrerkollegium des Gymnasiums 1905

Abb. 23
Festschmuck „1200 Jahre Abtei Prüm"

Abb. 24
Prüm – Denkmal für Landrat Bärsch, errichtet vom Eifelverein 1929

Abb. 25
Ledererzeugung in Prüm: Die Häute werden umgelegt

Abb. 26
Töpfermarkt in Prüm

Abb. 27
Prüm – Turn- und Sportfest des Gymnasiums 1924

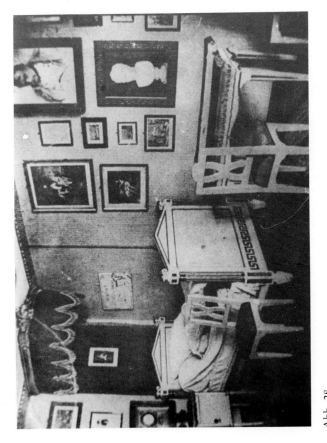

Abb. 28
Prüm – Napoleonzimmer im „Hotel Gebaur"

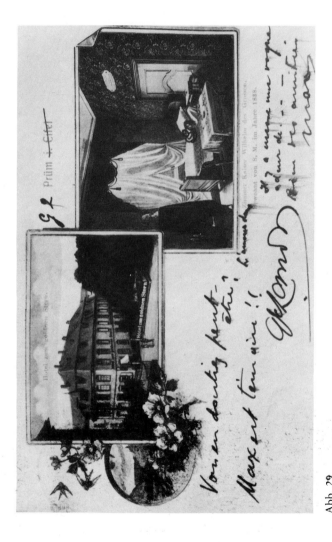

Abb. 29
Prüm – Kaiserzimmer im Hotel „Zum Goldenen Stern"

Abb. 30
Prüm – Kaiser Wilhelm II. 1911 auf dem Klosterhof

Abb. 31
Der Kronprinz von Sachsen in Prüm, in der Mitte Landrat Burggraef

Abb. 32
Hoher Besuch 1914

Abb. 33
Prüm – Festlich gekleidet

Abb. 34
Prüm – Der Johannisbrunnen

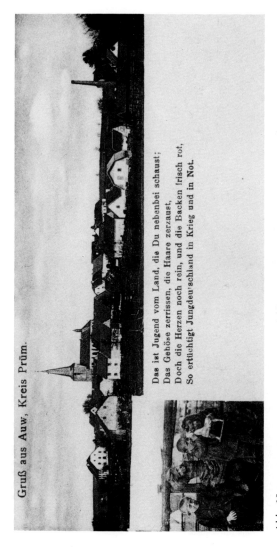

Gruß aus Auw, Kreis Prüm.

Das ist Jugend vom Land, die Du nebenbei schaust;
Das Gehöse zerrissen, die Haare zerzaust,
Doch die Herzen noch rein, und die Backen frisch rot,
So ertüchtigt Jungdeutschland in Krieg und in Not.

Abb. 35
Auw – Ortsansicht

Abb. 36
Auw – Das Herz-Jesu-Kloster

Abb. 37
Auw – Wurstlehrkursus mit Pastor Wawer

Abb. 38
Birresborn – Totalansicht

Abb. 39
Birresborn-Mineralquellen: Abfüllraum

Abb. 40
Birresborn – Werbung mit einem Bild „Die Jagd" von Jacob van Ruisdael

Bleialf (Eifel).

Abb. 41
Bleialf – Gesamtansicht

Bleialf (Eifel). – R.A.D. Abteilung 7/242 "Hans von Volkmann"

Abb. 42
Bleialf und das Arbeitsdienstlager

Abb. 43
Bleialf – Die Fahne des Bergwerksvereins

Abb. 44
Daleiden – Das St. Marien-Haus

Abb. 45
Dasburg – Das Ourtal mit der Dasburg

Abb. 46
Dausfeld mit aufgeklebter Eisenbahn

Abb. 47
Gasthaus Jakobsknopp

Abb. 48
Lambertsberg – Kirche von außen und innen

Abb. 49
Schloß Merkeshausen (2. Hälfte 19. Jhdt.)

Gruß aus Pronsfeld

Hdlg. v. Nikl. Faber
Holper

Abb. 50
Pronsfeld – Ortsansicht

Pronsfeld (Eifel). Totalansicht

Abb. 51

Pronsfeld – Bahnhof mit den Stecken Pronsfeld–Waxweiler und
Pronsfeld–Neuerburg

Abb. 52
Pronsfeld – Ort und Bahn

SCHÖNECKEN i. Eifel

Abb. 53
Schönecken – Burgrücken und Nimstal

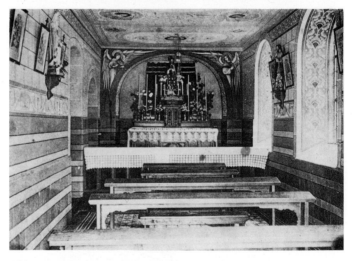

Abb. 54
Schönecken – St. Vinzenshaus mit Kapelle

Abb. 55
Schönecken – Ortsmitte

Abb. 56
Schönecken – Ortsmitte

Abb. 57
Schönecken – Eierlage

Abb. 58
Händler mit Schönecker Töpferwaren

Abb. 59
Stadtkyll – Ortspartie

Abb. 60
Stadtkyll – Markt

Abb. 61
Steinbrück – Steinbrucharbeiter

Abb. 62
Waxweiler – Ortsansicht mit Wasserfällen

Abb. 63
Waxweiler – Bahnhof und Ort

Abb. 64
Waxweiler – Einweihung der Bahn 1907

Gruß aus Waxweiler, Eifel

Abb. 65
Waxweiler – Die Hauptstraße

Abb. 66
Waxweiler – Beim Dreschen

Abb. 67
Waxweiler – Gerbereien an der Prüm

Abb. 68
Waxweiler – Männergesangverein

Abb. 69
Waxweiler – Klapperjungen in den Kartagen

Abb. 70
Waxweiler — Burgbrennen am ersten Fastensonntag

Abb. 71
Waxweiler – Spinnereien

Der Kreis Prüm

Verwaltungsgliederung Ende des 19. Jahrhunderts.
ezeichnet von Friedrich Gehendges nach einer Karte
aus dem Jahre 1896 und anhand der „Eiflia illustrata".

Kreisgrenze
Bürgermeistereigrenze 1896
Bürgermeisterei-Hauptorte 1896
Bürgermeisterei-Hauptorte zur Zeit Bärschs